특별활동 교육과정의 실행:

이론과 실제

학생 중심 교육과정 구현을 위한

특별활동 교육과정의 실행: 이론과 실제

박은종 지음

KSi 한국학술정보㈜

머리말(*Preface*)

현대 사회의 화두는 변화와 발전이다. 역동적 변화와 발전이 특징인 현대 사회를 지식 기반 사회 내지 지식정보화 사회라고 한다. 과거 정형적, 도식적으로 틀에 박혔던 지식에서 벗어나 환경과 여건에 따라 유연하고도 탄력적으로 변화할 수 있는 지식과 정보가 시대를 이끌어 가는 열린사회를 의미한다.

이러한 지식과 정보가 중추적 역할을 하는 사회를 주도하는 것이 바로 교육이다. 자고로 동서고금을 막론하고 교육은 사회와 시대를 이끄는 빛이자 소금으로서의 역할을 다해 왔다. 교육이 국가 백년대계라는 것은 시공을 초월하여 그 누구도 부인할 수 없는 엄숙한 천명이다.

특별 활동은 교과, 재량 활동과 더불어 현행 교육과정의 한 축이다. 재량 활동은 비교적 근래에 도입되었지만, 교과가 학습 내용으로서 중시되어 온 것처럼 특별 활동도 학생들의 다양한 교과 외 활동의 총합으로서 오랜 교육과정의 역사 속에서 꾸준히 강조되어 왔다.

현행 2007년 개정 교육과정의 특별 활동은 제7차 교육과정의 특별 활동과 마찬가지로 자치 활동, 적응 활동, 계발 활동, 봉사 활동, 행사 활동 등 5개 영역으로 구성되어 있다. 이들 5개 영역은 각 학교급별, 학년별로 활동 시기, 활동 장소, 활동 집단, 활동 내용 등의 운영 관련 요인을 다중 차원으로 연계시켜 다양화, 개성화, 특성화를 바탕으로 한 입체적 교육을 지향하고 있다. 그런 의미에서 본다면 특별 활동은 학생 스스로 계획하고 주도하는 바람직한 집단 활동을 통하여 자주적이고 실천적으로 전개되어야 할 인간적, 사회적 접근을 중시하는 다양한 교과 외 활동이라고 할 수 있다.

특별 활동은 인성 교육과 창의성 교육을 바탕으로 하는 폭넓은 교육 활동이다. 그렇기 때문에 특별 활동은 교과 및 재량 활동과 상보적·유기적 연계 속에서 학생들의 심신을 조화롭게 발달시키기 위한 활동이다. 특별 활동은 집단 활동의 성격을 지니고 있으나 집단 구성원인 개인의 개성, 창의성, 자율성 함양을 지향하고 있다.

본서의 내용은 일반적이고도 정형적인 것이 많은 게 사실이다. 따라서 지역과 학교의 환경과 여건, 형편 등을 적극 고려하여 알맞게 재구성하여 활용하는 것이 보다 바람직할 것이다. 또 그것이 특별 활동을 포함한 교육과정의 탄력적 운영과 다양화를 특징으로 하는 현행 교육과정의 지향점이라는 점도 염두에 두기를 기대한다. 궁극적으로 특별 활동도 교육과정의 대영역인 이상 다양한 자기표현을 통하여 개성, 취미, 특기 및 소질을 계발하고 나아가 민주 시민으로서의 자질을 함양하고자 하는 전인적 교육 활동이기 때문이다.

본서는 제1부 특별 활동 교육과정 이론, 제2부 특별 활동 교육과정의 실제로 꾸며져 있다.

제1부에서는 특별 활동 교육과정의 개관과 체제를 중심으로 특별 활동의 의의, 개념, 성격, 목표, 내용, 운영 및 지도 방법, 평가 등 기본적 이론을 고찰하였고, 제2부에서는 자치 활동, 적응 활동, 계발 활동, 봉사 활동, 행사 활동 등 특별 활동의 영역에 대한 기본적 실행에 대한 기법을 제시하였다.

본서는 현행 '2007년 개정 교육과정'에서 교과 및 재량 활동과 더불어 운영되는, 현행 교육과정 특별 활동의 영역별 내용과 이해, 그리고 기본적 지도의 실제와 방향을 제시한 것이다. 특별 활동 지도의 일반적 방안이자 안내서라고 볼 수 있다. 현행 2007년 개정 교육과정이 학교와 교사가 소위 '만들어 가는 교육과정'이라는 점을 전제하면, 본 자료의 내용을 중심으로 현장의 교원들이 다양하고도 구체적인 세부 지도 및 실천 계획을 구안하여 지도하면 더욱 좋을 것이다.

따라서 본서는 이러한 특별 활동 교육과정에 대한 시대적 요청과 교육 관계자들의 기대와 요구를 바탕으로 각 학교와 교실에서 재구성·지역화하여 실행토록 한 특별 활동의 참고자료이자 실행, 적용 자료이다. 물론 2007년 개정 교육과정의 기본 정신인 교육과정 중심, 학생 중심, 학교 수준과 학생 수준을 고려한 교육과정 실행을 지향하는 길라잡이이다. 따라서 본서의 내용을 전국의 각급 학교에서 획일적, 일률적으로 적용, 실행하기보다는 각급 학교의 여건과 환경, 학생들의 수준과 요구 등을 십분 고려한 학교교육과정으로 적용, 실행하여야 할 것이다.

아무쪼록, 본서가 일선 학교에서 학생들을 직접 지도하시는 초·중·고교의 여러 교원, 교육과정 전문가, 교육대학교와 사범대학의 예비 교사, 교육과정 및 특별 활동 연구자들에게 특별 활동 지도와 연구의 나침반, 이정표이자 길라잡이 역할에 충실하면서 다양하게 활용되기를 기대한다. 여러 가지로 부족하고 미흡하지만, 선후배 여러분과 독자 여러분의 지도 편달을 바탕으로 향후 보다 내용을 알차게 보완해 나아가고자 하는 소박한 소망을 갖고 있다.

끝으로 출판 시장의 어려움을 무릅쓰고 본서를 출판하여 세상에 빛을 보게 해 주신 한국학술정보(주)의 채종준 사장님과 임은정 선생님, 박미현 선생님 등을 비롯한 관계자 여러분께 거듭 감사의 말씀을 드린다. 그리고 늘 학문적 발전을 성원해 주시는 공주대학교 사범대학 김병무 전 학장님, 정종호 교수님, 김덕수 교수님, 임경수 교수님 등 일반사회교육과 교수님들께 감사를 드린다. 아울러 긴 세월 동안 교육과 학문의 길을 걸어오도록 인고의 성원과 기도로 돌보아 주시는 사랑하는 가족 여러분께도 거듭 심심한 사의를 표하는 바이다. 모든 분들의 성원에 보답하고자 앞으로 더욱 정진하겠다는 진솔한 약속을 늘 가슴속에 새겨서 가일층 노력하고자 한다.

2008년 성하(盛夏) 폭염에
웅진골 연구실에서
저자 박은종

목 차

제1부

특별 활동 교육과정의 이론

제1장 특별 활동 교육과정의 개관

제2장 특별 활동 교육과정의 체제

제1장 ㅣ 특별 활동 교육과정의 개관

1. 특별 활동의 의의

우리나라 교육과정은 오랫동안 '교과(교과 활동)'와 '특별 활동'의 두 영역이 핵심적인 축을 이루어 왔다. 교과는 학생의 학습을 통한 지식과 기능의 습득인 반면, 특별 활동은 교과 외 활동으로서 다양한 체험과 활동 및 전인적인 면을 강조하여 왔다. 각 학교가 교육목표를 달성하기 위해서는 교육과정에 서로 성격이 다른 교과와 특별 활동을 설정하는 것이 필요하다는 전제 아래 그와 같이 두 영역으로 편성하였다고 볼 수 있다. 그러므로 각 학교가 바람직한 교육과정을 편성·운영하기 위해서는 이 두 영역의 성격을 바르게 이해하고, 교육과정에서 두 영역이 차지하고 있는 위치와 역할을 정확히 파악하는 것이 매우 중요하다.

일반적으로 '교과'의 성격은 오랜 세월 동안 축적된 문화유산과 지식, 그리고 진리를 차세대(후대)에게 전달하는 것으로 인식되어 왔다. 교과는 그 문화유산 중에서도 특히 지적이고 기능적인 측면의 인지적, 계통적인 전달, 주입 등에 중점을 두기 때문에 그 내용은 당연히 학문적인 체계를 중시하면서 논리적인 계통성이 유지되도록 선정, 조직되는 것이 특성이라고 할 수 있다. 그리고 그러한 교과의 내용을 전수받아 이해하고 암기하는 것을 지금까지 교과 교육의 주 목적으로 여겨 온 것이 사실이다. 진리로서의 문화유산을 후대에게 전수하는 데 초점을 맞추어 왔던 것이다.

그러나 인간의 전인적 성장과 바람직한 인간성의 함양을 위해서는 이러한 전통적인 교과 학습만으로는 부족한 면이 있고, 학습자의 다양한 요구도 충족시키기 어렵다고 할 수 있다. 그래서 교과 이외의 활동이 자연 발생적으로 태어났다고 볼 수 있다. 이처럼 학습자의 필요로부터 출발한 교과 외의 활동을 체계적으로 발전시킨 것이 '특별 활동'이라고 할 수 있다.

재량 활동이 탄생되기 전 오래도록 교육과정의 두 축을 이루어 온 교과가 학문적이고 인지적인 필요와 요구로부터 출발하였다면, 특별 활동은 학습자의 인간적, 사회적 필요와 관심, 요구, 욕구 등으로부터 태어났다고 볼 수 있다.

사실 학교교육에 있어서 교과의 학습은 보통 학급 단위로 전개되는 데 비하여, 특별 활동은 다양한 종류와 규모의 집단을 중심으로 이루어지는 집단 활동의 성격을 지니고 있다. 물론 교과 활동에서도 경우에 따라서는 집단 활동이 이루어질 수 있으나, 그 집단 자체를 계속적으로 바람직하게 유지하는 것보다는 학습의 수단·방법적인 면에 더 비중을 두게 된다. 그러나 특별 활동은 집단 성원이 바람직한 집단을 만들고, 그 집단을 원만하게 유지해 가면서 집단 성원의 성장과 발달을 의도적으로 돕는 데 더 큰 목적을 두고 있는 점이 교과와의 차이점이다.

또, 교과는 논리적이고 체계적으로 선정, 조직된 교육 내용이 교재에 실려 미리 준비되어 있으며, 학습자는 그 내용을 교수자의 지도 아래 단계적으로 학습해야 하는 성격을 지니고 있다. 그러나 특별 활동은 교과와 같이 학습하지 않으면 안 될 교육 내용이 고정되어 있다기보다는 학습자의 필요와 선택, 개성과 형편에 따라 학생이 주체가 되어 융통성 있게 운영할 수 있는 유연한 성격과 구조로 구성되는 점이 특징이다.

이러한 성격 차이로 인하여 자칫 교과는 '학력 신장'을, 특별 활동은 '인간 형성'을 각각 전담하고 있는 별개의 교육 영역인 것처럼 착각하기 쉬우나, 이러한 역할 기능의 이원적 분리론은 잘못된 인식이다. 결론적으로 양자는 통합적·상보적 관계이다. 지식으로의 학력 신장과 인성으로의 인간 형성은 교육의 지향점인 것이다.

교과가 학력을 지향하는 것은 사실이지만 그 학력이라는 것은 인간 형성의 일부이므로 교과도 인간 형성을 위한 활동이고, 특별 활동에도 학력을 신장하는 기능이 포함되어 있기 때문이다. 그러므로 교과와 특별 활동은 서로 성격은 다르지만 상호 독립적, 대립적으로 운영되는 영역이 아니라 학교 교육목표 달성을 위하여 조화로운 운영이 필요한 상호 보완적 영역이라고 할 수 있다.

흔히 교과 학습에 치중하다 보면 특별 활동이 소홀히 되고, 반대로 특별 활동을 중시하다 보면 학력이 저하될 우려가 있다는 고정관념을 교육 현장에서 발견할 수 있다. 그러나 이러한 고정관념은 교과와 특별 활동의 성격과 위치를 잘못 이해하고 그 기능을 상호 분리하여 독립적으로 보는 잘못된 시각에서 생겨난 것이다.

특별 활동을 충실하게 운영하면 학생의 사회적 인간관계가 개선되어 학생의 정신적 건강이 증진되고, 학교생활에 활기가 생겨 교과 학습 동기와 의욕이 높아지기 때문에 학력이 더욱 신장될 수 있다. 또 특별 활동을 제대로 하면 학습과 생활에 흥미, 관심, 의욕, 호기심 등이 높아져 교과 활동 시간에 미처 충족되지 못한 부분을 특별 활동 시간에 해결하고 한층 차원 높게 발산, 충족시킬 수도 있게 된다.

교과와 특별 활동이 제각기 본래의 역할과 기능을 충실하게 발휘하고, 이 두 영역이 조화롭게 운영될 때 학교 교육목표는 더욱 내실 있게 달성될 수 있을 것이다.

교육과정의 편성과 운영에 있어서 교과와 재량 활동과 더불어 특별 활동이 제 위치를 확보하여 두 영역이 바람직한 관련 속에서 본래의 역할과 기능을 충실하게 발휘하기 위해서는 특히 다음과 같은 점에 유의하여야 한다.

첫째, 특별 활동은 학생의 바람직한 인간관계의 유지와 건전한 집단생활 경험의 확충에 운영의 중점을 두어야 한다. 이러한 인간관계와 집단생활은 학생의 정신적 건강을 증진시켜 교과 학습에 대한 의욕과 흥미, 관심, 호기심 등을 한층 높일 수 있기 때문이다.

둘째, 특별 활동은 학교와 학급 생활의 원만한 적응과 학업, 진로, 교우, 상담 등의 지도에 중점을 두어야 한다. 이러한 적응 활동에 실패하면 즐거운 학교생활이 불가능할 뿐만 아니라, 학교 내의 전반적인 교육 활동과 생활에 장애가 발생할 수 있기 때문이다.

셋째, 특별 활동을 통해서 얻은 경험이나 기능, 의문과 관심 등은 교과의 학습에 자극이 되도록 의도적으로 유도하고, 필요에 따라서는 그러한 경험 등이 교과 활동으로 연결되어 다루어지도록 계획하고 지도되어야 한다.

넷째, 특별 활동을 통해서 형성된 생활 태도나 의욕, 호기심 등이 교과 학습에 대한 폭넓은 안목과 의식의 전환을 가져오도록 하여 질 높은 교과 활동이 촉진되도록 적극 격려, 고무하는 데 유의하여야 한다.

다섯째, 특별 활동의 활성화를 위해서는 교과 학습의 지도 목표를 종래의 지식 전수 위주의 관점에서 벗어나 창의성, 사고력, 인간성 등의 측면을 중시하는 방향으로 전환시켜야 한다. 교과에서 지나치게 지식, 개념 전달 중심으로 다루는 것은 교과와 특별 활동의 사이에 단절을 가져와 두 영역이 상호 독립적으로 운영될 우려가 있기 때문이다.

2. 특별 활동의 개념

(1) 용어적 측면

일반적으로 우리나라에서 특별 활동이란 용어가 공식 문서상에 나타나 쓰이기 시작한 것은 1954년 이후부터라고 할 수 있다. 1954년 4월 20일 문교부령 제35호 「초등학교, 중학교, 고등학교, 사범학교 교육과정 시간 배당 기준령」이 공포되고 제6조에 "······특별 활동이라 함은 교육목적 및 교육목표를 달성하기 위하여 필요한 교과 이외의 기타 교육 활동을 말한다."고 되어 있다. 여기에 특별 활동이라는 용어가 공식 문서상에 처음으로 등장하고 있다. 그러니까 정부 문서에 특별 활동이라는 용어를 처음으로 사용하기 시작한 것이다. 또한 '교육과정 시간 배당 기준령'이라는 이 말 속에 '교육과정'이라는 용어가 등장하고 있으며, 이때부터 우리나라에서 교육과정이라는 용어가 공식적으로 사용되기 시작했다고 볼 수 있다(이규은, 2004: 14-19).

이웃 일본에서는 우리나라의 특별 활동에 해당되는 영역을 1947년 문부성 간행 「학습지도 요령」에서 '자유연구'라는 명칭의 교과로 설치하였고, 1949년에 개정한 「중학교 교육과정」에서는 '특별교육 활동', 1951년의 「초등학교 학습지도 요령」에서는 '교과 이외의 여러 활동'이라고 불렀다. 이것을 1958년 이후의 교육과정에서는 특별교육 활동과 학교행사를 하나로 묶어서 특별 활동이라고 불렀으나, 1970년 문부성에서 발간한 「고등학교 학습지도 요령」에서는 '각 교과 이외의 교육 활동'이라고 하고 있다. 이것으로 보아 일본의 교육과정은 1958년에 전면 개정되었고 그 후 몇 차례의 개정을 거듭해 왔는데, 아무튼 특별 활동이란 용어는 1958년 이후에 사용된 것으로 간주할 수 있다.

대만(臺灣)에서는 특별 활동이라는 용어를 사용하지 않고 있다. 또 학교 단계에 따라서 과외활동 영역에 해당되는 명칭을 달리하고 있음을 볼 수 있다. 즉 초등학교에서는 '단체 활동', 중학교에서는 '지도 활동'이라고 부르고 있으나 고등학교에서는 이에 해당되는 시간 배당이나 활동 내용을 편제하지 않고 있다.

한편, 미국에서는 우리나라에서 사용하는 특별 활동이라는 용어와 비슷한 용어를 사용은 하고 있지만, 우리가 사용하고 있는 특별 활동이라는 용어와 일치하는 용어라고는 볼 수 없고, 다만 우리의 특별 활동과 비슷한 의미를 지니는 말의 종류는 다양하다. 예컨대 과외활동(extra curricular), 학급 외 활동(extra class activities), 학생 활동(student activities), 협력과정 활동(cocurricular activities), 병행과정 활동(collateral activities), 연대 활동(allied activities) 등이다. 이 중에서 가장 일반적으로 사용되는 어휘는 'extra curricular activities'와 'cocurricular activities'이다.

결론적으로 교육과정으로서의 특별 활동이라는 용어는 우리나라가 일본이나 대만보다는 먼저 사용했고, 미국은 우리나라와 비슷한 용어가 다양하다는 것을 알 수 있다. 또한 특별 활동의 활동 내용 및 영역은 많은 변천을 거쳐 왔으나, 특별 활동이라는 용어 자체는 그대로 오늘날까지 사용하고 있다. 사실 용어 자체에 대해서 석연치 못한 점이 있지만, 편의적이며 관용적으로 사용되다가 그것이 일반화되고 관례가 되어 오늘날까지 그 용어를 사용하고 있는 것이지 어떠한 이론적 근거를 바탕으로 해서 만들어진 용어는 아니다(이규은, 2004: 14-19).

(2) 내용적 측면

1) '과외 활동'으로서의 의미

특별 활동의 의미를 살펴보고자 한다면, 가장 쉬운 방법은 사전을 찾아보는 것이다. 그러나 사전적 정의는 엄격히 말해서 적절한 정의로 받아들이기가 어렵다. 왜냐하면 사전에서는 특별 활동을 과외활동(課外活動)이라는 의미로 주로 설명해 놓고 있기 때문이다. 현 시점에서 특별 활동을 '학생들의 과외활동'이라고 말하기에는 시대에 맞지 않을뿐더러, 그것은 특별 활동을 제대로 이해하지 못한 개념 정의이다. 특히, 제7차 교육과정에 이어서 2007년 개정 교육과정에서는 특별 활동의 의미가 매우 '특별'해졌다는 점을 유념할 필요가 있다. 아직도 특별 활동을 과외활동 정도로 생각한다면 교육과정사적(敎育課程史的)인 측면에서 볼 때, 교수요목기 때의 의미를 말하는 것이 된다. 교수요목기 때는 교과를 가르치는 것만을 정규 과정으로 보았기 때문에, 이러한 상황에서 특별 활동을 정규 과정이 아닌, 즉 학교가 교육적으로 의도적인 목적을 가지고 수행하는 정규 교육 활동으로 보지 않고 학생들의 자발적인 활동에 의한 정규 과정 이외의 활동으로 보는 것은 자연스러운 일이다. 그러나 교육관이 달라졌고 교육과정에 대한 개념이 점차 광의로 해석되어 과외활동을 교육과정의 전체 구조에서 정규 과정으로 다루게 되었으므로 과외활동이라는 용어는 받아들일 수 없게 되었다.

2) '교과 이외 활동'으로서의 의미

1954년 「교육과정 시간 배당 기준령」이 공포되면서 제6조에는 "특별 활동이라 함은 교육목적 및 교육목표를 달성하기 위하여 필요한 교과 이외의 기타 교육 활동을 말한다."고 하여 특별 활동을 정의하고 있다. 그 후 1992년 9월 30일 교육부 고시 제1992-16호로 제6차 교육과정이 공포되면서 각 교과의 교육과정에 성격을 명시하고 있다. 아울러 특별 활동도 교육과정의 구성 체계에서 처음에는 성격이 나온다. 그 성격의 첫째 단락에는 "특별 활동은 교과와 상호 보완적 관계를 가지고 심신의 조화로운 발달을 도모하기 위하여 전인교육의 일환으로 실시되는 교과 이외의 교육 활동이다."라고 하여 사실상 특별 활동의 정의를 내리고 있다. 제7차 교육과정에서도 제6차 교육과정에서와 마찬가지로 특별 활동의 성격의 첫 단락에는 "특별 활동은 교과와 상호 보완적 관련 속에서 학생의 심신을 조화롭게 발달시키기 위하여 실시하는 교과 이외의 활동이다."라고 하여 특별 활동의 정의를 내리고 있다.

그러고 보면, 1954년에 특별 활동이 공식적으로 출범하였을 때의 정의와 40여 년이 지난 현행 2007년 개정 교육과정의 특별 활동의 개념 정의를 비교해 보면, 특별 활동을 그때나 지금이나 '교과 이외의 교육 활동'으로 보고 있다. 전반적으로 특별 활동에 대한 정의는 그다지 큰 변화가 없었다고 할 수 있다.

3) 특별 활동의 '교과 이외의 활동'에 대한 비판적 접근

우리나라 교육과정 영역의 편제는 제2차 교육과정 부분 개정이 이루어진 1969년 이후부터

제5차 교육과정까지 교과 활동과 특별 활동의 2구조로 이루어져 왔다. 그러나 제6차 교육과정이 개정이 된 다음부터는 교육과정 영역 편제가 3구조로 되었다. 제6차 교육과정에서는 교과 활동과 특별 활동, 학교 재량 시간으로 교육과정 영역 편제가 되었고, 2007년 개정 교육과정에서도 역시 교과와 특별 활동, 재량 활동의 3구조로 이루어졌다.

1954년 4월 30일 문교부령 제35호로 「교육과정 시간 배당 기준령」 제6조에서 "특별 활동이라 함은 교육목적 및 교육목표를 달성하기 위하여 필요한 교과 이외의 기타 교육 활동이다."라고 정의를 내린 이후 제7차 교육과정에 이르기까지 특별 활동을 '교과 이외의 교육 활동'이라고 규정하고 있다. 교육과정에 나타난 정의대로 특별 활동을 '교과 이외의 활동'이라고 했을 때, 제5차 교육과정까지는 교육과정 영역 편제가 교과 활동과 특별 활동이라는 2구조로 되어 있었기 때문에 논란의 여지가 별로 없다.

그러나 이러한 정의는 제6차 교육과정 때부터 교육과정의 영역 편제가 3구조로 되면서부터 시급히 조정해야 하는 문제가 생겼다. 다시 말해서 특별 활동을 교육과정에 나타난 대로 교과 이외의 활동이라고 했을 때, 교육과정의 하나의 영역으로 편제되어 있는 재량 활동(제6차에서는 학교 재량 시간)의 위치가 모호해지게 된다. 교육과정에 나와 있는 그 정의대로 특별 활동을 '교과 이외의 활동'이라고 인정하고 들어가게 되면, 재량 활동도 특별 활동의 영역에 포함되게 되는 것이다. 그렇다고 이런 정의의 입장에서 재량 활동을 특별 활동의 영역에 포함시키자니, 교육과정의 영역 편제와 맞지 않는 결과를 가지고 오게 된다. 또한 교육과정의 영역 편제를 3구조로 받아들이자니, 교육과정에 나타난 특별 활동의 정의가 맞지 않게 된다. 따라서 교육과정의 영역 편제를 다시 조정하거나, 특별 활동의 정의를 다시 검토하는 것이 필요함에도 불구하고, 제7차 교육과정과 2007년 개정 교육과정 입장에서 볼 때, 이러한 부분에 대해서는 면밀한 검토가 이루어지지 않아서 아쉬움을 남기고 있다.

교육과정에서 특별 활동에 대한 정의가 '교과 이외의 활동'이라고 하는 것이 간단한 정의로 보일지는 몰라도 거기에 상당한 문제점을 안고 있다는 것을 알 수 있다. 그러나 이런 정의의 문제점에도 불구하고 특별 활동의 의미를 분명하게 해 둘 것은 다음과 같다.

첫째, 특별 활동은 교육과정의 중심축이지, 결코 교육과정의 주변적이거나 방계적인 위치에 있는 활동이 아니다.

둘째, 특별 활동은 교과와 상호 보완적 관계에 있는 활동이지, 단순히 교과의 보조적이거나 부차적인 것이 아니다.

셋째, 특별 활동은 정규 과정에 있는 활동이지, 정규 과정 외에서 이루어지는 과외적 활동이 아니다.

3. 특별 활동의 성격

현행 2007년 개정 교육과정에서는 특별 활동의 성격을 종합적으로 다음과 같이 규정하고 있다.

"특별 활동은 교과와 상호 보완적 관련 속에서 학생의 심신을 조화롭게 발달시키기 위하여 실시하는 교과 이외의 활동이다. 특별 활동은 근본적으로 집단 활동의 성격을 지니고 있으나, 집단에 소속한 개인의 개성, 자율성, 창의성도 아울러 고양하려는 교육적 노력을 포함한다.

특별 활동은 바람직한 집단 활동의 참여를 통하여 학교생활에 잘 적응할 수 있게 하고, 민주 시민의 자질을 기르고자 한다. 특별 활동은 다양한 자기표현의 기회를 제공하여 학생의 개성과 소질을 계발, 신장하고, 건전한 취미를 가지게 하여 자아실현을 돕고, 여가를 잘 활용할 수 있게 한다. 특별 활동의 교육과정은 자치 활동, 적응 활동, 계발 활동, 봉사 활동, 행사 활동의 5개 영역으로 구성되며, 각 영역별 구체적 활동 내용은 지역의 특성과 학교의 실정에 알맞게 선정되어야 한다.

초등학교의 특별 활동에서는 학생의 기본 생활 습관과 자율적인 생활 태도의 형성에 중점을 두고, 중학교에서는 왕성한 활동력과 다양한 욕구를 건전한 방향으로 유도하며, 원만한 인간관계를 형성하는 데 중점을 둔다. 고등학교에서는 자아의 발견과 확립, 삶의 힘과 지혜, 남과 더불어 살아가는 방법 등을 체득하는 데 중점을 둔다.

특별 활동에서는 특히 학생의 자주적인 실천 활동을 중시하여, 교사와 학생이 공동 협의하거나 학생 자신의 힘으로 활동 계획을 수립하고 역할을 분담하여 실천하게 한다. 아울러, 지역과 학교의 독특한 문화 풍토를 고려하여 특색 있고 융통성 있게 운영하는 것이 중요하다."

이와 같은 교육과정 특별 활동의 성격을 세부적으로 분석, 요약하여 제시하면 다음과 같다.

첫째, 특별 활동은 교육과정의 한 분야로서 교과(활동)와는 상호 보완적인 관계에 있다.

특별 활동은 교육과정의 일부분으로서, 교과 활동과는 상호 보완 관계를 이룬다. 교과 학습 내용이 특별 활동의 실제 문제, 실제 상황에 적용하는 경우도 있고, 특별 활동을 통해 교과에 대한 필요성이나 흥미를 느끼게 하여 교과에 대한 바람직한 시사를 받을 수 있으며, 교과 활동을 통하여 달성할 수 없는 내용을 특별 활동을 통하여 이루는 경우도 있다.

교과 활동이 개념이나 원리를 바탕으로 한 학문적, 인지적 접근이라고 한다면, 특별 활동은 이를 자율적이고 구체적으로 적용해 본다는 면에서 교과 활동과는 상호 보완적인 관계에 있다. 즉, 특별 활동은 학생들의 자율적인 행동, 구체적인 체험 활동으로서 학생들에게 자신감이나 성취감을 높이게 할 수 있는 교육과정 본래의 목적을 실현하는 데 그 교육적 의의가 있다.

둘째, 특별 활동은 학생들의 자발적이고 자율적인 활동에 바탕을 둔다.

특별 활동은 학생의 자발적이고 자율적인 활동에 의하여 주도되는 활동이다. 교과 활동에서는 학생이 비교적 수동적 입장에 서게 되는 데 반하여, 특별 활동은 활동의 계획, 조직, 운영,

평가가 학생들의 자율적이고 자치적인 활동에 의해서 이루어질 것을 전제로 한다. 이 과정에서 교사는 가능한 한 조력자로서의 역할을 하도록 해야 할 것이다. 따라서 특별 활동에서는 특히 학생의 자주적인 실천 활동을 중시하여 교사와 학생이 공동 협의하거나 학생 자신의 힘으로 활동 계획을 수립하고 역할을 분담하여 실천하게 한다.

셋째, 특별 활동은 집단을 단위로 하는 활동이다.

특별 활동은 크고 작은 집단을 단위로 하는 활동이다. 교과 활동은 학생 개개인이 독립된 개체로서 개인의 능력과 노력만큼 이루어지는데, 특별 활동은 집단 구성원 간의 협동적 노력에 의해 이루어지는 특성을 지니고 있다.

특별 활동은 개별적인 활동보다는 집단을 통하여 심신의 조화로운 발달을 꾀하는 데 중점을 둔다. 그러나 특별 활동에 있어서의 집단 활동은 집단 활동 그 자체가 목적이라기보다는 집단 내의 개인 간의 관계를 꾀하고 타인과 더불어 사는 삶으로서의 개인의 완성을 위한 활동이라고 볼 수 있다. 여기서 집단은 개인의 완성을 목표로 하는 방법적인 것으로 이해할 수 있고, 개인의 완성은 집단의 활동을 통하여 가능해진다고 볼 수 있다.

이것은 교육의 기본적인 목표인 인격의 완성에 결부된 것으로 집단의 활동을 특징으로 하는 특별 활동의 교육과정에 있어서 영역적인 위치와 관련된다고 볼 수 있다. 즉, 특별 활동의 목표는 교육의 일반 목표인 인격의 완성을 집단의 활동을 통해 이루는 것으로, 집단 속에서 개개인의 자아실현을 이루려는 것이다.

넷째, 특별 활동은 그 운영에 있어서 융통성을 가진다.

특별 활동은 운영에 융통성이 크다. 교과 활동은 이미 정해져 있는 교육과정상의 목표, 내용, 수준에 따라 체계적으로 학습하도록 계획되어 있으나, 특별 활동은 학생과 교사가 주제를 자유롭게 선정하여 장소, 시간, 방법에 구애받음이 없이 자유롭게 탄력적으로 운영할 수 있다. 또, 집단 편성에 있어서도 학년별, 학기별, 분기별로 필요와 여건에 따라 학급 단위, 학년 단위, 지역 단위로 다양하게 구성하여 운영할 수 있는 점이 교과 활동과는 다르다.

활동의 성격에 따라서는 여러 학교 교사들이 협동하여 하나의 팀으로서 특정한 활동 부서를 선택하여 지도할 수 있다. 또, 집단 편성에 있어서도 학년별, 학기별, 분기별로 자신에게 보다 적절하거나 흥미를 느끼는 다양한 활동 부서로 이동할 수도 있다. 아울러, 지역과 학교의 독특한 교육 문화 풍토를 고려하여 특색 있고 융통성 있게 운영하는 것이 무엇보다도 중요하다고 하겠다.

다섯째, 특별 활동에서는 학생의 기본 생활 습관과 자율적인 생활 태도의 형성에 중점을 둔다.

기본적으로 특별 활동은 바람직한 집단 활동의 참여를 통하여 학교생활에 잘 적응할 수 있게 하고, 민주 시민으로서의 자질을 기르고자 하는 것이다. 따라서 특별 활동의 운영을 통하여 학생들에게 다양한 자기표현의 기회를 제공하여 학생의 개성과 소질을 계발, 신장하고, 건전한 취미를 갖도록 하여 자아실현을 돕고, 여가를 잘 활용할 수 있게 하여야 할 것이다.

제2장 | 특별 활동 교육과정의 체제

1. 특별 활동의 목표

2007년 개정 교육과정 교육과정 특별 활동의 목표는 과거 교육과정의 특별 활동 교육목표와 크게 다르지 않다. 다만, 특별 활동에서 달성하고자 하는 본질적인 특성은 다를 수 없으나, 국가 · 사회적 요구와 시대적 변화, 학생, 학부모 등 교육 수요자의 요구, 교육의 내재적 요구와 사회의 변화는 특별 활동을 통해서 달성하고자 하는 목표에 대한 비중이나 강조점이 다양하게 변화할 것을 요청하고 있다고 하겠다.

일반적으로, 특별 활동을 통하여 전인교육의 측면에서 학생의 자율적인 능력, 변화하는 사회 환경에 대한 적응, 원만한 인간관계, 특기의 신장 계발, 의지력 및 공동체 의식의 함양 등을 달성하고자 한다.

따라서 현행 교육과정에서는 특별 활동의 목표를 사회의 변화와 교육의 내 · 외적 요구에 부응하여 전인교육 이념에 바탕을 두고 민주 시민을 양성하기 위해 학생의 자치, 자율 능력, 변화하는 사회 환경에 대한 적응 능력, 협동심과 원만한 인간관계 형성 능력, 잠재 능력과 특기의 신장 · 계발, 봉사 활동을 통한 공동체 의식의 함양, 심신 단련을 통한 인내심과 의지력 배양, 학교와 지역 사회 나아가 국가 발전에 기여할 수 있는 집단의식, 책임감, 협동 정신을 함양하는 데 그 중점을 두고 목표가 설정되었다.

특히, 집단 활동에의 자발적 참여, 개성과 소질의 계발 · 신장, 공동체 의식 및 자율적 태도 형성과 이를 바탕으로 한 민주 시민으로서의 기본적 자질 함양을 강조하고 있다.

현행 교육과정에서는 초등학교, 중학교, 고등학교의 학교급별 구분을 하지 않고 이를 하나로 묶어서 총괄 목표를 제시하고, 5개 영역별로 하위 목표를 학습자 중심으로 서술하였다.

2007년 개정 교육과정에서의 특별 활동의 상위 목표인 총괄 목표는 "다양하고 건전한 집단 활동에 자발적으로 참여하여 개성과 소질을 계발 · 신장하고 공동체 의식과 자율적인 태도를 기름으로써 민주시민으로서의 기본적이 자질을 함양한다."이다.

특별 활동의 총괄 목표가 한 문장으로 진술되어 있지만, 크게는 방법 · 수단과 목적 · 결과라는 두 부분으로 구분되며, 작게는 특별 활동의 방법적인 면, 미시적 목표, 그리고 거시적 목표라는 세 부분으로 나누어진다. 방법 · 수단은 건전한 집단 활동에의 자발적 참여이다. 목적 · 결과는 개성과 소질의 계발 · 신장+공동체 의식과 자율적 태도의 형성(미시적 목표) → 민주 시민의 자질 함양(거시적 목표)의 구조로 이루어져 있다.

<표 1> 특별 활동의 목표 체계

[상위 목표(총괄 목표)]

다양하고 건전한 집단 활동에 자발적으로 참여하여 개성과 소질을 계발·신장하고 공동체 의식과 자율적인 태도를 기름으로써 민주 시민으로서의 기본적인 자질을 함양한다.

[하위 목표(영역별 목표)]

• 자치 활동	학급 구성원으로서의 역할을 분담, 수행하고, 자치 활동에 적극 참여함으로써 민주 시민의 기본 자질과 태도를 지닌다.
• 적응 활동	변화하는 환경에 잘 적응하고 대처하는 능력을 선정하여, 자신의 문제를 능동적으로 해결한다.
• 계발 활동	계발 활동에 자발적으로 참여하여 질서를 배우고, 협동심을 기르며, 자신의 취미와 특기를 계발, 신장함으로써 자아실현을 위한 기초를 다진다.
• 봉사 활동	봉사 활동의 의미를 이해하고, 타인을 돕는 일에 적극 참여하여 공동체 의식을 함양하고, 삶의 보람과 자신의 가치를 느낀다.
• 행사 활동	각종 행사의 중요성을 이해하고 자발적으로 참여하여, 학교와 지역 사회의 일원으로서 갖추어야 할 기본 자질과 태도를 가진다.

특별 활동의 총괄적인 목표는 특별 활동 교육과정을 통하여 학생들이 궁극적으로 달성하여야 할 '민주 시민으로서의 기본적인 자질 함양'을 포괄적으로 제시하고 있다.

가. 자치 활동의 목표

자치 활동은 학급이나 학교 구성원으로서 공동의 문제 해결에 적극적으로 참여하고, 민주적인 의사 결정의 과정에 따라 협의하며, 역할을 분담하여 실천하는 자발적이고 자주적인 활동이다.

자치 활동의 목표는 다음과 같다.

① 학급과 학교에서 일어나는 제 문제에 대해 적극적으로 참여하고, 협의, 실천하는 가운데 자주성과 사회성을 기른다.
② 다양한 실천과 협의 경험을 통해 합리적으로 문제를 해결할 수 있으며, 민주적인 의사 결정의 기본 원리를 익힌다.
③ 역할 수행을 통하여 일에 대한 기쁨을 맛보고, 학급 또는 학교 일에 적극적으로 참여하는 태도를 기른다.

나. 적응 활동의 목표

적응 활동은 학교생활에 원만하게 적응하고, 변화하는 환경에 능동적으로 대처해 나가기 위한 자기 주도적 활동이다. 따라서 초등학교에서의 적응 활동은 기본 생활 습관과 건전한 인간관계의 형성을 통하여 명랑하고 즐거운 학교생활이 이루어지게 하는 데 중점을 두게 된다. 중학교의 경우 교과 담당제, 고등학교의 경우 단위 이수제 등에 대한 적절한 적응이 필요하다.

현행 2007년 개정 교육과정 특별 활동에서의 적응 활동 목표는 다음과 같다.

> ① 집단생활에 원만하게 적응할 수 있는 기본 생활 습관을 몸에 익힌다.
> ② 친교 및 협동 활동을 통하여 건전한 교육 관계를 형성한다.
> ③ 자신의 문제를 상담과 대화를 통하여 해결함으로써 명랑하고 즐거운 학교생활을 한다.
> ④ 진로와 직업 선택의 중요성을 인식하고, 자신의 적성과 소질에 맞는 진로를 탐색, 설계한다.

다. 계발 활동의 목표

계발 활동은 흥미, 취미, 적성이 비슷한 학생들로 구성된 집단에 자발적으로 참여하여 자신의 잠재 능력과 창의성을 계발, 신장시켜 나가는 자율적인 활동이다. 따라서 초등학교에서의 계발 활동은 학생의 개성과 소질을 신장하고, 사회성과 협동심을 기르며, 원만한 인간관계를 형성하는 데 중점을 두게 된다. 중등학교에서도 다양한 부서 활동 참여가 중요하다.

계발 활동의 목표는 다음과 같다.

> ① 흥미, 취미, 적성이 비슷한 학생들로 구성된 집단에 자발적으로 참여하여, 즐거움 속에서의 질서를 배우며 협동심을 기르고, 원만한 인간관계를 형성한다.
> ② 다양한 활동에 참여하여 자신의 잠재 능력을 최대한 계발, 신장하고, 자아실현의 기초를 닦는다.
> ③ 여가를 효율적으로 활용하는 생활 습관을 형성한다.

라. 봉사 활동의 목표

봉사 활동이란, 자발적인 의도에서 개인이나 집단이 다른 사람을 돕거나 사회에 기여하는 무보수의 계획적이고 지속적인 활동이다. 이러한 완전한 자발성과 충분한 지속성을 갖춘 봉사 활동은 학생들이 성인이 되어 실현해야 할 바람직한 상태의 자원 활동이란 위와 같은 완전한 의미의 자원 활동이라기보다는 봉사 활동을 통한 학습 즉 '봉사 학습'의 개념에 더 가깝다고 할 수 있다.

따라서 학생들이 하는 봉사 활동은 그 활동이 가져오는 결과 자체보다는 활동의 과정에서 학생들이 배우게 되는 교육적인 의의가 더 큰 의미를 가진다고 하겠다.

봉사 활동의 목표는 다음과 같다.

> ① 지역 사회의 일들에 관심을 가지고 참여함으로써 사회적 책임을 분담하고 호혜 정신을 기른다.
> ② 다양한 봉사 활동의 실천으로 서로 협력하는 태도를 기르고, 지역 사회 발전에 이바지하는 태도를 가진다.
> ③ 타인을 배려하는 너그러운 마음과 더불어 사는 공동체 의식을 가진다.

마. 행사 활동의 목표

행사 활동은 학교 단위로 이루어지는 의식, 학예, 보건·체육, 수련, 안전 구호, 교류 활동 등과 같은 교육적인 활동에 적극적으로 참여하여 학교와 지역 사회의 구성원으로서 갖추어야 할 기본 자질과 태도를 함양하는 자발적인 활동이다.

특히, 각급 학교에서의 행사 활동은 협의, 토론, 조사, 탐구, 수집, 분석, 노작, 견학, 답사, 보고 등과 같은 학생의 직접적인 체험 활동이 많이 이루어지도록 하는 교육적인 의의가 있다. 이를 통하여 학교 집단의 구성원으로서 자긍심과 책임감을 지니고 민주 시민의 기본 자질을 키우는 중요한 경험의 기회를 가지게 되는 것이다. 행사 활동은 이런 점에서 종합적인 교육 활동이며, 학생의 자발적인 참여와 소속감을 지니고 서로 협력하며 봉사하는 태도가 무엇보다도 중요하다고 하겠다.

교육과정상의 특별 활동 영역 중 행사 활동의 목표는 다음과 같다.

> ① 교내·외에서 실시되는 여러 행사의 의의와 중요성을 이해하고, 자발적으로 참여하여 학교와 지역 사회의 발전을 위해 노력하는 태도를 가진다.
> ② 학예와 체육 등 행사 활동을 통하여 평소의 학습 성과를 창의적으로 발표하는 기회를 가짐으로써 협동 및 봉사의 정신과 연대 의식을 높인다.
> ③ 학교 밖의 자연과 문화에 직접 접촉함으로써 견문을 넓히고, 풍부한 감성을 지닌다.
> ④ 각종 수련 활동에 참여하여 심신의 조화로운 발달을 이루며, 극기의 정신과 진취적 기상을 기른다.
> ⑤ 지역 간, 국제 간 다양한 인적 교류를 통하여 다른 문화와 가치를 이해하고 수용한다.

2. 특별 활동의 내용

2007년 개정 교육과정에 제시된 특별 활동의 각 영역별 활동 내용은 예시적인 성격을 지니고 있으므로, 지역 특성과 학교 실정을 고려하여 목표 달성에 적합한 활동 내용을 학교에서 선정하고 선택적으로 운영하도록 명시되어 있다.

특히, 특별 활동의 성격, 목표와 함께 영역별 내용도 학교급별로 구분하지 않고 초·중·고교의 내용을 묶어서 하나로 제시되어 있기 때문에 각급 학교에서는 각급 학교 교육의 특성과 학생의 발달, 학교의 실정에 알맞게 특별 활동에 관한 '학교 교육과정'을 편성·운영하는 일이 중요하게 되었다.

가. 내용 선정의 기본 원칙

2007년 개정 교육과정의 특별 활동에서는 종래의 집단 중심 특별 활동에서 벗어나 내용 중심 특별 활동으로 전환하기 위하여 활동 영역을 자치 활동, 적응 활동, 계발 활동, 봉사 활동, 행사 활동으로 설정하였다.

이와 같은 영역별 활동 내용의 선정에서는 다음과 같은 사항이 강조되었다.

첫째, 학생의 자주적, 실천적 활동을 강조할 수 있는 활동 내용을 선정하였다.

특별 활동은 학생이 스스로 계획하고 스스로 활동하는 자주적이고 실천적인 활동으로서 자주성, 실천성이 그 본질이라 할 수 있다. 그동안 특별 활동이 본래의 특성을 살리지 못하고 마치 교과와 흡사한 활동으로 형식화된 것은 교사의 지도 능력, 교육 시설·설비, 입시제도, 학교 운영의 체제 등과 같은 광범위한 요인이 복합적으로 관련되기 때문이었다. 이에 현행 특별 활동 교육과정에서는 특별 활동의 내용 선정에 있어 학생의 자주적, 실천적 활동이 무엇보다도 강조되고 철저하게 이행되도록 노력하였다.

학생들의 자치적인 활동으로는 학급 학생회, 전교 학생회, 학급에서의 역할 분담 활동, 클럽에서의 역할 분담 활동, 학교에서의 위원 활동을 활동 내용으로 선정하였고, 특히 지역 사회 속에서도 자치적 활동을 활성화시키기 위하여 애향단 활동을 선정하고 거기서의 역할 분담 활동을 삽입한 것은 이와 같은 자주적, 실천적 활동의 기회를 더욱 폭넓게 제공하자는 데 그 뜻이 있다 할 것이다.

둘째, 학생의 인간, 사회, 자연과의 접촉 활동을 강화할 수 있은 활동 내용을 선정하였다.

입시 위주의 교육과 정보화 사회 환경 속에서 학생들은 입시 준비 학습과 컴퓨터를 비롯한 정보 통신, 전자 기계 도구와의 접촉에만 함몰하여 인간성과 정서, 감정, 인격의 발달이 저해받고 있다. 따라서 2007년 개정 교육과정에서는 사회, 문화, 교육 환경의 급격한 변화 속에서 학생의 건전한 인간성 발달과 주체적 인격의 형성을 위해 인간과의 접촉, 사회와의 접촉, 문화와의 접촉, 자연과의 접촉을 강조하고 이를 특별 활동의 활동 내용으로 선정하였다.

현행 특별 활동 교육과정이 교내 봉사 활동, 자연 보호 활동, 학급 야영 활동, 자연 체험 활동, 전통문화 체험 활동 등 인간, 사회, 문화, 자연과의 접촉 활동을 대폭 확대, 강화한 것은 이와 같이 건전한 인간성의 발달과 주체적 인격의 형성을 무엇보다도 중시하고 있기 때문이다.

셋째, 학교교육에 대한 국가, 사회 및 국민적 요구를 반영할 수 있는 활동 내용을 선정하였다.

우리나라 각급 학교에서의 교과 외 방과 후 학교 교육 활동을 보면, 교과 학습의 반복, 연습, 보충·심화 활동, 학생의 타고난 소질 적성의 계발·신장을 위한 활동, 학생의 취미, 교양 자기 계발·신장을 위한 활동 등으로 크게 분류할 수 있다. 특히 2007년부터 방과 후 교육 활동을 확대한 방과 후 학교 활동이 전국적으로 각급 학교에서 전개되고 있다. 이들 활동을 위해 대부분의 학부모들은 엄청난 사교육비를 힘겹게 지출하고 있다. 그런데 이들 활동은 그 성격, 내용, 방법 등이 특별 활동의 각 영역에서 다루고 있는 활동과 맥을 거의 같이하고 있음을 알 수 있다. 그렇다면 기존의 학교 시설·설비를 활용하고, 교사의 전문적인 지도력이나 외부 전문가의 협조·지원에 따른 수익자 부담을 전제로 하여 이러한 사교육 활동을 학교 안으로 끌어들이는 대안이 가능하다고 본다. 교내 방과 후 학교 교육 활동의 질 제고도 필요하다.

넷째, 영역별 활동은 예시적인 성격을 지니고 있기 때문에 학교급별로 실정에 알맞게 선택, 운영할 수 있도록 하였다.

현행 2007년 개정 교육과정에서는 제7차 교육과정에 이어서 국민 공통 기본 교육과정이 적용됨에 따라 학교급별 구분을 하지 않고, 초·중·고교의 특별 활동을 하나로 묶어서 제시하게 되었다. 따라서 각급 학교에서는 각급 학교 교육의 특수성과 학생 발달에 따라 강조되어야 할 활동 내용을 달리할 수도 있기 때문에, 기본 생활 습관 형성과 학생의 직접적인 체험 활동을 다양하게 운영할 수 있도록 활동 내용이 선정되어야 할 것이다.

특히, 학생의 요구와 지역 및 학교의 특성을 고려하여 특별 활동의 각 영역별 활동 시간을 학교에서 결정하여 배정할 수 있도록 한 점은 단위 학교에서의 활동 내용 선택, 운영에 자율·재량의 권한을 부여한 것이라 하겠다.

나. 영역별 내용 체계

특별 활동의 내용 체계는 특별 활동의 본질적인 특성을 부각시킬 수 있는 내용 중심으로 자치 활동, 적응 활동, 계발 활동, 봉사 활동, 행사 활동의 5개 영역을 설정하고, 각 영역에 따른 활동 내용을 소영역으로 구분하여 조직하였다.

제7차 교육과정에서 특색 있게 신설된 활동 내용으로는 민주 시민 활동, 정체성 확립 활동, 정보 통신 활동, 수련 활동, 교류 활동 등이다. 각 영역별 활동 내용 면에서는 기본적으로 인간 교육의 실현에 강조점을 두고 학생들이 인간, 자연, 사회, 문화와의 접촉을 확대, 강화할 수 있는 다양한 활동이나 프로그램을 학교 실정에 알맞게 선정하여 운영할 수 있도록 유도하고자 하였다. 이와 같은 내용 체계는 2007년 개정 교육과정에서 그대로 계승되고 있다.

〈표 2〉 특별 활동의 내용

영 역	세부 활동 내용
자치 활동	• 협의 활동·역할 분담 활동·민주 시민 활동
적응 활동	• 친교 활동·진로 활동·상담 활동 • 기본 생활 습관 형성 활동·정체성 확립 활동
계발 활동	• 학술 문예 활동·보건 체육 활동·실습 노작 활동 • 여가 문화 활동·통신 활동·청소년 단체 활동
봉사 활동	• 일손 돕기 활동·위문 활동·캠페인 활동 • 자선 구호 활동·환경·시설 보전 활동
행사 활동	• 의식 행사 활동·학예 행사 활동·보건·체육 행사 활동 • 수련 활동·안전 구호 활동·교류 활동

다. 영역별 세부 내용

특별 활동의 영역별 구체적인 활동은 활동 집단, 활동 장소, 활동 시기, 활동 지도자 등에 구애받지 아니하고 어느 영역에서든지 자유롭게 활동 내용을 학교에서 선정하여 특색 있게 운영할 수 있도록 개선하였다.

자치 활동, 적응 활동, 계발 활동, 봉사 활동, 행사 활동의 5개 영역을 기본 축으로 활동 집단, 장소, 시기, 지도자 등의 변인을 다중 차원으로 교차시켜 입체적인 편성과 운영, 실천이 가능하도록 다양화하였다.

특별 활동 교육과정의 영역별 내용에서는 학교급별 특성이나 각 학교의 실정에 따라 학교에 주어져 있는 학교 교육과정 편성·운영의 자율·재량 권한을 학교 나름대로 창의적으로 발휘해 줄 것을 요구하고 있다.

(1) 자치 활동

자치 활동의 활동별 내용은 초·중·고교 학교급별로 특수성에 따라 학교에서 실천 가능하게 추출하여 정리할 필요가 있다.

협의 활동은 학급의 생활에 필요한 사항을 협의하는 학급 학생회 활동과 학교의 생활에 필요한 사항을 협의하는 전교 학생회 활동으로 구분할 수 있다.

역할 분담 활동은 학급의 역할 분담 활동과 학교의 역할 분담 활동으로, 민주 시민 활동은 학급 또는 전교 어린이회의 운영에 필요한 협의와 지역 사회의 애향단 활동 등으로 구분해 볼 수 있다.

〈표 3〉 자치 활동 영역과 세부 활동

영 역	소영역	세부 활동	비 고
자치 활동	협의 활동	• 학급 학생회 조직 및 운영 • 학급 전반에 필요한 사항 협의 • 전교 학생회 조직 및 운영 • 학교생활에 필요한 사항 협의	
	역할 분담 활동	• 일인 일역 활동 • 학급 부서 활동 • 운영 위원 활동 • 기타 활동	
	민주 시민 활동	• 애향반 활동 • 모의 의회 • 토론회 • 대화의 광장	
	그 밖의 필요한 활동	• 기타 학교애서 필요한 사항	

(2) 적응 활동

교육과정 특별 활동에서의 적응 활동 부분에 있어 학급이나 학교생활에 잘 적응할 수 있도록 기본 생활 습관이 어릴 때부터 몸에 배도록 하는 것이 중요하다. 특히, 학생들이 입학과 상급 학교 진학 등으로 새로운 환경에 접하게 될 때 적응 활동은 매우 중요한 기능을 하게 된다.

기본적인 예절, 준법, 질서, 절제, 청결, 정리 정돈, 근검절약 등은 학교의 모든 교육 활동을 통하여 강조되어야 하고, 친구들과 사이좋게 지낼 수 있는 교우 관계 형성 활동, 담임 교사와의 상담 활동, 진로 의식 활동 등이 다양하게 이루어질 수 있도록 학생들에게 직접적인 체험 활동의 기회를 제공 확대해 나가야 한다.

일반적으로 학생들은 학교라는 테두리 속에서 집단생활을 하게 되고, 변화하는 환경에 적응해야 하기 때문에 상당한 긴장과 불안을 느끼게 된다. 따라서 학생들에게 가정과 학교생활을 자연스럽게 접근시켜 주어서 생활의 장의 이동과 변화에서 오는 불안과 긴장을 덜어 주고, '즐거운 학교', '고마운 선생님', '정다운 친구', '재미있는 공부'라는 인식을 심어 줄 수 있도록 다양하게 적응 활동이 운영되어야 할 것이다. 적응 활동은 입학과 진학 과정에서 더욱 중요하다.

적응 활동의 활동별 내용은 다음과 같다.

<표 4> 적응 활동 영역과 세부 활동

영 역	소영역	세부 활동	비 고
적응 활동	기본 생활 습관 형성 활동	• 예절 • 준법, 질서 • 절제, 청결 • 정리 정돈, 근검절약, 자립 등	
	친교 활동	• 축하회 • 위로회 • 친목회 • 사제동행	
	상담 활동	• 학습, 건강 • 교우, 여가 활용 • 클럽 선택 • 개인 문제 상담	
	진로 활동	• 직업 세계의 이해, 진로 인식	
	정체성 확립 활동	• 자기 이해, 심성 계발	

(3) 계발 활동

종래의 클럽 활동이란, 학년이나 학급에 구애됨이 없이 공통의 흥미와 관심을 가진 사람들의 모임을 뜻하는 것으로서, 구성원들의 자발적이고 협동적인 활동을 통하여 자신의 흥미와 관심사를 추구하는 활동을 클럽 활동이라고 하였다. 그러나 앞으로의 변화하는 사회에 자기 주도적으로 대응해 나가기 위해서는 개개인의 잠재 능력을 최대한으로 계발하고, 창의성과 정보 능력을 신장함으로써 자아실현의 기초를 닦아 나가야 할 필요가 강력히 요청되었다.

특히, 각자의 개성과 소질을 지속적으로 계발, 신장하는 것이 미래 사회에 대비하여 삶의 질을 높이는 계기가 될 것이며, 방과 후 교육 프로그램이나 상설 클럽 활동이 학교 안에서 이루어지도록 이를 특별 활동에서 수용해야 할 과제를 함께 지니게 되었다. 따라서 집단 중심에서 내용 중심의 특별 활동으로 전환시키기 위해 '계발 활동'이라는 용어를 도입하게 되었다.

계발 활동의 활동별 내용은 다음과 같다.

〈표 5〉 계발 활동 영역과 세부 활동

영 역	소영역	세부 활동	비 고
계발 활동	학술 문예 활동	• 문예, 연극, 방송 • 미술, 전통 예술 • 외국어, 회화 • 과학 탐구, 사회 조사 등	
	보건 체육 활동	• 육상, 구기 • 수영, 체조 • 무용, 민속놀이 • 씨름, 태권도 등	
	실습 노작 활동	• 사육, 재배 • 조경, 목공 • 제도, 설계 • 조리, 수예 등	
	여가 문화 활동	• 등산, 사진, 독서, 영화 • 꽃꽂이, 원예, 서예, 바둑, 장기 등	
	정보 통신 활동	• 컴퓨터 통신, 인터넷, 신문 활용 학습, 국제 이해 등	
	청소년 단체 활동	• 소년 소녀단, 청소년 연맹, 적십자, 해양 소년단 등	
	그 밖의 필요한 활동	• 기타 학교에서 필요한 활동	

교육과정 운영에서 특별활동의 계발 활동은 시간 운영, 장소 활용, 교사 조직, 주제 선정, 집단 편성에서 융통성 있는 운영이 요구되며, 정일제, 격주제, 전일제, 분산·집중·연속·고정 등 다양한 운영 방안이 지역이나 학교 실정에 알맞게 탄력적으로 이루어져야 할 것이다.

계발 활동으로 제시된 활동 내용은 초·중·고교의 구분 없이 하나로 묶어서 제시한 것이므로 각급 학교에서는 각급 학교 교육의 특성에 알맞게 활동 내용이나 용어 선택, 사용에 각별히 유념하여야 한다, 또, 계획 수립에서 활동 부서 선택 및 편성, 활동 전개, 그리고 평가, 반성에 이르기까지 학생 중심의 교육과정이라는 기본 정신을 구현하기 위하여 학생의 희망에 따라 학생이 활동 부서를 선택할 수 있도록 배려되어야 한다.

(4) 봉사 활동

봉사 활동의 활동 내용은 선정, 조직할 경우에는 과연 이 활동 내용이 각급 학교의 수준에 알맞은 것이며, 각급 학교 학생들이 실천 가능한 것인지를 적절히 판단하여야 한다.

봉사 활동의 활동 내용은 다음과 같다.

〈표 6〉 봉사 활동 영역과 세부 활동

영 역	소영역	세부 활동	비 고
봉사 활동	일손 돕기 활동	• 복지시설 · 공공시설 일손 돕기, 병원 일손 돕기 • 농어촌 · 학구 내 일손 돕기 등	
	위문 활동	• 고아원 위문, 양로원 위문, 장애인 위문 • 병약자 위문, 부대 위문 등	
	캠페인 활동	• 공공질서 캠페인, 교통안전 캠페인, • 학교 주변 환경 캠페인, 환경 보전 캠페인 등	
	자선 구호 활동	• 재해 구호, 불우 이웃 돕기, 국제 협력, 난민 구호 등	
	환경 · 시설 보전 활동	• 깨끗한 환경 만들기, 자연 보호, 문화재 보호 등	
	그 밖의 필요한 활동	• 기타 학교에서 필요한 활동	

교육과정에 제시된 봉사 활동이라고 해서 모든 학교의 학생들이 의무적으로 해야 한다는 것은 아니다. 미래의 주역이 될 학생들에게 남과 더불어 살아야 한다는 공동체 의식을 불어넣어 주는 일이 무엇보다도 중요하다.

교육과정에 따른 봉사 활동은 학교 내 일손 돕기, 고아원 · 양로원 위문 활동, 교통안전 캠페인, 재해 구호와 이웃 돕기, 깨끗한 환경 만들기와 자연 보호 · 문화재 보호 활동을 학생의 발달 수준에 알맞게 운영할 수 있다.

학년 단계에 따라서는 유리창 닦기, 거울 닦기, 진열장 청소, 화단 정리 및 잡초 뽑기, 수돗가 타일 청소, 게시판 청소 및 정리 등과 같이 학교 안에서 봉사 활동을 얼마든지 찾을 수 있을 것이다.

(5) 행사 활동

각 행사 활동에 대한 구체적인 실행 계획을 세울 때에는 학생의 관심, 흥미, 행사 추진에 따른 신체적 피로도 등을 고려해야 하며, 시간과 경비, 노력을 투입한 만큼의 효과를 얻을 수 있는지를 예측, 판단하는 일도 필요하다. 또, 행사명, 목적, 시기, 장소, 대상, 행사 과정, 역할 분담, 유의점, 배치도, 상황 변동 시의 대책 등에 대한 요소도 고려되어야 하며, 반드시 사전 답사를 하여 당일의 계획, 행사 후의 계획 등을 면밀히 수립하여야 원활한 행사 활동이 이루어질 수 있다.

행사 활동의 내용 선정 시에는 그 활동이 각 급 학교 수준과 여건에서 적절한지를 판단하고, 행사 활동의 목표 달성 가능성이 검토되어야 할 것이다.

행사 활동의 활동 내용별로 교육 실천 프로그램이 구체적으로 수립되어 학교 교육과정의 편성·운영에 반영되어야 할 것이다. 행사 활동은 시간 운영, 집단 편성, 장소 활동, 활동 내용 선정, 지역 사회 자원 활동에 이르기까지 다양하게 운영될 수 있는 탄력적인 교육 활동이기 때문에 가정과 학교, 학교와 지역 사회와의 유기적 협력 체제가 구축되어야 한다. 행사 활동의 세부 활동 내용은 다음과 같다.

〈표 7〉 행사 활동 영역과 세부 활동

영 역	소영역	세부 활동	비 고
행사 활동	의식 행사 활동	● 경축일, 기념식 ● 조회, 종회 ● 입학식, 졸업식, 시업식, 종업식 등	
	학예 행사 활동	● 전시회, 발표회, 감상회 ● 경연 대회, 실기 대회 등	
	보건 체육 행사 활동	● 신체검사, 건강 진단, 예방 접종 ● 체육대회, 친선 경기 대회 등	
	수련(체험) 활동	● 소풍, 수학여행 ● 문화재, 명승지 답사, 학술 조사, 해외여행 ● 등산(등반), 야영, 하이킹, 탐사 활동, 극기 훈련 등	
	안전 구호 활동	● 안전 생활 훈련, 대피 방호 훈련 ● 재해 구조 활동 등	
	교류 활동	● 자매결연 활동, 도농 교류 활동, 국제 교류 활동 등	
	그 밖의 필요한 활동	● 기타 학교에서 필요한 활동	

3. 특별 활동의 운영 및 지도 방법

가. 특별 활동의 운영 방법

(1) 탄력적인 시간 편제와 운영

2007년 개정 교육과정의 특별 활동 교육과정에서 특별 활동의 시간 운영에 관하여 다음과 같이 운영하도록 명시하고 있다.

> ○ 특별 활동에 배당된 시간(단위) 수는 학생의 요구와 지역 및 학교의 특성을 고려하여 특별 활동의 각 영역별 활동 시간을 각 학교에서 결정하여 배정하되, 영역 간의 균형이 유지될 수 있도록 유의한다.
> ○ 시간(단위) 수가 배정되지 않은 영역별 활동에는 학교의 실정에 따라 별도의 시간을 확보하여 운영하도록 한다.
> ○ 특별 활동은 학교의 필요에 따라 시간(단위) 배당 기준보다 더 많은 시간을 확보하여 운영할 수 있으며, 시간 운영은 통합하거나 분할하여 융통성 있게 할 수 있다.

이를 요약하여 설명하면 다음과 같다.
(가) 고정 운영, 연속 운영, 분산 운영, 집중 운영
(나) 각 영역별 활동 시간의 융통성 있는 배정
(다) 시간 수가 확보되지 않은 영역의 별도 시간 확보 운영
　　(예시) 연간 수업 일수(220) − 교육과정 시간 배당 기준 주수(34주, 204일) = 16일 × 4~6시간 = 64~96시간(학년별 차등)

(2) 기타 융통성 있는 운영의 지원

(가) 내용 선정의 융통성

특별 활동 교육과정에 제시된 각 영역별 활동 내용은 예시적 기준이므로, 학교별로 학교 실정과 지역 특성을 고려하여 보다 적합한 활동 내용을 선정 운영할 수 있다. 단, 각 학교에서 융통성 있게 시행되는 특별 활동은 관련 법령, 특별 활동의 목표, 학생의 발달 단계 등에 부합되는 것이어야 한다.

(나) 다양한 자원 인사의 활용과 융통성 있는 장소 활용

특별 활동의 운영에 있어서 지역 사회의 각종 자원과 시설·설비를 적극 활용하고 자원 인사와 학부모의 참여 및 협조를 유도하는 계획을 수립하고 실천하여야 한다. 지역 사회의 인적·물적 자원을 최대한 활용하기 위하여, 특별 활동 영역별로 활용 가능한 자원 인사와 시설, 기관, 자료 등의 실태를 파악하고, 다양한 활동 프로그램을 개발하여 창의적으로 운영하여야 한다. 또한 특별 활동의 각 영역별 활동과 하위 활동은 대체로 학교를 중심으로 이루어지나, 필요에 따라 가정과 지역 사회와의 연계를 통해서도 이루어질 수 있다.

(다) 학생의 요구를 반영하는 운영

특별 활동 운영 계획은 학생들의 흥미와 소질, 지역 사회의 실정을 고려하여 작성하되, 계획을 수립하고 운영하는 과정에서 선택적인 활동 주제 선정과 다양한 활동 집단의 편성을 통하여 학생들의 희망과 선택이 최대한 고려되어야 한다.

(라) 운영 자료 개발·보급과 지원 체제 확립

시·도 교육청 및 지역 교육청은 특별 활동 프로그램과 지도 자료의 개발·보급, 연수 과정의 개설, 연구학교의 운영 등을 통하여 각급 학교 특별 활동의 운영을 지원하고, 특별 활동을 운영하는 데 필요한 시설, 설비, 자료, 프로그램, 강사 등의 여건 정비에 힘쓰고, 특별 활동에 대한 각종 정보를 수집·제공하여야 한다.

나. 특별 활동 편성·운영의 변인과 지도

특별 활동을 편성·운영함에 있어서 고려하여야 할 주요 변인으로는 활동 영역 및 내용, 지역 및 학교의 여건과 실정, 학생 및 학부모의 요구, 지도 시기, 집단 조직, 교수 조직, 활동 장소, 활동 방법 등을 들 수 있으며 이들은 하위 요소들에 따라서 다시 특별 활동은 다양한 모습으로 나타나게 되는데 지역과 학교의 독특한 고유문화 풍토를 고려하여 특색 있고 융통성 있게 운영하는 것이 무엇보다도 중요하다.

〈표 8〉특별 활동의 변인 및 유형

변 인	유 형 (요 소)
1. 활동 영역 및 내용	자치 활동, 적응 활동, 계발 활동, 봉사 활동, 행사 활동
2. 지역 및 학교의 여건, 실정	학교 전통, 교육 문화 풍토, 기타
3. 학생 및 학부모 요구	특기 신장, 예절 교육, 봉사 정신, 기타
4. 활동 시기	정일제, 전일제, 격주, 주말, 월 집중, 계절 집중, 방학, 기타
5. 집단 조직	소집단, 학급, 학년, 학교, 지역 단위
6. 교수 조직	담임, 자원 인사, 지역 인사, 강사 초빙, 보조 교사, 명예 교사
7. 활동 장소	교내, 지역 시설, 지역 행사장, 명승지, 기타
8. 활동 방법	현장 활동, 체험 활동, 토론 활동, 기타
9. 평가 활동	학생 평가, 프로그램 평가 등

이상의 변인들은 크게 '무엇을 할 것인가'와 '어떻게 할 것인가'와 관련된 변인으로서, 각급 학교에서는 이들 변인들을 상호 결합하여 융통성 있게 운영할 수 있는 학교 특별 활동 교육과정을 편성 운영하고 평가하여야 한다.

다. 특별 활동 편성·운영 및 지도의 기본 방향

(1) 편성의 기본 방향

(가) 특별 활동의 5대 영역인 자치 활동, 적응 활동, 계발 활동, 봉사 활동, 행사 활동 등이 균형 있게 운영되도록 편성한다.

(나) 구체적인 활동과 내용은 지역 및 학교의 특성과 여건, 학생, 교사, 학부모의 요구를 수렴하고, 학생의 발달 단계를 고려하여 목표 달성에 적합한 활동을 선정한다.

(다) 교과와 상호 보완을 위하여 교육과정과 교과서를 분석하여 관련된 내용은 교과와 연계하여 지도한다.

(라) 수업 일수(220일)와 교육과정 시간 배당 기준 주수 34주(204일) 간에 생기는 16일(융통성 있는 시간)을 확보하여 특별 활동 시간으로 운영한다.

(마) 학교의 중점 영역을 설정하여 육성함으로써 학교의 전통과 특색을 가꾸도록 한다.

(2) 운영 및 지도의 기본 방향

(가) 특별 활동의 목표, 내용, 방법, 평가가 일관성 있게 실천되도록 한다.

(나) 특별 활동의 연간 계획에 의거 각 영역별로 연간 지도 계획을 수립하여 체계적으로 운영되도록 한다.

(다) 활동 내용을 학생 중심으로 계획, 운영, 평가될 수 있도록 하여 교사 위주의 고정적, 획일적인 운영이 되지 않도록 한다.

(라) 나앙한 학습 주제와 체험 위주의 활동 내용으로 자발적이며 자율적인 활동이 되도록 한다.

(마) 특별 활동 교육과정 시간은 다양한 시간 운영으로 융통성 있게 운영한다.

(바) 학교의 실정을 고려하여 지역 사회의 인적, 물적 자원을 최대한 확보하여 학습 활동에 활용한다.

(사) 특별 활동의 조직 단위는 학습의 내용, 학습의 양, 학습의 장소를 고려하여 소집단, 학급, 학년, 학교, 지역 사회 등 다양한 형태의 단위로 조직한다.

(3) 평가의 기본 방향

(가) 특별 활동 평가는 활동의 결과에 대한 평가보다는 활동 과정에 대한 평가를 더 중요시하여 평가한다.

(나) 전 영역에 걸쳐 균형 있게 평가가 이루어지도록 한다.

(다) 특별 활동의 학년별 성취 수준을 설정하고 다양한 평가 도구와 방법으로 성취도를 평가한다.

(라) 특별 활동 교육과정 운영 실적을 자체 평가하여 다음 학년도 교육과정 편성과 운영에 반영한다.

(4) 영역별 지도 중점

<표 9> 특별 활동의 영역별 지도 중점

영 역	지도 중점
자치 활동	민주적 회의의 기본 원칙을 익히고 자신의 의견을 효과적으로 표현하며, 남의 의견을 진지하게 듣는 태도를 형성하여 자율적인 학교생활 능력을 기른다.
적응 활동	예절, 준법, 질서, 청결, 절제 등의 기본 생활 습관 형성에 중점을 두고 습관적 행동 수준에 이르도록 한다.
계발 활동	학생의 흥미, 취미, 개성에 맞는 소질을 계발하고 신장하여 자아실현의 기초를 다지게 한다.
봉사 활동	지역 사회의 제반 여건과 지역 주민들의 당면한 문제에 대한 이해를 바탕으로 지역 사회 문제를 학교 단위의 집단 활동을 통하여 조력하고 지역 사회에 대한 이해를 깊게 하여 학생들의 사회화를 촉진시킨다.
행사 활동	각종 행사의 중요성을 알고, 자발적으로 참여하여 학교와 지역 사회의 일원으로서 갖추어야 할 기본 자질과 태도를 기른다.

라. 특별 활동 교육과정 편성·운영 방안

(1) 교육과정 편제

(가) 특별 활동을 자치 활동, 적응 활동, 계발 활동, 봉사 활동, 행사 활동의 5개 하위 영역으로 편성한다.

(나) 학생 발달 단계에 따라 중심 영역을 선정 지도한다.

1) 제1~2학년은 적응 활동을 중심으로 운영한다.

2) 제3학년은 전 영역을 고루 지도하며, 계발 활동은 소질과 취미를 발견할 수 있는 프로그램으로 운영한다.

3) 제4~10학년은 5개 전 영역을 고루 지도하되, 자치 활동과 계발 활동을 중점 지도한다.

(다) 각 영역별 운영의 탄력성이 확보될 수 있는 방향으로 편성한다.

(라) 학생의 자발적이고 흥미 있는 참여가 이루어지도록 편성한다.

(마) 자기표현과 발표의 기회가 확대될 수 있는 방향으로 편성한다.

(바) 융통성 있는 시간을 확보하여 특별 활동 시간으로 운영한다.

(2) 시간 배당

특별 활동 배당 시간을 학생 발달 단계와 학년의 중점 지도 내용을 토대로 시간을 배당하여 운영한다.

<표 10> 특별 활동 시간 배당표

영역＼학년	초등학교											
	1		2		3		4		5		6	
특별 활동	30		34		34		68		68		68	
자치 활동	10	(4)	12	(4)	7	(8)	19	(6)	19	(6)	19	(6)
적응 활동	15	(4)	11	(4)	5	(4)	8	(7)	8	(7)	8	(7)
계발 활동	·	(12)	·	(12)	11	(6)	34	(12)	34	(12)	34	(12)
봉사 활동	5	(4)	5	(4)	5	(6)	7	(8)	7	(8)	7	(8)
행사 활동	·	(20)	6	(20)	6	(20)	·	(47)	·	(47)	·	(47)
계	30	(44)	34	(44)	34	(44)	68	(80)	68	(80)	68	(80)
비 고	융통성 있는 시간(16일)의 3/4을 확보하여 특별 활동 시간으로 배당함.											

영역＼학년	중학교						고등학교					
	1		2		3		1		2		3	
특별 활동	68		68		68		68		8단위			
자치 활동	19	(6)	19	(6)	19	(6)	19	(6)				
적응 활동	8	(7)	8	(7)	8	(7)	8	(7)				
계발 활동	34	(12)	34	(12)	34	(12)	34	(12)				
봉사 활동	7	(8)	7	(8)	7	(8)	7	(8)				
행사 활동	·	(47)	·	(47)	·	(47)	·	(47)				
계	68	(80)	68	(80)	68	(80)	68	(80)	8단위			
비 고	융통성 있는 시간(16일)의 3 / 4을 확보하여 특별 활동 시간으로 배당함.											

※ 1) 이 표의 시간 수는 연간 34주를 기준으로 한 최소 시간 수임.
2) ( ) 안의 시간 수는 융통성 있는 시간의 배당 시간임.

(3) 연간 시간 운영 계획

특별 활동의 연간 시간 운영을 다음과 같이 계획을 수립하여 계획적이며 체계적으로 운영하여 학생들의 기본 생활 습관 형성을 지속적으로 지도한다.

[특별 활동 연간 운영 계획(안)]

[제4학년](예시)

월	주	기간	수업일수	휴일수	특별활동시간	융통성시간	계	영역별 배당시간					행사 및 공휴일
								자치활동	적응활동	계발활동	봉사활동	행사활동	
3	1	1－5	4	1	1	(1)	2		1		(1)		1. 삼일절 2. 시업식 3. 입학식
	2	7－12	6	1	·	(2)	2				(1)	(1)	
	3	14－19	6		1	(1)	2	1	1			(1)	진단평가16
	4	21－26	6		1	(1)	2	1				(1)	
	5	28－2	5		1	(1)	2	1	1			(1)	(31) 개교기념일
4	6	4－9	5	1	3		3	1			(2)	2	5. 식목일
	7	11－16	5	1	1	(2)	3	1	(1)	(1)		·	
	8	18－23	6		3	(1)	4	1			(1)	2	21. 과학의 날 행사
	9	25－30	6		1	(5)	6	1			(5)	·	30. 현장학습
5	10	2－7	5	1	2	(6)	8	(1)		(1)	(4)	2	4. 체육대회 5. 어린이날
	11	9－14	5	1	1		1		1				14. 스승의 날 기념식
	12	16－21	6		3	(1)	4	1			(1)	2	
	13	23－28	6				1		1				
	14	30－4	6		3	(1)	4	1			(1)	2	
6	15	6－11	5	1	1	(1)	2					·	6. 현충일
	16	13－18	6		3		3				1	2	
	17	20－25	6		1	(2)	3	1		(2)		(2)	
	18	27－2	6		3		3					2	27. 학력평가일
7	19	4－9	6		1	(5)	6	1		(1)		4	5. 학예제
	20	11－16	6		3	(2)	5		(1)	1	(1)	2	16. 방학식
8	21	22－27	4		1	(2)	3	1		(1)	(1)	·	22. 개학식
9	1	28－3	6		1	(1)	3		(1)			(2)	
	2	5－10	6		1	(1)	2	1		(1)		·	
	3	12－17	5	3	3		3		1			2	17. 추석 연휴
	4	19－24	5		1	(10)	11	1			(10)	·	19. 추석 연휴
10	5	26－1	6		2	(6)	8		(1)		(5)	2	30. 가을 현장학습
	6	3－8	5	1	2		2	1		1		·	3. 개천절
	7	10－15	6		3	(1)	4		1	(1)		2	
11	8	17－22	6		2		2	1	1			·	
	9	24－29	6		3	(6)	9	(1)		1	(5)	2	
	10	31－5	6		1	(3)	4	1	(1)			(2)	
	11	7－12	6		2		2					2	
12	12	14－19	6		·	(1)	1			(1)		·	
	13	21－26	6		3		3	1				2	
	14	28－3	6		·	(6)	6		(1)	(1)	(4)	·	2. 등반 대회
	15	5－10	6		3	(1)	4	(1)		1		2	
	16	12－17	6		1	(1)	2		1		(1)		
	17	19－24	2		1		1					1	21. 방학식
2	18	6－11	4		3	(3)	6	(1)	(1)	1	(1)	2	9. 개학식
	19	13－18	4		1	(5)	6	(1)		1	(4)	·	16. 졸업식 18. 졸업식
		학년 말 휴가(20○○. 2. 22~2. 28)											
누 계			225	11	68	(80)	148	19(6)	8(7)	7(8)	(47)	34(12)	

4. 특별 활동의 평가

가. 특별 활동 평가의 특징

일반적으로 평가는 활동의 계획, 조직, 실천 등의 여러 과정에 걸친 교육 활동을 목표에 비추어 비교 검토하여 환류시켜 보다 나은 결과를 낳게 하려는 일련의 과정이다. 평가의 관점이나 결과는 추후의 계획 수립, 교육 운영에 지대한 영향을 미치므로 평가는 특별 활동에서도 중요한 영역이다. 학교에서는 특별 활동의 학년별 성취 수준을 설정하고, 다양한 평가 도구와 방법으로 성취도를 평가하여야 한다. 교육 평가는 교육 활동을 수행한 후 목표 달성도를 측정해 보는 활동이다.

특별 활동 교육과정 운영에서의 평가의 일반적인 특징을 살펴보면 다음과 같다.

첫째, 특별 활동의 평가는 학생들의 태도 및 행동 변화를 주된 대상으로 삼는다. 교과 활동에서는 주로 학생들의 지식, 이해, 기능의 변화가 대상인 데 반하여 특별 활동은 전인격적인 측면을 강조하기 때문에 무엇보다도 학생들의 태도나 행동 변화에 주된 관심을 두고 평가한다.

둘째, 특별 활동에서는 개인의 진보뿐만 아니라 집단 활동도 중요한 평가의 대상이 된다. 교과 활동이 궁극적으로 학생의 성취를 목표로 함에 비해, 특별 활동은 집단 활동에의 참여와 봉사를 통한 개인의 변화를 목표로 하기 때문이다.

셋째, 특별 활동의 평가는 활동 결과에 대한 평가보다는 활동 과정에 대한 평가를 더 중시한다. 교과 활동의 평가에서도 활동 과정에 대한 평가가 부분적으로 포함되어야 하지만, 특별 활동에서는 활동 결과보다는 활동 과정에서의 태도, 노력 정도, 집단 내에서의 인간관계 및 역할 수행 등이 더 비중 있게 평가되는 것이 바람직하기 때문이다.

넷째, 특별 활동의 평가에는 다양한 평가 방법이 요구된다. 주로 필답 고사에 의존하는 교과 활동과는 달리 관찰법, 질문지법, 자기평가, 상호 평가 등의 다양한 방법이 사용된다.

나. 특별 활동 평가의 지침

2007년 개정 특별 활동 교육과정의 평가에 대한 기본 지침은 다음과 같다. 이 지침을 바탕으로 단위 학교에서 환경과 여건에 따라 다양한 평가를 시행할 수 있다.

가. 특별 활동은 영역별로 담임 또는 담당 교사가 수시로 평가하되, 담임교사가 종합한다.

나. 특별 활동의 평가는 다음과 같은 점에 유의하여 학교와 지역 사회의 실정, 교육목표에 비추어 적합하도록 고안하여 실시한다.

① 학생 자신에 의한 평가, 학생 상호간의 평가를 고려하여 교사가 평가한다.

② 관찰 기록과 질문지를 활용하는 등 다양한 방법으로 평가한다.

③ 활동 기록, 작품 분석, 포트폴리오 등과 같은 수행 평가 방법을 활용한다.

④ 각 영역별로 평가 관점을 마련하여 평가 척도를 작성, 활용한다.

⑤ 참여도, 협력도, 열성도 및 특별한 활동 실적 등이 골고루 반영되게 한다.

⑥ 교육목표의 설정, 평가 장면의 선정, 평가 도구의 제작, 평가의 실시 및 결과 처리, 평가 결과의 해석 및 활용의 절차를 고려한다.

다. 평가의 결과는 평소의 활동 상황을 누가 기록한 자료를 토대로 활동 실적, 진보의 정도, 행동의 변화, 특기 사항 등을 종합하여 문장으로 기록한다.

라. 특별 활동의 평가는 학생을 비교하는 상대 평가가 아닌, 학생 각자의 성취도나 변화를 진단하는 절대 평가가 되도록 한다.

마. 특별 활동의 평가는 총괄 평가적 성격보다는 형성 평가적 성격을 지녀야 한다. 평가 결과는 학생의 계속적 진보와 계발을 돕는 자료로 활용되어야 한다.

바. 특별 활동 평가에 있어서 학생 개개인의 발달, 변화, 성취를 평가함과 아울러 학급 또는 학교 차원에서 전체 집단의 성장, 발달, 변화 등도 평가하되 지도 자료로 활용한다.

사. 특별 활동의 평가는 학생에 대한 평가와 더불어 특별 활동 프로그램에 대한 평가도 함께 실시되어야 한다. 프로그램 평가는 활동 내용의 타당성, 운영 계획의 현실성, 담당 교사의 준비성과 열성 등이 포함되어야 한다. 특별 활동 프로그램에 대한 평가 결과는 해당 학급 또는 학교의 후속 특별 활동 계획 수립 및 운영 개선에 활용한다.

다. 특별 활동 평가의 방법과 절차

특별 활동의 평가는 활동의 결과보다는 과정을 중시하고, 지식·기능의 습득보다는 학생의 태도나 행동의 변화를 대상으로 하기 때문에 비교적 주관적이고 질적인 방법이 많이 활용된다.

특별 활동의 평가 방법으로 활용될 수 있는 평가 방법을 예시하면 다음과 같다.

<표 11> 특별 활동 평가 방법

구 분	평가 방법	평가 요령
관찰법	일화 기록	학생의 활동 상황을 자유로이 기록
	체크리스트	활동에의 참가 태도 실천 상황을 미리 준비된 리스트에 의거 체크
	평정 정도	활동 상황, 발언 내용 등을 일정한 척도에 의해 평가
질문지법	의식, 태도 조사	활동에의 생각, 흥미, 관심, 태도 등을 설문식으로 조사
	자기평가	활동에의 참가 태도, 행동의 정착도를 스스로 반성 평가
	상호 평가	학생 상호간의 집단 활동에의 참가 태도, 공동 산출물에 대한 기여 정도 평가
학생 기록 작품 분석 (평정법)	활동의 기록 분석법	활동의 계획이나 활동 과정의 실제를 기록하도록 결과를 평가
	작품 평가	개인 혹은 집단으로 작품을 만드는 과정이나 결과를 평가
	작문, 일기	활동의 계획, 실시 등에 대한 의견, 활동 참가 후의 감상을 글로 쓰거나 일기로 기록한 것을 분석
교사 협의 의견 교환	학년 협의 전교 협의	정보 교환 및 반성 평가

특별 활동 평가의 절차도 일반적인 교과 학습 평가의 절차와 유사한데, 일반적으로 다음과 같이 요약할 수 있다.

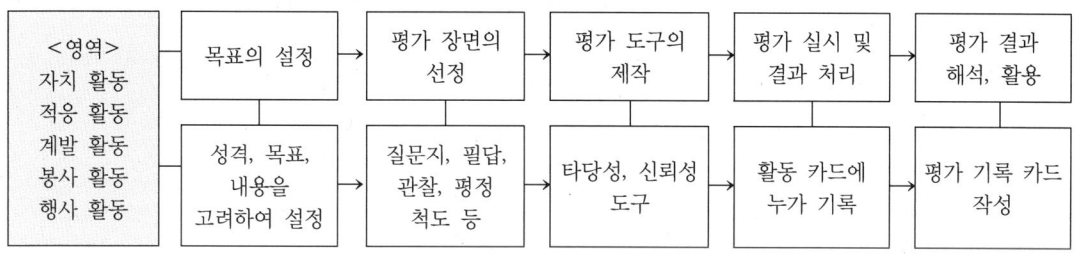

[그림 1] 특별 활동 평가 절차

특별활동 교육과정의 실행:
이론과 실제

제2부

특별 활동 교육과정의 실제

제1장 | 자치 활동

1. 자치 활동의 개요

가. 자치 활동의 성격

특별 활동 중 자치 활동은 학습자인 학생들이 주체가 되어 운영되는 집단 활동으로서, 민주 시민의 기본 자질과 태도를 함양하는 중요한 활동이다. 자신이 소속된 집단에 대해 소속감을 갖고 집단의 공동 관심사에 대하여 협의하며, 협의된 바를 실천하기 위하여 역할을 분담하고 활동한다.

이러한 자치 활동의 성격을 요약하여 제시하면 다음과 같다.

첫째, 집단적 자치 활동의 경험은 더욱 복잡다단해지는 현대 사회를 유지, 발달시키는 데 필요한 공동체 의식과 협동 능력을 신장해 준다.

둘째, 자치 활동은 사회 속에서 각자의 개성과 능력에 맞는 안목과 수행 능력을 길러 준다.

셋째, 자치 활동은 학생들의 의사소통 능력과 타인 배려 정신을 제고함으로써 민주 시민으로서의 자질과 태도를 함양해 준다.

넷째, 자치 활동은 저학년 학생들이 자신의 역할을 인식하게 함과 동시에, 학교생활에 보다 쉽게 적응하도록 도와준다.

나. 자치 활동의 특징

특별 활동의 자치 활동이 교과와 상호보완적인 연계성 속에서 이루어지기 위해서는 학생 스스로의 판단과 활동이 주가 되어야 한다. 즉, 자치 활동은 적응 활동, 행사 활동 등 특별 활동의 다른 영역에서 집단 활동이 자율적으로 이루어질 수 있도록 자치 능력을 기르는 활동인 것이다. 이러한 점을 전제하고 특별 활동의 특징을 대별하면 다음과 같다.

첫째, 자치 활동은 본질적으로 집단 활동의 성격을 지니는 동시에, 각 개인의 자율성, 창의성 및 사회성을 고양해 주는 활동이다.

둘째, 자치 활동은 학생의 자주적, 자율적 실천 능력을 중시하여, 학생 스스로 활동 계획을 수립하고 실천하는 것을 근본으로 삼는다.

셋째, 자치 활동은 때때로 교사의 지도, 조력을 필요로 한다. 특히, 저학년의 자치 활동은 교사의 지도와 조력이 필수적이다.

넷째, 자치 활동은 학생들에게 활발한 자기표현 기회를 부여함과 동시에, 타인에 대한 배려의 마음을 직접 실천하게 하는 활동이다.

다. 자치 활동의 지도 원리

자치 활동의 내용은 협의 활동, 역할 분담, 민주 시민 활동 등 세 가지 소영역으로 대별된다. 각 소영역의 세부 내용과 지도 내용은 교사들이 학생들의 수준과 흥미, 지역 사회 및 단위 학교의 특성에 알맞은 활동을 나름대로 창안하여 지도하여야 한다. 자치 활동의 지도 원리를 요약하면 다음과 같다.

첫째, 궁극적으로는 자주성과 자율성을 중시하여 운영하되, 저학년의 경우에는 단계적 지도를 고려한다.

둘째, 교사는 저학년일수록 세부 활동의 내용과 운영 방법을 자세하게 설명해 준다. 고학년의 경우에는 필요시에만 개입하여 친절하게 조언해 준다.

셋째, 자치 활동의 내용과 방법에서 학생들의 발달 수준을 충분히 고려한다.

넷째, 저학년의 자치 활동은 주로 학급 단위의 협의나 역할 분담을 통해 이루어지는 반면, 고학년의 경우 학교와 지역 사회 단위의 활동에 참여할 수 있다.

다섯째, 협의 활동 지도에서 학생들로 하여금 의견을 민주적으로 수렴하고, 결정된 사항을 자발적으로 실천하도록 지도한다.

여섯째, 학생들이 협의하거나 실천해야 할 주제나 역할은 가능한 한 학생들의 생활 또는 흥미와 밀접하게 관련된 것 가운데서 선정한다.

일곱째, 자치 활동의 성공적 운영을 위하여 사전·사후 지도를 철저히 하고 수시로 학생들과 평가 분석의 기회를 갖고, 타 영역과의 연계 지도에 관심을 갖는다.

라. 자치 활동 지도상의 유의점

자치 활동의 지도 시 교사들은 우선 자치 활동의 개념과 성격을 정확하게 이해할 필요가 있다. 자치 활동의 의의에 대해서는 충분히 인식함으로써, 자치 활동 지도의 중요성에 대한 확신을 갖고 지도해야 한다. 자치 활동 지도 시의 유의점을 요약하면 다음과 같다.

첫째, 자발적이며 자율적인 활동으로 운영되면서 동시에, 전체적으로 건전하고도 보람 있는 활동으로 전개되도록 지도한다.

둘째, 자치 활동 각각에서 가능한 한 모든 구성원들이 골고루 참여하여 기여하도록 함으로써 소속감과 참여 의식을 높여 준다.

셋째, 고학년에서의 학급 활동 운영 계획은 담임교사와 전 학생이 공동으로 수립하는데, 창의적인 활동을 위한 구상이 많이 나오도록 유의한다.

넷째, 전교 학생회는 학교의 규정에 따라 조직, 운영하는데, 가능한 한 자율적으로 진행하도록 유도한다.

다섯째, 학생들에게 과중한 심신의 부담을 주거나, 학급 또는 학교의 여건에 비추어 과중한 내용과 활동이 전개되지 않도록 지도한다.

2. 자치 활동 지도의 실제

가. 지도 중점

〈표 12〉 자치 활동 지도 중점

학교 급	협의 활동	역할 분담 활동	민주 시민 활동
초등학교	• 문제에 대한 의사 발표와 간단한 토의 활동 전개	• 1인 1역 중심의 역할 분담 활동 전개	• 간단한 토의 요령 • 우리 집 주변 청소 참여하기
중학교	• 학급 회의 방식을 이해하고 학급 내의 문제에 대한 자기 의견 발표하기	• 1인 1역 유형 중심의 소집단 역할 분담 조직 운영	• 애향단 활동 참여 • 모의 의회
고등학교	• 의제를 해결하기 위해 충분히 토론하고 결론을 맺기 • 학급, 학교의 생활 개선을 위한 구체적인 활동 선정과 운영위원회 참여	• 학급 부서 활동과 전교 학생회 부서 연계성 살리기 • 전교 위원회 활동에 적극 참여하여 계획 – 실천 – 반성의 과정을 체험하여 자율성 신장하기	• 학생 주도적인 애향단 활동 전개 • 학생 중심의 모의 의회 운영 • 학급, 학교생활 개선을 위한 토론회 개최 • 학생, 교사와 대화의 광장 설치 운영

나. 지도 시간 배당

〈표 13〉 자치 활동 지도 시간 배당

소영역	활동별 내용	초등학교					
		1학년	2학년	3학년	4학년	5학년	6학년
협의 활동	학급회 조직 운영	·	·	7	7	7	7
	학급에 필요한 사항 협의	4	7				
	전교 학생회 조직 운영	별도 시간 설정 운영					
	학교생활에 필요한 사항 협의						
역할 분담 활동	1인 1역 활동	5	7	2	1	1	1
	학급 부서 활동	·	·	1	2	2	2
	전교 위원회 활동	별도 시간 설정 운영					
민주 시민 활동	애향단 활동	·	·	·	2	2	2
	모의 의회	·	·	·	2	2	2
	토론회	1	2	1	2	2	2
	대화의 광장		1	1	1	1	1
그 밖의 활동		·	·	·	·	·	·
계		10	17	12	17	17	17

소영역	활동별 내용	중학교			고등학교		
		1학년	2학년	3학년	1학년	2학년	3학년
협의 활동	학급회 조직 운영	7	7	7	7		
	학급에 필요한 사항 협의						
	전교 학생회 조직 운영	별도 시간 설정 운영					
	학교생활에 필요한 사항 협의						
역할 분담 활동	1인 1역 활동	1	1	1	1		
	학급 부서 활동	2	2	2	2		
	전교 위원회 활동	별도 시간 설정 운영					
민주 시민 활동	애향단 활동	2	2	2	2		
	모의 의회	2	2	2	2		
	토론회	2	2	2	2		
	대화의 광장	2	1	1	1		
그 밖의 활동		·	·	·	·		
계		17	17	17	17		

다. 연간 운영 계획(안)

(1) 초등학교

월	활동 주제	실천 제재	활동 목표	학생 활동	관련 영역			비 고
					협의 활동	역할 분담 활동	민주 시민 활동	
3	학교 규칙	학급 규칙 정하기	• 학교 규칙을 정하고 지키려는 태도를 기른다.	• 학급 규칙 정하기 • 전체적 협의 통해 결정	○		○	
	1인 1역 활동(1)	1인 1역 정하기	• 1인 1역을 결정하여 실천한다.	• 1인 1역 희망 조사 • 1인 1역 역할 바꾸기	○	○		
4	교통안전	교통안전 생활	• 교통안전을 생활화한다.	• 교통안전 놀이 • 통학로 보행 연습			○	
	근검절약	근검절약 생활하기	• 용돈을 바르고 아껴 쓰는 습관을 기른다.	• 용돈 사용에 대해 말하기 • 가게 놀이	○		○	
5	감사	선생님의 은혜	• 선생님께 감사의 편지를 쓸 수 있다.	• 스승의 고마운 점 알아보기 • 선생님께 편지 쓰기			○	
	청결	청결한 생활	• 자신의 몸을 깨끗이 하고, 청결한 태도를 갖는다.	• 몸을 깨끗이 해야 하는 이유 • 몸을 깨끗이 하는 법	○		○	
6	독서	독서를 잘하는 방법	• 책 읽기의 좋은 점을 알고 책을 바르게 읽을수 있다.	• 독서의 좋은 점 • 독서를 잘하는 방법	○			
	환경 보호	환경 보호	• 환경 보호의 필요성을 알고 실천할 수 있다.	• 환경오염의 원인 • 환경오염의 예방법	○		○	
7	1인 1역 활동(2)	1인 1역 반성하기	• 1학기 동안의 1인 1역 생활을 반성한다.	• 칭찬 릴레이 • 1학기 동안의 1인 1역 반성하기	○	○		
8	1인 1역 활동(3)	1인 1역 정하기	• 2학기 동안의 1인 1역 활동을 실천한다.	• 학급 내에서 1인 1역 활동 찾기 • 1인 1역 정하기	○	○		

월	활동 주제	실천 제재	활동 목표	학생 활동	관련 영역 협의 활동	관련 영역 역할 분담 활동	관련 영역 민주 시민 활동	비 고
9	절약	소비 절약	● 물건을 아껴 쓰는 생활을 실천할 수 있다.	● 가정에서 아껴 쓸 수 있는 물건 조사 ● 절약 생활의 실천	○		○	
	소풍	즐거운 소풍	● 소풍 때 지켜야 할 일을 실천 할 수 있다.	● 소풍 계획을 의논 하여 정하기 ● 소풍 당일 활동하기	○		○	
10	공중도덕	공중도덕	● 공중도덕을 지키는 방법을 알고 실천 한다.	● 공중도덕의 종류 ● 공중도덕을 지키는 방법 논의하기	○			
	청결	깨끗한 교실 만들기	● 학급 문제를 스스 로 해결하려는 태 도를 기른다.	● 깨끗한 교실 관리 방법 ● 봉사 활동	○	○		
11	불조심	불조심하기	● 불조심하는 습관을 기른다.	● 불조심 표어 짓기 ● 불조심 포스터 그 리기			○	
12	겨울방학	즐거운 겨울방학	● 겨울방학 때 실천 해야 할 일을 정하 고 실천한다.	● 겨울방학 생활 계 획 표 만들기	○			
2	반성	학년을 마치며	● 학년 생활을 반성 한다.	● 학년 생활 반성하기 ● 편지 쓰기	○		○	

(2) 중학교

월	활동 주제	실천 제재	활동 목표	학생 활동	관련 영역 협의 활동	관련 영역 역할 분담 활동	관련 영역 민주 시민 활동	비 고
3	학급회 조직과 운영	학급 회의	• 학급 생활에서 일어나는 여러 가지 문제 해결을 위해 학급 회의를 자발적으로 운영할 수 있다.	• 임원 선거 • 학년 수준에 알맞은 부서 조직	○			
	학급회 조직과 운영	학급 자랑거리 만들기	• 급훈, 반가, 반의, 상징을 바르게 사용할 수 있다.	• 즐거운 학급을 만들기 위한 자랑거리 선정 • 학급 노래, 급훈, 우리들의 약속 등 제정	○			
	1인 1역 활동(1)	내가 맡은 일은?	• 학급에서 일어나는 여러 가지 문제를 스스로 해결하는 자주적인 생활 태도를 기른다.	• 1인 1역 활동 부서 희망 조사 및 부서 정하기 • 부서별 실천 방법 알기 • 실천 후 반성 평가하기		○		
4	1인 1역 활동(2)	학급을 위해 할 일	• 학급을 위해 자기가 맡은 일을 능동적으로 해결하려는 태도를 기를 수 있다.	• 활동 부서 정하기 • 활동 계획 세우기 • 활동 후 반성하기		○		
5	학급 생활전반에 필요한 사항 협의	오월의 행사	• 어버이날을 통해 부모님의 은혜를 다시 깨닫는다.	• 어린이날을 어떻게 지낼까 협의 • 어버이날 부모님 기쁘게 해드리기 협의 • 스승의 날 옛 담임 선생님 기쁘게 해드리기 협의	○			

월	활동 주제	실천 제재	활동 목표	학생 활동	관련 영역			비 고
					협의 활동	역할 분담 활동	민주 시민 활동	
6	학급 생활 전반에 필요한 사항 협의	질서, 학교 규칙 지키기	• 질서의 여러 가지 유형을 알고, 질서를 지키는 것이 안전하고 편함을 이해한다.	• 다른 사람이 자기에게 폐를 끼쳤을 때, 어떤 기분이었는지 발표하기 • 다른 사람의 입장에서 생각해 주는 습관 기르기 협의	○			
7	학급 생활 전반에 필요한 사항 협의	이웃 돕기	• 결정된 사항에 대해 실천하려는 의지를 보인다.	• 불우 이웃 돕기 방법 협의 • 학교에서의 어려운 친구 돕기	○			
9	토론회	주제를 정해 토론하기	• 건전한 비판 정신과 자기표현 능력을 습득할 수 있다.	• 토론의 의미 알아보기 • 자유롭게 글쓰기 • 토론 주제 정해 토론하기			○	
10	학교생활에 필요한 사항 협의	즐거운 소풍	• 학급 문제 해결을 위한 회의 방법을 익혀 학급 협의에 참여할 수 있다.	• 소풍 가서 지킬 일 • 소풍지에서 오락 활동 계획 세우기	○			
11	1인 1역 활동(3)	봉사하는 즐거움	• 봉사 활동을 통해 남을 위해 일하는 것의 보람을 말할 수 있다.	• 가정에서의 1인 1역 활동하기 • 부모님 일손 돕기 • 공공시설물 청소하기		○		
12	대화의 광장	친구들과 모여서	• 대상, 목적, 상황에 맞는 대화를 할 줄 안다.	• 친구들에게 고마웠던 경험 이야기하기 • 가장 인상 깊었던 일 이야기하기			○	
2	학교생활에 필요한 사항 협의	방학 과제 전시회	• 학급에서 학습했던 소산물을 전시할 수 있다.	• 방학 중 있었던 일 발표 • 방학 과제 전시회 계획 세우기	○			

(3) 고등학교

월	활 동 주 제	활 동 내 용	관련 영역 협의 내용	관련 영역 역할 분담 활동	관련 영역 민주 시민 활동	비 고
3	나의 역할	역할 분담		○		
	1학기 학급 임원 선거	회장단 및 임원 선출	○			
	학급 학생 회의 전개방법	모둠별 토의	○			
4	독서를 잘하자	독서를 위한 계획 세우기	○			
	교실을 아름답게	교실 환경 꾸미기		○		
	애향단 활동 조직	임원 선출 및 계획 세우기			○	
5	살기 좋은 우리 마을	실천 과제 협의하기			○	
	어버이날에 할 일	어버이날 고마움 표현하기	○			
	학교를 사랑하자	학교를 사랑하기 위한 일		○		
	규칙을 지키기 위한 토론회	학교에서 생기는 일 토론			○	
6	현장 체험 학습	현장 체험 학습 계획 세우기	○			
	상급생의 역할	하급생을 돕기 위한 나의 역할		○		
	현충일에 우리가 할 일	현충일에 우리가 할 일 알기	○			
	비 오는 날의 교실 생활	우산 관리 방법, 실내 정숙	○			
	주변 환경을 깨끗이	좋은 마을을 가꾸는 노력			○	
7	재판하는 일	모의 재판 견학하기			○	
8	모의 청문회	가상적인 문제로 청문회 열기			○	
9	방학과제 전시를 위한 역할	과제물 전시계 획과 역할 분담		○		
	2학기 학급 임원 선거	회장단 및 임원 선출	○			
	보다 나은 2학기를 위하여	좋은 교실 만들기 위한 일	○			
	깨끗한 화장실	깨끗한 화장실 만들기		○		
10	즐거운 현장 체험 학습	현장 체험 학습을 위한 협의	○			
11	환경 보전을 위한 어린이 회의	모의 회의하기			○	
	의회가 하는 일	시·군 의회 견학			○	
	깨끗한 운동장	운동장 청소를 위한 역할 분담		○		
12	책은 나의 친구	독서 발표회 협의			○	
	겨울방학을 맞으며	겨울방학 계획표 세우기	○			
2	불우 이웃을 돕기 위한 협의	불우 이웃을 돕는 방법 협의			○	
	내가 하고 싶은 일	교장, 교감 선생님과 대화			○	진학 등
계			11	7	11	29

3. 자치 활동 지도안

학급 규칙 정하기

◎ 활동 목표: 학급 규칙을 스스로 정하고, 지키려는 태도를 갖는다.

활동 과정	활동 내용	자료 및 유의점
준비 활동	○ 동기 유발 • 학교생활에서 가장 힘들었던 점 이야기하기 – 남을 놀리는 어린이가 있다. – 청소 시간에 놀기만 하는 어린이가 있다.	○ 신문의 사건 보도 자료 (교사), 기록장(학생)
중심 활동	○ 문제 되는 행동과 학급 규칙의 필요성 • 친구 때문에 피해를 본 경험 이야기하기 – 친구가 괴롭히고 약속을 지키지 않는다. – 청소 시간에 떠들고 장난친다. • 이러한 일을 없애기 위한 우리가 할 일 – 약속 정하기, 규칙 정하기 ○ 규칙 정하기 • 학급에 필요한 규칙 – 친구를 괴롭히거나 실내에서 장난치지 않기 – 청소하는 순서 정하기 • 규칙 정하기 – 1인 1역 – 실내에서 조용히 하기, 남의 물건에 손대지 않기 ○ 규칙 어겼을 때의 책임 정하기 • 규칙을 어겼을 때 책임질 일 정하기 – 친구를 때리거나 괴롭힌 것 – 청소를 안 한 것	○ 모든 사회에 규칙이 필요함을 인식하도록 한다. ○ 아동 스스로 가정하도록 유도한다.
정리 활동	○ 앞으로의 자세 • 우리 반 규칙을 잘 지키면 좋은 점 – 질서를 잘 지키게 되고 학교생활이 즐겁다.	

1인 1역 정하기

◎ 활동 목표: 깨끗하고 즐거운 학급을 위하여 학급 내에서 내가 할 일을 알고 실천하려는 태도를 갖는다.

활동 과정	활동 내용	자료 및 유의점
준비 활동	○ 동기 유발 　• 가정에서 가족은 일을 어떻게 하는지 알아보기 　　－ 일을 나누어서 한다. 　　－ 서로 도우며 한다.	○ 1인 1역 연간 계획표 (학생)
중심 활동	○ 학급에서 해야 할 일 찾기 　• 학급에서 내가 할 수 있는 일 찾아보기 　　－ 청소 활동, 정리 정돈, 환경 꾸미기 등 ○ 1인 1역 희망 조사 　• 1인 1역 희망 조사표 나누어 주기 　　－ 학급에서 필요한 역할 분류하고 나타내기 　　－ 각자가 희망하는 역할을 3지망까지 쓰기 　　－ 자신의 특기나 취미를 고려하여 쓰기 　• 1인 1역 배정표 작성 게시 　　－ 희망 조사표에 의해 1인 1역 내용표에 담당자 기록하기 　　－ 기록한 것 제시하기 　• 1인 1역의 역할 바꾸기 　• 언제 역할을 바꿀 것인지 의논하기 　• 어떻게 바꿀 것인지 의논하기	○ 자신이 희망하는 부서가 배정되지 않을 수도 있음을 예고한다
정리 활동	○ 1인 1역을 할 때의 마음가짐 　• 1인 1역을 할 때의 태도 　　－ 게으름 피우기 않기 　　－ 친구에게 미루지 않기 　• 1인 1역을 잘하면 좋은 점 　　－ 즐거운 학급이 된다. 　　－ 친구들이 나를 좋아하게 된다.	○ 즐거운 마음으로 1인 1역에 참여하도록 지도한다.

교통안전 생활

◎ 활동 목표: 교통사고의 무서움을 알고 교통안전을 생활화한다.

활동 과정	활동 내용	자료 및 유의점
준비 활동	○ 동기 유발 • 사고를 당하거나 본 경험 이야기하기 – 각자 사고를 당한 경험 이야기하기 – 없으면 보거나 들은 것 이야기하기	○ 교통 신호기, 교통사고 사진 VTR 자료(교사)
중심 활동	○ 녹화 자료 보기 • 교통사고에 관한 녹화 자료 보고 느낀 점 말하기 – 끔찍하고 무섭다. – 교통 규칙을 잘 지켜야겠다. ○ 통학로 보행 연습 • 보행 시 지킬 일 – 신호 보는 방법 알기 – 횡단보도 건너는 방법 알기 – 좌우를 살피고 안전을 확인한 후 건너기 ○ 교통안전 놀이 • 역할에 따른 준비 – 운전자와 보행자, 교통경찰, 신호등의 역할 나누기, 운동장에 백회로 뿌리기 등 • 교통안전 놀이 하기 – 역할에 따라 하기 – 상황에 따라 하기 – 역할 바꾸어 하기	○ 제한된 시간 내에 모두 할 수 없을 경우는 약간 생략을 하거나 다른 시간을 확보하여 지도할 수 있다. ○ 교통 규칙과 공중도덕을 연계하여 지도한다.
정리 활동	○ 교통안전 놀이 • 규칙 준수 여부 • 능동적이고 협동적인 태도 • 여러 입장에서 새로 알게 된 점 발표하기 • 평소의 나의 태도 반성하기	

근검절약 생활

◎ 활동 목표: 용돈을 바르게 사용하고, 학용품을 아껴 쓰는 습관을 기른다.

활동 과정	활동 내용	자료 및 유의점
준비 활동	○ 용돈의 사용처 조사 • 용돈으로 하고 싶은 일 이야기하기 - 로봇, 장난감, 옷, 신발, 학용품, 공 등 - 각자 자유롭게 발표한다.	○ 되도록 평가적 발언은 하지 않도록 한다.
중심 활동	○ 자기가 받은 용돈에 대해 말하기 • 한 달 동안 받은 용돈 액수 이야기하기 - 자유롭게 발표하기 - 아동 스스로 많은지 적은지 비교 판단하기 • 용돈 사용에 대해 이야기하기 - 학용품, 장난감, 군것질 등 ○ 가게 놀이 • 가게 놀이 방법 알리기 - 조별로 가게의 종류와 손님 등 정하기 - 상점 주인과 고객의 역할 • 가게 놀이 준비 - 돈, 상점, 진열 상품, 만들기 - 물건을 살 때의 주의할 점 말하기 - 물건을 팔 때 마음가짐 말해 보기 • 가게 놀이 하기 - 질서 지키고 기입장에 기록하기	○ 상점 간판, 모의 돈, 가게 놀이 ○ 준비물(교사) 용돈 기입장(아동) ○ 가게 놀이를 꼭 왼쪽과 같이 할 필요는 없다. ○ 아이들이 집에서 안 쓰는 물건을 모아서 실제로 각자가 용돈을 가지고 와서 사고 파는 '알뜰시장' 형태로 가게 놀이를 할 수 있다.
정리 활동	○ 가게 놀이 반성 • 어떤 물건을 샀는지 이야기해 보기 • 반성하여 보기, 용돈의 바른 사용법 토의하기 ○ 각자 학용품 사용 실태 이야기해 보기 • 잃어 버려도 찾을 수 있는 방법 토의해 보기 • 학용품에 이름 쓰기	

스승님의 은혜

◎ 활동 목표: 스승님의 고마움을 알고 감사의 편지를 쓸 수 있다.

활동 과정	활동 내용	자료 및 유의점
준비 활동	○ 동기 유발 • 지금까지 생각나는 선생님 발표하기 – 가장 기억에 남는 선생님 발표하기 – 생각나는 이유 발표하기	○ 편지지, 봉투(학생) 녹음기(교사)
중심 활동	○ 보고 싶은 선생님 • 보고 싶은 이유 이야기하기 – 나를 귀여워해 주셨기 때문에 – 친절하게 가르쳐 주셨기 때문에 ○ 나를 가르쳐 주셨던 선생님 • 그동안 나를 가르쳐 주셨던 선생님 – 1학년 때, 유치원 때, 기타 ○ 선생님의 고마운 점 알기 • 선생님은 왜 고마운 분인지 알아보기 – 우리를 가르쳐 주셨기 때문에 – 우리가 바른 사람으로 자라도록 인도해 주시기 때문에 ○ 선생님이 바라는 것 • 선생님께서 우리들에게 바라는 것 – 바르게 자라는 것 – 자기의 할 일을 스스로 하는 어린이 – 예절 바른 어린이 – 정직한 어린이 등	○ 급우 간 상호 자율적 토론을 유도한다. ○ 말보다는 그림 자료나 영상 자료를 제시하는 것이 좋다.
정리 활동	○ 스승님께 편지 쓰기 • 1학년 때나 유치원 때 선생님께 편지 쓰기 – 스승의 은혜 노래 들으며 각자 편지 쓰기 – 쓴 편지 봉투에 넣어 부치기	○ 스승에 대한 감사의 마음이 담기도록 지도한다.

청결한 생활

◎ 활동 목표: 항상 자신의 몸을 깨끗하게 하고, 청결한 태도를 갖는다.

활동 과정	활동 내용	자료 및 유의점
준비 활동	○ 동기 유발 • 몸이 더러운 사람을 본 경험 이야기하기 – 그때의 느낌 이야기하기 – 각자 다양하게 발표 ○ 몸을 깨끗하게 해야 하는 이유 • 몸이 더러우면 생기는 일 – 친구들이 싫어함 – 냄새가 나고 가까이 가기가 싫음 – 병이 생길 수도 있음 • 몸을 깨끗이 해야 하는 이유 이야기하기 – 친구들의 이야기를 정리하여 발표하기	○ 사진 자료, VTR 자료 (교사) 칫솔, 치약, 컵 (학생) ○ 자기의 건강을 지키는 가장 기본적인 문제가 자기 몸을 깨끗이 하는 것이라는 것을 이해시킨다.
중심 활동	○ 몸을 깨끗이 하는 법 알아보기 • 몸을 깨끗이 하는 방법 – 목욕하기, 손발 닦기, 이 닦기, 기타 • 목욕하는 방법 알아보기 – 언제: 운동 후, 땀 흘린 후, 때가 있을 때 – 방법: 샤워 후 탕 속에 들어감, 때를 닦고 샤워함 • 이 닦는 방법 알아보기 – 언제: 하루 3번, 식사 3분 후, 3분 정도 – 방법: 칫솔에 물을 묻히고 치약을 짜서, 윗니는 아래로 아랫니는 위로 쓸듯이 닦음 ○ 건강한 생활을 위해 지킬 일 • 건강할 생활을 위해 지킬 일 정리하기	○ 가정과 연계 지도를 고려한다.
정리 활동	○ 실습하기 • 수돗가에 가서 손 닦기와 이 닦기 실습하기 – 바르게 닦았는지 서로 반성하기	○ 건강 생활을 위해서 기초적으로 준수할 내용을 알아본다.

독서 활동

◎ 활동 목표: 책 읽기의 좋은 점을 알고, 책을 바르게 읽는 방법을 알 수 있다.

활동 과정	활동 내용	자료 및 유의점
준비 활동	○ 동기 유발 • 동화책 보여 주기 • 동화책 제목 알아맞히기 놀이 • 동화책 내용 알아맞히기 놀이 ○ 독서 경험 이야기하기 • 가장 감명 깊게 읽었던 책 – 책의 제목과 이야기 말하기 – 감명 깊었던 점 이야기하기	○ 책의 내용과 제목을 맞히면서 호기심을 갖도록 한다. 동화책 제목 카드, 감상문 예시글(교사) 동화책, 독서 감상문 기록 장(학생)
중심 활동	○ 독서의 좋은 점 알기 • 책을 읽으면 어떤 점이 좋을까? – 책을 읽으면 재미있다. – 여러 가지 새로운 것을 알 수 있다. – 좋은 교훈을 얻을 수 있다. ○ 독서를 잘하는 방법 • 책을 잘 읽으려면 어떻게 해야 할까? – 매일 조금씩이라도 읽어야 한다. – 좋은 책을 골라서 읽어야 한다. – 여러 가지 책을 읽어야 한다.	○ 독서 방법, 독후감 쓰는 법, 디지털 정보 탐색 방법 등을 연계 지도한다.
정리 활동	○ 독서 생활화하기 • 책을 읽고 독서 감상문 쓰기 – 편지 쓰기, 그림 그리기, 주인공이 되어 글 꾸미기 · 매월 말에 가장 많이 책을 읽고, 독후감을 많이 쓴 아동 선정하여 칭찬하여 주기 ○ 책을 읽으면 좋은 점 • 새로운 것을 알게 되고 교훈을 얻을 수 있다. • 다양한 간접 경험으로 지식의 폭을 넓힐 수 있다.	○ 다양한 형태로 독서 감상문을 쓰도록 하여 싫증을 나타내지 않도록 한다.

환경 보호

◎ 활동 목표: 환경 보호의 필요성을 알고 이를 적극 실천할 수 있다.

활동 과정	활동 내용	자료 및 유의점
준비 활동 중심 활동	○ 동기 유발 　● 오염된 냇물, 강물을 본 경험 이야기하기 　　－언제, 어디서 보았는가? 　　－그때의 느낌 이야기하기 ○ 환경오염의 피해 알아보기 　● 물이 오염되었을 때의 피해 　　－물고기가 죽음 　　－우리들이 마실 수 없음 등 　● 산과 들이 쓰레기로 오염되었을 때의 피해 　　－산에 동물들이 살 수 없음 등 　　－농작물이 잘 자랄 수 없음 등 ○ 환경이 오염되는 원인 알아보기 　● 사진이나 녹화 자료 보고 오염 원인 알아보기 　　－물, 공기, 토양이 오염되는 원인 ○ 환경오염의 예방법 　● 물의 오염을 줄이는 법 　　－비누 적게 쓰기, 폐수 내보내지 않기 등 　● 공기의 오염을 줄이는 방법 　　－공장의 굴뚝에서 연기 내보내지 않기 　● 토양의 오염을 줄이는 방법 　　－쓰레기 적게 버리기, 비닐 종이 버리지 않기	○　VTR영상　자료(교사) 　쓰레기봉투, 집게, 과 　제장(학생) ○ 구체적인 사진 자료를 　보여 주거나 오염 현 　장에 찾아가 실제 현 　장을 보고 학습을 하 　면 더욱 효과적이다. ○ 학생들이 할 수 있는 　환경 보호 방법을 알 　아본다.
정리 활동	○ 우리가 할 수 있는 환경 보호 　● 가정이나 학교에서 실천할 수 있는 환경 보호 　　－빨래할 때 비누 적게 쓰기 　　－쓰레기 함부로 버리지 않고 분리하여 버리기 　　－강이나 산에 쓰레기 버리지 않기	

1인 1역 활동 반성하기

◎ 활동 목표: 1학기 동안 1인 1역의 실천을 반성해 보고 새로운 마음가짐을 가질 수 있다.

활동 과정	활동 내용	자료 및 유의점
준비 활동	○ 동기 유발 • 학습 분위기 조성 　- 엄마가 계시지 않았을 때 불편했던 점 　- 친구가 자기 역할을 하지 않아서 불편했던 점 이야기하기	○ 1인 1역 개인 평가표 　(교사) 1인 1역 계 획 　표(아동)
중심 활동	○ 칭찬 릴레이 • 1인 1역을 열심히 실천한 친구 칭찬해 주기 • 칭찬받은 친구가 다른 어린이를 추천하여 칭찬해 주기 • 칭찬받은 친구 어떻게 실천했나 이야기 듣기 ○ 칭찬받은 느낌 이야기하기 • 1인 1역을 열심히 실천하여 칭찬받은 느낌 이야기하기 　- 기분이 좋다. 　- 더욱 더 열심히 실천해야겠다. ○ 자신이 할 수 있는 역할 찾기 • 앞으로 잘 실천할 수 있는 역할 찾아보기 • 집에서의 나의 역할 • 학교에서의 나의 역할 ○ 자신의 일을 하지 않으면 일어날 수 있는 일 생각하기 • 다른 사람이 피해를 입게 됨	○ 친구의 칭찬에 인색하 　지 않도록 지도한다 ○ 그동안 실천했던 1인 　1역에 대해서 바람직 　했던 점, 아쉬웠던 점 　등을 서로 이야기하게 　한다.
정리 활동	○ 느낀 점 앞으로의 계획 • 1인 1역을 실천한 뒤 느낌 이야기하기 • 앞으로 1인 1역을 실천할 때의 마음가짐 다지기	

1인 1역 활동하기

◎ 활동 목표: 학급 내에서 내가 할 일을 알고 실천하려는 태도를 갖는다.

활동 과정	활동 내용	자료 및 유의점
준비 활동	○ 동기 유발 • 1학기 동안 실천했던 1인 1역 반성하기 – 1인 1역을 열심히 해서 보람을 느꼈던 일 – 친구가 1인 1역을 하지 않아서 불편을 느꼈던 점 이야기하기	
중심 활동	○ 학급 내에서 해야 할 일 찾기 • 역할 분담 내용 정하기 – 우유 급식 – 칠판 정리 – 학급 도서 정리 – 교실 바닥 청소 – 사물함 관리 – 화분 관리 – 복도 청소 – 자료 정리 – 게시물 정리 – 출입문 청소 ○ 개인별 희망 재조사 • 1인 1역 희망하기 – 1인 1역 역할 선정 희망 조사표로 희망하기 • 토양의 오염을 줄이는 방법 – 쓰레기 적게 버리기, 비닐 종이 버리지 않기	○ 역할 분담 조직표 (교사) ○ 봉사하는 마음이 가까운 생활 주변에서의 활동으로 이어질 수 있음을 깨닫도록 지도한다.
정리 활동	○ 앞으로의 자세 • 잘 정리되고 깨끗한 교실의 좋은 점 – 학습 능률의 오름 – 기분이 좋음 등 • 앞으로 각오 이야기하기 – 1인 1역의 실천에 대하여 자신의 각오 이야기하기	○ 자기가 맡은 역할을 충실히 완수하려는 다짐을 하게 한다.

소비 절약

◎ 활동 목표: 물건을 소중히 다루고 아껴 쓰는 생활을 실천할 수 있다.

활동 과정	활동 내용	자료 및 유의점
준비 활동	○ 동기 유발 • 물건을 소중히 다루어야 하는 까닭 말하기 – 물건이 만들어지는 과정 이야기하기 – 물건을 함부로 다루어 못쓰게 되면 어떻게 되는가? – 물건을 아껴 쓰면 좋은 점 이야기하기	○ 자원이 한정돼 있음을 지도한다.
중심 활동	○ 가정에서 아껴 쓸 수 있는 물건 조사 • 가정에서 아껴 쓸 수 있는 물건 이야기하기 – 아빠: 생활용품, 전기, 휘발유 – 엄마: 생활용품, 음식물 재료 – 나와 동생: 학용품, 옷, 신발 등 • 학교에서 아껴 쓸 수 있는 물건 이야기하기 – 학급 비품, 학급 문고, 실험 기구, 체육 교구 등 ○ 절약 생활의 실천 • 학용품 아껴 쓰기 – 학용품에 학년, 반, 이름 쓰기, 공책 쪽수 쓰기 등 • 수돗물 아껴 쓰기 – 필요한 만큼 받아서 사용, 사용 후 잠그기 • 전기 절약하기 – 사용하지 않는 등 끄고, 플러그 빼기 • 폐품 재활용하기 – 헌 옷 입기, 쓰레기 분리수거하기	○ VTR 자료(교사) ○ 공공 물건을 소중하게 사용하려는 태도를 갖는다.
정리 활동	○ 실습하기 • 자기 물건 이름 쓰기 – 교실에서 자기 학용품을 꺼내어 이름이 쓰여 있는지 확인하고 소지품에 이름 쓰기 • 자신의 각오와 다짐 발표하기	○ 학용품에 빠짐없이 이름을 쓴 어린이를 칭찬해 준다.

즐거운 소풍(현장 학습)

◎ 활동 목표: 소풍(현장 학습) 가서 지켜야 할 일들을 의논하고 이를 실천 할 수 있다.

활동 과정	활동 내용	자료 및 유의점

준비 활동	○ 동기 유발
	• 지금까지 소풍 가서 재미있었던 일 이야기하기
	  – 가장 인상 깊었던 일을 발표한다.
	  – 재미있었던 일을 이야기한다.	

중심 활동	○ 소풍 계획 세우기
	• 날짜와 장소 확인하기
	• 목적지에 대한 사전 답사 결과 발표하기
	  – 위치, 교통 사정
	  – 버스 요금
	  – 입장료
	  – 편의 시설 등
	• 활동 내용 정하기
	• 프로그램 작성하기
	• 준비물과 지켜야 할 일 정하기
	• 소집단 편성하기
	  – 대표를 정하여 출석 확인 및 인원 점검, 안전 지도, 질서 지키기 역할 부여
	○ 소풍 당일 활동하기
	• 출석, 준비물 확인하기
	• 자연 보호 활동하기
	• 질서 및 우리가 지켜야 할 일 전달하기
		○ 학습장, 필기도구
		  (아동)
		
		○ 학생들이 자율적으로 정하도록 유도한다.
		
		○ 교사의 일방적인 관여보다는 아동 스스로 소집단을 편성하여 정하도록 유도한다.

정리 활동	○ 반성 및 평가
	• 소풍 결과 반성하기
	  – 귀교하여 계획에 따른 활동 내용 반성하기
	  – 우리가 지켜야 할 일 지켰나 반성하기	

공중도덕

◎ 활동 목표: 여러 사람이 모이는 곳에서 지켜야 할 일을 알고 이를 준수할 수 있다.

활동 과정	활동 내용	자료 및 유의점
준비 활동 중심 활동 정리 활동	○ 동기 유발 　• 교통사고에 대해 이야기하기 　－언제, 어디서 보았는지 경험 이야기하기 　－느낌 발표하기 ○ 공중도덕이 필요한 이유 알아보기 　• 신호등이 없을 때 상황 상상하기 　－사고가 나거나 거리가 혼잡하고 길이 막힌다. 　• 교통사고가 나지 않으려면 무엇이 필요할까? 　－신호등, 경찰, 교통 표지판 등 ○ 공중도덕의 종류 　• 공중도덕을 지켜야 할 곳 알아보기 　－거리, 학교, 공원, 극장, 기타 ○ 공중도덕을 지키는 방법 의논하기 　• 공원이나 유원지 　－시설물 애용, 나무나 꽃 꺾지 않기, 쓰레기 안 버리기 　• 공연장 　－조용히 하기, 음식물 먹지 않기, 제자리 앉기 등 　• 거리 　－침이나 껌 뱉지 않기, 쓰레기 버리지 않기 　• 공중목욕탕 　－몸 깨끗이 씻기, 장난치지 않기, 물 아껴 쓰기 ○ 공중도덕 지키기 실습 　• 체험 학습이나 교외 학습을 이용하기 실습하기 　• 학교나 주변의 거리에서 실습하기 　• 반성하기	○ VTR 자료, 사진 자료 　(교사) ○ 모두 공중 도덕이나 　규칙에 관련된 것임 　을 주지시킨다. ○ 저학년은 발달 단계상 　언어 전달보다 체험 　학습 등을 이용하여 　실습을 해 보는 것이 　더 효과적이므로 틈 　나는 대로 실천해 보 　게 한다.

깨끗한 교실 만들기

◎ 활동 목표: 학급에서 일어나는 여러 가지 문제를 스스로 해결하려는 자주적인 태도를 기른다.

활동 과정	활동 내용	자료 및 유의점
준비 활동 중심 활동	○ 교실의 모습: 동기 유발하기 　● 교실에 있는 것 찾아보기 　　- 책상, 의자, 칠판, 휴지통, 교탁, 벽, 창문 등 　● 깨끗한 교실의 모습 알아보기 　　- 정리 정돈이 잘되어 있고, 아름답게 꾸며져 있음 ○ 깨끗한 교실 관리 방법 　● 깨끗한 교실을 위해 할 일 알아보기 　　- 청소 깨끗이 하고, 정리 정돈 잘하기 　● 교실을 깨끗이 관리하는 방법 알아보기 　　- 1인 1역 충실히 실천하기 ○ 봉사 활동 　● 학급을 위해 봉사할 수 있는 일 알아보기 　　- 학급 도서 정리 　　- 학급의 비품 정리 　　- 쓰레기 분리수거 　　- 우산 정리 등 　● 봉사 활동 시기 알아보기 　　- 수업 전에 활동해야 할 일 - 교실 창문 열기, 칠판 정리, 책걸 　　　상 정리 정돈 등 　　- 일상 시각에 해야 할 일 - 화분에 물 주기, 도서 정리, 우유 나 　　　르기와 나누어 주기	○ 교실을 살펴보고 정리 정돈해야 할 곳을 찾아보게 한다. ○ 교사의 의도보다는 어린이 스스로 봉사할 수 있는 일을 결정하여 실천 하도록 지도한다.
정리 활동	○ 교실을 깨끗이 했을 때 좋은 점 이야기하기 　● 기분이 상쾌하다 　● 공부가 잘된다 　● 즐거운 학급이 된다.	○ 1인 1역과 연계하여 지도한다.

불조심하기

◎ 활동 목표: 불의 무서운 점을 알고 불조심하는 습관을 기른다.

활동 과정	활동 내용	자료 및 유의점
준비 활동	○ 동기 유발 ● 불의 고마운 점 　－ 추위를 막아 줌, 음식을 익혀 먹을 수 있게 해 줌 ● 불의 무서운 점 　－ 불이 나서 사람이 죽고 건물이 탐	
중심 활동	○ 불조심 표어 짓기 ● 불조심에 대한 경각심이 나타나게 표어 짓기 　－ 꺼진 불도 다시 보자(예) 　－ 행복한 우리 가정, 알고 보니 불조심(예) 　－ 자나 깨나 불조심(예) ○ 불조심 포스터 그리기 ● 불조심에 대한 경각심이 나타나게 포스터 그리기 　－ 그리기 순서 구상하기→밑그림 그리기→채색하기→완성 　－ 간결하고 눈에 잘 띄게 그리기 　－ 불조심의 경각심이 나타나게 그리기 　－ 3～5가지 색으로 칠하기	○ 불조심 화보, 포스터, 참고 작품(교사) 수채 용구, 크레파스(학생) ○ 미술과 교수·학습과 연계하여 지도한다.
정리 활동	○ 불조심에 대한 다짐 ● 작품 감상하기 　－ 서로의 작품 감상하기 　－ 작품 설명하기 　－ 어려웠던 점 이야기하기 ● 화재 예방을 위해 우리가 할 일 알아보기 　－ 성냥불 가지고 놀지 않기 　－ 라이터 가지고 놀지 않기 　－ 가스, 전열기를 사용할 때 안전 규칙 지키기	○ 화재에 대한 비디오테 이프를 상영해 주는 것 이 동기 유발에 좋다.

즐거운 겨울방학

◎ 활동 목표: 겨울방학 때 실천해야 할 일을 정하고 실천하려는 태도를 기른다.

활동 과정	활동 내용	자료 및 유의점
준비 활동	○ 즐거운 겨울방학 • 겨울방학 때 해야 할 일 이야기하기 – 생활 계획 세우기 – 규칙적인 생활 하기 – 안전 생활 하기	○ 방학 생활 계획표 참고 작품(교사) 크레파스, 필기도구, 색종이, 칼, 가위(학생)
중심 활동	○ 생활 계획표 만들기 • 방학 생활 계획에 대하여 이야기하기 – 여행하기 – 공부하기 – 운동하기 – 취미생활 하기 – 일가친척 방문하기 – 편지 쓰기 • 여러 가지 방법으로 생활 계획하기 – 그림으로 나타내기 – 산문으로 나타내기 – 일기로 나타내기 – 생활 계획표로 나타내기 – 실천할 수 있는 계획 세우기	○ 방학은 규칙적인 생활 습관이 흐트러지기 쉬운 기간이므로 계획을 세워 실천하는 태도를 갖도록 지도한다.
정리 활동	○ 보람된 방학 생활이 되기 위한 다짐 • 방학 생활 계획 발표하기 – 각자 방학 생활 계획 발표하기 – 다른 사람의 계획을 듣고 부족한 점 이야기하기 • 효과적인 실천 방법 이야기하기 – 부모님께 확인받기 – 꼭 지키도록 노력하기	○ 방학이 단순히 노는 기간이 아니라 체험학습, 현장 학습, 자율 학습 등을 스스로 하는 대라는 것을 인식하게 한다.

한 학년을 마치며

◎ 활동 목표: 학년을 마치면서 개인 생활과 학교생활을 반성한다.

활동 과정	활동 내용	자료 및 유의점
준비 활동	○ 학년 반성 · 평가하기 　● 학년 생활 반성하기 　　– 즐거웠던 일 　　– 아쉬웠던 일 　　– 재미있었던 일 　　– 개인의 학습, 특기 활동 반성 　　– 친구 관계에서 있었던 일 반성	○ 자기반성 카드(1년간 회고문)
중심 활동	○ 이름 짓기 　● 친구 이름 짓기 　　– 한 사람씩 앞으로 나오기 　　– 친구 앞에 나온 학생의 장점 말하기 　　– 공통점이나 특수한 점을 고려하여 이름 짓기 ○ 편지 쓰기 　● 친구에게 편지 쓰기 　　– 메모지에 간단히 쓰기 　　– 친한 친구나 친하게 지내고 싶은 친구에게 편지 쓰기 　　– 미안했던 친구에게 사과의 편지 쓰기 　　– 규격 봉투에 맞게 쓰고 넣어 친구에게 전해 주기	○ 학년을 마치며 서로의 생활을 반성하고 새 학년을 맞이하는 새로운 마음가짐의 기회가 되게 한다.
정리 활동	○ 새 학년을 맞이하는 다짐 　● 새 학년을 맞이하는 다짐 이야기하기 　　– 어려운 일이 있을 때 도와주기 　　– 등 · 하교 함께 하기 　　– 학교 규칙 지키기 　　– 공부 열심히 하기 　　– 친구와 사이좋게 지내기	○ 다음 학년에 꼭 하고 싶은 일에 대해서 토의하게 한다.

학급 회의

◎ 활동 목표: 학급 생활에서 일어나는 여러 가지 문제 해결을 위해 학급 회의를 자발적으로 운영할 수 있다.

활동 과정	활동 내용	자료 및 유의점
학급회 운영의 필요성 알기	○ 학급 회의의 필요성을 알아보기 • 학급에서 일어나는 문제를 해결하기 위해 한다. • 보다 좋은 방법을 선정하기 위해 한다.	○ 학급 회의가 필요함을 주지시킨다. ○ 괘도 자료 및 프레젠테이션-
학급 회의 순서 익히기	○ 학급 회의 진행 순서 알아보기 • 개회 선언 · 국민의례 • 회장 인사 · 반성 및 활동 보고 • 의제 보고 및 채택 • 의제 토의 · 건의 사항 • 선생님 말씀 · 회의록 낭독 • 교가 제창 · 폐회 선언	○ 회의 진행 방법, 용어 해설 지도 자료
회의 시 주의점 파악하기	○ 학급 회의 시 지켜야 할 일 알아보기 • 의제 제안 활동에 적극 참여한다. • 회의 용어를 바르게 알고 사용한다. • 발표할 때에는 발언권을 얻어서 한다. • 회의를 방해하는 행동을 하지 않는다. • 회의에서 결정된 사항은 따르고 적극적으로 실천한다.	○ 회의하는 모습 ○ 처음부터 진행하기어렵다고 판단되면 교사가 회장이 되어 진행 방법을 알려 주고 나서 진행할 수 있도록 한다.
회의 실연	○ 학급 회의 자료를 보면서 회의를 실제로 하기 • 회장과 부회장이 직접 회의를 진행한다. • 진행 순서를 지켜 가며 진행한다.	
활동의 반성	○ 학급 회의 활동을 하고 난 후의 느낌 말하기 • 의견의 결정 과정에 대해 발표하기 • 의견을 제시했을 때의 기분 발표하기 • 채택된 의제에 대한 자신의 생각 발표하기	○ 학생 중심의 활동이 되도록 배려한다.

학급 자랑거리 만들기

◎ 활동 목표: 학급 공동체 생활에 필요한 급훈, 반가, 반의 상징을 정하는 데 자신의 생각을 말할 수 있다.

활동 과정	활동 내용	자료 및 유의점
문제 확인	○ 우리나라를 상징하는 것에는 무엇이 있는지 알아본다. • 애국가, 무궁화, 태극기 등	○ 너무 많이 정해 활용성이 떨어지지 않도록 한다.
문제 분석	○ 우리 학교를 상징하는 것에는 무엇이 있는지 알아본다. • 교기, 교화, 교목, 교훈 등	
대안 설정	○ 급훈, 반가 등 학급의 상징이 필요한 까닭 알아보기 • 같은 교실에서 생활하게 되어 소속감과 단결력이 필요하므로 • 서로 도우며 친하게 지내야 즐거운 학급 생활이 되므로 • 다른 반과 구별되는 특징을 가질 수 있으므로	
대안 선택	○ 급훈, 반가 등 반의 상징을 선정하는 방법 협의하기 • 쉽고 간단하면서 부르기 좋은 것으로 • 학급 어린이들을 대상으로 작품을 공모한다.	○ 학급 상징의 필요성을 충분히 인식시키도록 한다.
대안 적용	○ 당선작 선정하기 • 학급 구성원들의 의견을 들어 투표로 선정한다. • 선정작은 회장이 발표한다. ○ 급훈, 반가 등을 제작하거나 사용하여 보기 • 급훈은 예쁘게 꾸며 교실의 벽면에 게시하고 읽어 보도록 한다. • 반가는 제창하고 회의 등 학급 행사에 사용한다. • 반의 상징을 그려 본다. ○ 사용할 수 있는 행사를 알아본다. • 아침 협의, 조회나 종례, 학급 회의, 학급별 체육대회, 소풍, 레크리에이션 시간 등	○ 학급 어린이들의 의견이 반영되도록 하고, 선정된 것에 애착을 가지도록 지도한다.
반 성	○ 당선된 학급 상징물들에 대한 느낌을 발표한다.	○ 다같이 경청한다.

내가 맡은 일은?

◎ 활동 목표: 학급에서 일어나는 여러 가지 문제를 스스로 해결하는 자주적인 생활 태도를 기른다.

활동 과정	활동 내용	자료 및 유의점
문제 확인	○ 전 학년 때, 맡았던 1인 1역 발표하기 ○ 전 학년 때, 1인 1역을 하면서 느낀 점 이야기하기	
문제 분석	○ 1인 1역의 결정 방법 안내하기 • 1인 1역 희망자를 받아 결정 • 가능하면 학급 회의에서 양보와 타협을 통해 결정 • 각자의 흥미, 특기 등을 고려하여 결정 • 하는 일과 하는 시간, 교체 시기 등을 안내	○ 가능한 희망을 존중하고, 특기를 고려한다
대안 설정	○ 학급이 필요한 1인 1역 소개 • 과목별 학습 준비 · 학급 안내판 정리 • 사육 시설 관리 · 분리수거 • 우유 급식, 처리 · 환경판 정리 • 식물 재배 관리 · 교실 정리 정돈 • 도서 상자 정리 · 주전자와 컵 관리 • 사물함 정리 · 신발장, 우산꽂이 • 칠판 정리 · 기타 필요한 사항	○ 역할별 활동 카드를 만들어 효과적인 활동이 되도록 유도한다.
대안 선택	○ 자기 능력 및, 흥미에 맞는 1인 1역 선정하기 ○ 그룹별 1인 1역 조직하기 • 학급에서 연중 실시하는 일 정하기 • 5~7명이 적당하나, 필요시 조정 • 가능한 이질 집단으로 구성 ○ 그룹별 1인 1역의 소개 • 학급 신문 · 학급 문집 • 노래, 게임 준비 · 연중 탐구 과제	○ 남을 위해 봉사한다는 것을 알게 하고, 그로 인한 보람을 느끼도록 지도한다.
대안 적용	○ 자신이 맡은 역할의 수행 계획을 적어 보기 ○ 자신의 맡은 역할 수행 방법을 발표해 보기	
정리 활동	○ 자신의 1인 1역 성실히 수행한다.	

학급을 위해 할 일

◎ 활동 목표: 학급 어린이 전체가 학급 활동에 참여함으로써 소속감을 가지고 명랑한 학교생활을 할 수 있다.

활동 과정	활동 내용	자료 및 유의점
문제 확인	○ 학급 생활에서 우리들이 해야 할 일 찾아보기 • 학습 활동: 자료 준비, 준비물 갖추기, 수업 준비하기, 전시회 준비하기, 과제물 모으기 등 • 생활: 생활 규칙 지키기, 바른말 쓰기, 질서 지키기, 안전한 놀이 하기 등 • 환경 꾸미기: 교실 내외 청소, 정리 정돈 등 • 독서 활동: 학급 문고 정리, 도서 비품 관리 등 • 게시 활동: 새 소식, 공지 사항, 벽신문 등 • 체육 활동: 체육 기구 준비, 뒷정리 등 • 재배 활동: 교실 화단 가꾸기, 관찰지 관리 등 • 봉사 활동: 교실 봉사 활동, 위문 활동 전개 등	○ 할 일은 어린이들의 생각을 모아 분류하여 활동 부서를 나눌 수 있도록 한다. ○ 활동 기록표, 조사표
문제 분석	○ 활동의 특성 알아보기 • 활동에 따라 필요한 인원, 활동 시기, 장소 및 방법 등을 알아보고, 일을 어떻게 나누어 맡을 것인지 협의한다.	
대안 설정	○ 부서 활동 조정하기 • 일의 과다, 중복 등의 내용을 조정한다.	○ 한 부서에 너무 많은 일이나, 많은 인원이 몰리지 않도록 한다.
대안 선택	○ 부서 활동 정하기 • 부서별로 분담 계획을 세워 제출한다. • 분담된 일의 추진 계획을 세워 제출한다.	
대안 적용	○ 실천하기 • 계획에 따라 분담된 활동을 전개한다. • 문제점은 상호 협력하여 해결한다.	○ 실천 중의 문제점은 일단 부서에서 협의하여 결정하는 과정을 거치도록 한다.
평 가	○ 평가하기 • 학급 회의 시 활동 상황을 평가하고 문제점을 보완한다. • 필요시 분단된 역할의 조정도 한다.	

오월은 우리들의 달

◎ 활동 목표: 어버이날을 통해 부모님의 은혜를 다시 깨닫는다. 스승의 날 기념행사를 통해
가르쳐 주신 소중한 뜻을 생각한다.

활동 과정	활동 내용	자료 및 유의점
문제 확인	○ 오월에 있는 행사에 대해 알아보기 • 어린이 날, 어버이날, 스승의 날 등	○ 교사: 행사 사진, 녹음기 등
문제 분석	○ 어버이날 학급에서 할 수 있는 일과 스승의 날 학급에서 할 수 있는 일을 발표해 보기 • 부모님께 편지 쓰기 • 꽃 달아 드리기 • 옛 선생님 댁 방문하기	○ 학생: 꽃 만들 준비물, 녹음 테이프 등
대안 설정	○ 어버이날 일에 대해 계획 세우기 • 조별 협의 · 전체 협의 • 편지 쓰기, 꽃 달아 드리기 • 친구 부모님께 전화 드리기 • 편지, 노래를 녹음한 음성 편지 만들어 드리기	○ 준비물이나 연습 기간 등을 고려한다.
대안 선택	○ 행사 일 전에 꽃 만들기 계획 세우기 • 편지지 꾸며 편지 쓰기 • 꽃을 스스로 만들어 보기 • '부모님 은혜' 등 노래 녹음하기 ○ 스승의 날 할 일에 대해 계획 세우기 • 조별 협의 · 전체 협의 • 편지 쓰기, 꽃 달아 드리기 • 옛 선생님께 전화 드리기 • 옛 담임선생님 모셔 기념식 하기	○ 구입하는 것보다는 스스로 제작한 것이 소중함을 인식시킨다.
대안 적용	○ 행사의 구체적인 일정 마련하기 • 선생님께 드릴 꽃과 간단한 선물 만들기 • '스승의 노래' 연습하여 선생님께 불러 드리기 ○ 5월 8일과 15일 실천하기	○ 부모님과 선생님의 사랑에 대해 생각할 수 있는 시간을 갖도록 한다.
반 성	○ 행사를 하고 난 후의 느낌 적어 보기 • 좀 더 보완하여야 할 사항 찾아 발표하기	

질서 지키기

◎ 활동 목표: 질서를 지켜야 하는 이유를 알고, 지키려는 마음을 갖는다.

활동 과정	활동 내용	자료 및 유의점
문제 확인	○ 학교생활에서 지켜야 할 일이 무엇인지 이야기한다. • 질서, 예절, 공중도덕, 학교 규칙 등	○ 질서(공중도덕)를 지키는 사진 등

문제 분석	○ 학교생활에서 무질서하게 행동했던 경험을 솔직하게 이야기한다.
	○ 학교생활에서 질서를 지키지 않았을 때의 불편한 점에 대해 이야기한다.
	  • 기분이 상하게 된다. – 친구 사이가 나빠진다.
	  • 남에게 피해를 입힌다. – 싸움이 생긴다.
		○ 질서를 지켜 모둠 활동에 참여하는가?

대안 선택	○ 우리가 학교에서 지켜야 할 질서에는 어떤 것이 있는지 찾아 발표한다.
	  • 복도에서 한 줄로 좌측통행하기
	  • 실내에서 조용히 하기
	  • 급식실에서 질서 지키기
	  • 화장실에서 차례로 줄 서기 등	

대안 적용	○ 질서 지키기 상황을 설정하여 모둠별로 실습하고 평가지에 기록한다.
	<상황의 예>
	  • 복도 통행하기
	  • 화장실 사용하기
	  • 수돗가 사용하기
	  • 급식실 차례 지키기
	  • 놀이기구 이용하기에 활동할 일
		○ 여럿이 같이 쓰는 시설을 바르게 인식하고 지키려고 하는가?

반성 및 평가	○ 질서를 잘 지키지 못한 모둠을 선별하여 한두 가지 반복하여 실습한다.
	○ 상황 실습에 대한 반성과 평가를 하고, 질서나 규칙을 지키는 것의 중요성을 인식한다.
	  • 실습을 하고 난 후의 소감을 이야기한다.
	○ 나는 앞으로 질서와 규칙을 어떻게 지킬 것인지 '약속하기'에 적어 본다.
	  • 자신과의 약속을 적어 보고, 발표해 본다.
		○ 모둠 활동 시 안전 지도에 유의한다.
		
		○ 실습 시 다른 학년이나 반은 물론, 다른 모둠에게 피해가 가지 않도록 한다.

이웃 돕기 활동

◎ 활동 목표: 학급에서 발생한 문제 해결을 위한 협의 활동에 적극 참여할 수 있다.

활동 과정	활동 내용	자료 및 유의점
문제 확인	○ 지난 ( )월 ( )일, 가족여행 중의 불의의 교통사고로 병원에 입원 중인 ○ ○ ○ 친구를 도울 방법을 협의해 본다. ○ 다쳐서 병원에 있어 본 사람은 느낌을 발표해 본다.	
문제 분석	○ 어떤 방법으로 도와줄 수 있는지 이야기한다. • 성금 모금하기 • 편지 쓰기 • 병문안 가기	○ 아픈 사람의 심정을 이해하도록 유도한다.
대안 설정	○ 성금을 모금하는 방법을 이야기한다. • 우리 반에서 모금 활동을 한다. • 봉사부가 성금함을 만들어 전교 어린이들을 대상으로 성금을 걷는다. • 선생님께 부탁을 드려서 안내 방송을 한다. • ( )월 ( )일까지 성금을 걷는다. • 전달은 ( )월 ( )일 병문안을 가서 한다. ○ 편지 쓰기 방법에 대하여 이야기한다. • 커다란 종이에 ○ ○ ○ 의사진을 붙이고 할 말을 쓴다. • 개인적으로 쓸 사람은 따로 써서 모은다. • 빨리 낫게 해 달라는 의미에서 종이접기를 한다. • 환경부가 맡아서 • 전달은 ( )월 ( )일 병문안 할 때 가서 한다.	○ 성금의 액수는 정하지 않는 것이 좋다. 자율적 참여를 유도한다. ○ 병문안 예절을 미리 지도한다.
대안 적용 반 성	○ ( )월 ( )일 수업이 끝나고 병문안 갈 수 있는 사람을 모집한다. ○ 병문안 다녀와서 느낀 점을 이야기한다.	

주제를 정해 토론하기

◎ 활동 목표: 건전한 비판 정신과 자기표현 능력을 습득할 수 있다.

활동 과정	활동 내용	자료 및 유의점
토론과 토의의 차이점 알기	○ 토론의 의미 알기 • 토론과 토의의 다른 점 알기 • 자신의 생각을 끝까지 밀고 나가서 다른 사람을 설득시키는 것이 토론의 목적이다. • 여러 사람의 의견을 듣고 좋은 방안을 찾으려고 하는 것이 토의의 목적이다.	○ 토론하는 모습의 영상물
토론의 준비	○ 주어진 단어로 자유롭게 글 쓰기(사랑, 행복, 즐거움, 오락실, 희망 등) • 이야기 구상하기 • 제목 붙여 글 쓰기 • 글 다듬어 완성하기 • 발표하여 생각 나누기 ○ 좋은 장난감은 어떤 것인가? • 좋은 장난감이 되는 조건 알아보고 자신의 생각을 글로 나타내 보기 • 다른 사람이 부러워할 정도로 비싼 것 • 시간이 지나도 변하지 않고 튼튼한 것 • 학습에 도움이 되는 것 • 큰 회사에서 만든 것 • 생각을 키우는 창의성이 있는 것 • 신체를 발달시킬 수 있는 것	○ 자신의 생각을 타당한 근거를 제시하며 끝까지 밀고 나가도록 한다. 논리적으로 자신의 생각을 이야기하도록 한다.
토론하기	○ 소집단별로 좋은 장난감에 대해 토론하기 • 자신의 생각 굳히기 ○ 전체 좋은 장난감에 대해 토론하기	○ 다른 사람의 생각이 있다는 것을 인정하고 그 생각을 존중할 수 있도록 지도한다.
결과 반성	○ 토론을 하고 난 뒤 자신의 생각이 바뀐 경우 이야기해 보기 ○ 나는 이유를 들어 나의 생각을 논리적으로 이야기했는지 반성하기	

답사 활동(학습)

◎ 활동 목표: 학급 문제 해결을 위한 회의 방법을 익혀 학급 협의에 참여할 수 있다.

활동 과정	활동 내용	자료 및 유의점
문제 확인	○ 답사 학습에 관한 안내 자료 배포 및 설명하기 • 날짜와 장소, 준비물 등을 확인한다. • 목적지에 대한 사전 답사 결과를 발표한다. • 위치, 교통, 버스 요금, 입장료, 편의 시설 등	○ 본 의제는 의제가 확정된 경우이므로 문제 확인, 분석, 대안 설정의 단계는 거치지 않도록 한다.
문제 분석	○ 학급에서 협의해서 결정할 사항 알아보기 • 출석 확인 및 인원 점검 • 전체 준비물 준비 점검 • 안전 지도 및 질서 지키기 • 다녀온 후의 활동 계획	○ 가능하면 어린이들 스스로 활동 내용을 파악하도록 한다.
대안 설정	○ 담당 역할 정하기 • 모둠을 나누어 할 일을 정하고, 모둠별 협의를 통해 활동 계획을 구체적으로 정한다.	○ 각 모둠별 활동을 위한 재량을 주도록 한다.
대안 선택 대안 적용	○ 답사 학습 당일 활동하기 • 출석 여부 및 준비물을 확인한다. • 유의 사항 및 지켜야 할 일을 전달한다. • 활동하면서 알아볼 내용에 대한 내용을 전달한다. • 질서와 규칙을 지키며 계획된 프로그램을 운영한다. • 자연보호 활동 및 뒤처리를 한다. • 인원 확인하여 귀교한다.	○ 모둠별 활동에 대한 반성 시간도 갖는다. ○ 교사: 학교 계획, 안내장 등 ○ 학생: 회의 순서도 등
평가 및 반성	○ 결과 반성하기 • 학교에 돌아와 계획에 따른 내용을 반성하는 시간을 갖는다. • 학습 결과물을 정리 보완한다.	

봉사하는 즐거움

◎ 활동 목표: 자기 자신의 상황에 맞는 적절한 봉사 활동 계획을 세울 수 있다.

활동 과정	활동 내용	자료 및 유의점
문제 분석 대안 설정	○ 봉사 활동 경험을 발표해 본다. ○ 가정이나 마을에서 내가 할 수 있는 봉사 활동 내용을 찾아 발표한다. 　• 부모님이 운영하는 주유소에 나가 주변을 청소한다. 　• 친구들과 함께 마을 노인정을 청소한다. 　• 친구들과 함께 마을 진입로의 꽃밭에 물을 주고 잡초를 뽑아 준다. 　• 집에서 5살 동생을 돌본다.	○ 학년 수준에 맞는 것으로 유도하고, 너무 어려운 일을 계획하지 않도록 한다. ○ 교사: 봉사 활동 사진 ○ 무리가 가지 않는 일정을 계획하도록 한다.
대안 선택	○ 자기가 계획한 내용의 구체적인 날짜와 시간, 방법을 정한다. ○ 친구들과 함께하는 어린이들의 경우, 개인별 역할을 협의를 통해 정한다. ○ 봉사 활동을 하기 전, 부모님이나 관계자에게 허락을 얻는다.	○ 봉사 활동 내용을 가정에서 알도록 하여 지도가 이루어지도록 한다.
대안 적용	○ 봉사 활동을 실시한다. 　• 한 달 동안 계획에 의해 꾸준히 활동을 한다. ○ 봉사 활동을 하고 난 후의 소감을 발표한다. 　• 활동을 하면서 느낀 점 　• 새로 알게 된 내용 　• 부족했던 점	○ 한두 번으로 끝나는 것이 아니라 일정 기간 계속적으로 이루어지도록 한다. ○ 여러 가지 방법으로 활동 상황을 기록하게 한다.
반성 및 평가 정리	○ 활동 내용을 정리하여 발표한다. 　• 계획서 및 활동 상황 기록표 　• 활동 상황을 사진이나 그림으로 표현한 것	

대화의 광장

◎ 활동 목표: 바람직한 대화의 의미와 대화의 기본 자세를 알 수 있다.

활동 과정	활동 내용	자료 및 유의점
기본적인 대화 요령 익히기	○ 대화를 할 때 작용되는 기본적인 원리 알아보기 • 대화에 참여하는 사람은 모두 말할 기회를 가져야 한다. • 중복된 대화나, 다른 사람의 말을 가로채는 일은 없도록 한다. • 다양한 화제를 대화의 거리로 삼을 수 있다.	○ 너무 어려운 말로 설 명하지 말고 상황을 예를 들어 이해를 돕 도록 한다.
대화 주제 정하기	○ 대화를 나눌 때, 주의해야 할 점 알아보기 • 대화를 한 사람이 독점하거나, 너무 길게 이야기하지 않는다. • 대화의 내용을 자르거나 가로채는 것은 옳지 못하다. • 너무 자기 의견만 내세우는 것은 대화 예절에 어긋난다.	○ 교사: 여러 가지 유형 의 대화 자료 아동: 대화 기록 공 책, 말할 내용을 적은 공책
대화의 기초 자료 수집	○ 대화의 주제 정하기 • 친구・숙제・회장의 역할 • 운동회・방학・애완동물 • 선생님・시험・날씨 등등 • 대화의 주제는 모둠별로 제시하는 여러 가지 중에서 2~3개 정도의 대화 주제를 결정한다.	○ 모둠 구성원의 의견이 고루 반영되도록 한다.
대화 실시	○ 대회에 필요한 내용을 정리해 본다. • 대화의 주제에 대해 명확하게 이해를 한다. • 필요한 정보를 얻을 수 있는 시간적 여유를 준다. • 중요한 점을 정리하여 보고, 자신의 생각도 붙여 둔다. ○ 주제를 중심으로 한 대화를 실시한다. • 5~6명의 작은 모둠별로 자연스럽게 앉거나 둘러서서 이야기 를 나눈다.	○ 사실 나열의 자료 수 집만을 강조하지 않도 록 한다. ○ 처음에 더디더라도 인내 심을 갖고 관찰자의 입장을 유지한다. 화 해의 참여 정도도 반 성의 내용으로 삼는다.
대화의 반성	○ 반성의 시간을 갖고 느낀 점 발표하기 • 친구들의 대화 행위에 대한 자신의 의견 말하기 • 대화 중 상호간에 느꼈던 점 발표하기	

방학 과제 전시회

◎ 활동 목표: 학급에서 학습했던 결과물을 되돌아보고, 자신의 생활이 소중한 것임을 느낀다.

활동 과정	활동 내용	자료 및 유의점
문제 확인	○ 방학 중의 생활을 이야기한다. • 일기, 모형, 관찰, 수집, 스크랩, 독서, 발표회, 견학, 공작, 과학 작품, 현장 조사, 자유 탐구 등 • 여행, 답사 등	○ 교사: 관련 사진 자료, 비디오테이프 아동: 전시회 안내장 전시회에 관한 관심을 고조시킨다.
문제 분석	○ 전시회를 가 본 경험과 느낌을 이야기하기 ○ 전시회의 종류 알아보기 • 그림, 붓글씨, 사진, 난, 조각, 공예 등 ○ 어떤 방법으로 전시를 했는지 이야기하기	
대안 설정 대안 선택	○ 과제물 전시회를 어떻게 할 것인가? ○ 전시회 계획을 위한 구상 및 협의하기 • 전시물의 내용·전시 날짜 • 작품의 수와 크기·작품 제출 날짜 • 전시를 위한 역할 분담 • 전시 방법 협의 ○ 전시를 위한 역할 분담 협의하기 • 전시 작품 고르기: 종류, 작품 수, 알림판 • 전시대 만들기: 교실과 복도의 공간 활용 • 작품 배치하기: 주제별, 전시장 꾸미기 • 안내장 만들고 보내기 • 전시일 관리 역할 분담: 안내, 음악, 꽃, 정리 • 전시장 정리하기: 작품의 보관과 반환	○ 관련 사진 등 모든 학급 구성원의 작품이 나올 수 있도록 배려한다. ○ 능력과 취미에 맞게 역할을 정한다. ○ 1학기 말은 학급, 2학기 말은 학년 전시회도 고려해 본다. ○ 지나치게 화려한 것을 추구해서는 본래 의미를 퇴색시킬 수 있음을 주지시킨다.
대안 적용 반성 및 평가	○ 계획된 방학 과제 전시회를 개최한다. ○ 전시회 사후 활동 계획 협의 • 반성의 시간 갖기 • 학부모님 의견 들어 오기	

내가 맡은 일은?(역할 분담)

1 활동 목표

- 자율적으로 맡은 일을 끝까지 해결하려고 노력하는 태도를 갖는다.
- 여러 사람을 위해 봉사하는 즐거움을 느끼고 봉사하려는 자세를 갖는다.

2 활동 내용

- 1인 1역 활동 역할 정하기
- 1인 1역 활동의 필요성 알기
- 자기의 역할 실천하기

3 준비물

- 학급 회의록

4 활동의 실제

활동 과정	활동 내용	자료 및 유의점
동기 유발	○ 동기 유발 • 가정에서 내가 맡아 하는 일 말하기	○ 가정과 학교에서 맡은 1인 1역을 발표하게 한다.
필요성	○ 1인 1역의 필요성 알기 • 자율적이고 자치적인 학급을 만들기 위한 능력을 기르기 위해 • 학급 공동 일에 적극 참여 • 협동심과 봉사 정신을 기르기 위해	
역할 분담	○ 학급에서 내가 할 수 있는 일 말하기 • 자율 수집·분배·학급 당번 활동 • 학급 문고 관리·청소, 정리, 비품 관리 • 음료수대 소독·체육 기구, 체육 활동 • 식물 재배 관리·사육장 관리, 기상대 관리	○ 학생 스스로 학급을 위해 내가 할 수 있는 일이 무엇인가를 찾게 하고, 자율적인 역할 분담을 결정하도록 유도한다.
다짐 및 실천	○ 맡은 역할 실천 다짐하기 • 맡은 역할에 대해 여러 친구들에게 다짐하기 • 실천하기	

1학기 학급 임원 선거(협의 활동)

1 활동 목표
- 1학기 부서 조직 및 부서장을 선출한다.

2 활동 내용
- 회장, 부회장 선출하기
- 부서 조직 및 부서장 선출하기

3 준비물
- 투표용지

4 활동의 실제

활동 과정	활동 내용	자료 및 유의점
동기 유발	○ 교가와 반가 부르기 ○ 선거 관리 위원회 구성	
문제 확인	○ 1학기 회장, 부회장 선출 • 공정한 투표를 통한 선출 • 타인 추천과 자기 추천을 통한 후보 선출 ○ 부서 조직 및 부서장 선출하기	○ 자유롭고 민주적인 분위기를 조성해 준다.
부서 안내	○ 부서 안내하기 • 필요한 부서를 정하기(필요한 부는 새로 추가 삭제가 가능함) －총무부, 생활부, 학습부, 미화부, 도서부, 체육부, 봉사부 등	○ 운영 위원으로서의 책임감과 봉사적인 태도를 기르도록 한다.
부서 희망	○ 인원 편성하기 • 성별, 행동 특성 등을 고려하여 적정 인원을 배정하기	
대표 정하기	○ 부서 희망하기 • 학생들이 제출한 부서 희망 부서를 기초로 학급 회장, 부회장과 협의하여 부서를 편성하기	○ 취미, 소질, 특기 등을 고려하여 희망한다.
정리하기	○ 대표 정하기 ○ 학급 임원 인사	

학급 회의의 전개 방법(협의 활동)

1️⃣ 활동 목표
- 학급 회의 전개 방법을 알 수 있다.
- 학급 회의 원칙을 알고 자율적이고 민주적으로 참여할 수 있다.

2️⃣ 활동 내용
- 회의 원칙 설명하기
- 모둠별 토의 및 발표하기

3️⃣ 준비물
- 회의록

4️⃣ 활동의 실제

활동 과정	활동 내용	자료 및 유의점
생활 경험 이야기하기	○ 공동의 의견이 일의 달성에 효과적이었던 경험 말하기 • 여러 사람의 의견이 일 처리에 도움이 되었던 경험 말하기	○ 학급 회의 일반적인 원칙을 아동 수준에 맞게 알려 주어 학급
학급 회의 원칙 알기	○ 회의의 원칙 설명해 주기 • 회의 공개의 원칙, 정족수의 원칙, 1의제의 원칙, 발언 자유의 원칙, 평등 보장의 원칙, 다수결의 원칙, 폭력 배제의 원칙	회에 대한 인식이 달 라지도록 한다.
모둠별 활동하기 발표하기	○ 모둠별 토의 • 학급 회의 전개 요령을 모둠별로 토의하기 ○ 모둠별 발표하기 • 문제 발견, 의제 제안, 의제 선정, 실천 계획 수립, 실천 활동, 실천 확인, 반성·재계획 ○ 학급 회의 의의 알기	○ 학급 회의 의의를 알 도록 한다.
정리하기	• 학급 회의 방법 말하기 • 학급 회의를 하는 이유를 명확히 알기	○ 학급 회의가 민주주의의 시작임을 알게 한다.

독서를 잘 하자(협의 활동)

① 활동 목표

- 학급 협의를 통해 독서 생활의 필요성을 느끼고 독서 생활을 실천할 수 있다.
- 학급에서 독서 활동을 하기 위한 계획을 세울 수 있다.

② 활동 내용

- 독서의 필요성 알기
- 독서 활동을 하기 위한 계획 세우기

③ 준비물

- 회의록

④ 활동의 실제

활동 과정	활동 내용	자료 및 유의점

개회사
국민의례
회장 인사
 	
문제 확인
문제 분석
 	
대안 설정
 	
대안 선택
(주중 실시)
 	
대안 적용
(주중 실시)
 	
회의록 낭독
교가 제창
폐회사
	○ 개회사
	○ 국기에 대한 경례, 애국가 제창
	○ 회장 인사
	○ '독서를 생활화하자'
	○ 독서의 필요성
	  • 새로운 지식과 정보를 얻을 수 있다.
	  • 재미와 지혜를 준다.
	  • 교훈을 얻을 수 있고 생각을 키울 수 있다.
	○ 독서를 잘할 수 있는 방법 정하기
	○ 독서 생활을 할 때 고려해야 할 점 알아보기
	  • 독서의 종류
	○ 학급에서 독서 생활을 실천하기 위한 계획 세우기
	  • 운영위원회에서 정하기
	  • 각 부별로 정하기
	  • 시간과 장소, 확인 과정, 자료 등을 협의하기
	○ 독서 생활 실천하기
	○ 회의록 낭독
	○ 교가 제창
	○ 폐회사
		○ 회의록, 회의 용구(의사봉 등)
		
		○ 자유롭고 민주적인 분위기를 조성해 준다.
		
		○ 독서 생활을 장려하고 중간 점검을 한다.
		
		○ 회의 규칙을 준수하여 진행하도록 조언한다.

교실을 아름답게(역할 분담)

① 활동 목표
- 학급 학생들과 힘을 모아 학급 환경을 아름답게 꾸밀 수 있다.
- 당번 활동을 반성해 보고 맡은 일을 열심히 할 수 있다.

② 활동 내용
- 당번이 할 일 알아보기
- 역할 분담하여 교실 환경 꾸미기

③ 준비물
- 학급 회의록

④ 활동의 실제

활동 과정	활동 내용	자료 및 유의점
개회	○ 개회사 ○ 국기에 대한 경례, 애국가 제창 ○ 회장 인사	
문제 확인	○ 잘 꾸며진 교실의 좋은 점 말하기 • 학습 능률이 오르고 청결하게 생활할 수 있다. • 언제나 산뜻하고 친근한 느낌이 든다.	○ 회의록, 회의 용구
문제 분석	○ 당번 활동 하기 • 당번 활동을 했던 경험 발표하기 • 당번 활동을 소홀히 하여 꾸중들은 일	○ 다른 사람의 행동을 보면서 자신의 부족한 점을 반성할 수 있는 기회를 제공한다.
대안 설정	○ 당번이 할 일 알아보기 • 일찍 등교하고 간단한 아침 청소 하기 • 방과 후 교실 정리 정돈하기	
대안 선정	○ 역할 분담하여 교실 환경 꾸미기 ○ 학습 환경 꾸미기 ○ 교실 환경을 아름답게 정비하는 방법 알아보기 • 모든 학생이 참가하고 당번 활동 잘하기 ○ 자신의 당번 활동을 반성해 보기	○ 당번 활동에 적극 참여하도록 한다.
정리 및 반성	○ 깨끗한 학급 환경을 위해 할 일 정리하기	

애향단 활동 조직(민주 시민)

① 활동 목표
- 애향단 활동을 조직할 수 있다.
- 애향심을 고취시키고, 지역 특성에 맞는 활동 과제를 선정하여 합리적인 실천 계획을 수립할 수 있다.

② 활동 내용
- 애향단 임원을 선출하고 조직하기
- 애향단 활동별로 구체적인 실천 계획 세우기

③ 준비물
- 애향단 활동 회의록

④ 활동의 실제

활동 과정	활동 내용	자료 및 유의점
개회	○ 개회사 ○ 국기에 대한 경례, 애국가 제창	○ 애향단 회의록
지난 1년 활동을 반성하기	○ 지난 1년 동안의 활동 내용 반성하기 • 한 학기 동안의 활동 내용 돌아보기 • 가장 잘 안 되었던 활동과 그 까닭 살펴보기 • 가장 보람 있던 활동과 그 결과 살펴보기 • 애향단 활동 시의 어려운 점과 건의 사항 이야기하기	○ 애향단 활동은 아동들 스스로 자치적으로 운영할 수 있게 배려한다.
임원 선출	○ 애향단 임원 선출 및 조직 • 후보자 결정 및 투표를 통한 애향단 조직	○ 각 마을별 정한 규칙을 꾸준히 실천하겠다는 의지를 갖게 한다.
애향단 활동 계획하기	○ 각 마을 아동끼리 모여 애향단 활동 계획 세우기 • 애향단 일지 만들기 · 마을 꽃길 가꾸기 • 골목길 및 도로 주변 휴지 줍기 • 환경 보전 일기 쓰기 등	○ 형식적인 활동이 아닌 마음에서 우러나오는 활동이 되도록 한다.
실천 계획 세우기	○ 마을별로 구체적인 실천 계획 세우기 • 실천 방법을 협의하고 역할 분담하기 ○ 회의록 낭독과 선생님 말씀	
폐회	○ 폐회사	

살기 좋은 우리 마을(민주 시민)

1 활동 목표

- 애향심을 고취시키고, 지역 특성에 맞는 활동 과제를 선정하여 합리적인 실천 계획을 수립할 수 있다.

2 활동 내용

- 애향단 실천 과제 협의하기
- 애향단 활동에서 건의 사항 제시하기
- 모범 반원 선출하기

3 준비물

- 애향단 활동 회의록

4 활동의 실제

활동 과정	활동 내용	자료 및 유의점
개회사 국민의례 애향단 활동 반성 문제 확인 문제 분석 대안 설정 대안 선택 (주중 실시) 대안 적용 (주중 실시) 회의록 낭독 애향단 노래 제창 폐회사	○ 개회사 ○ 국기에 대한 경례, 애국가 제창 ○ 지난 주 애향단 활동 반성 ○ 과제 선정 • 애향단 반장이 월 과제를 발표하기 • 반장의 사회로 다음 주 실천 과제 협의 및 선정 ○ 실천 방법 협의 • 반장의 사회로 과제 실천 방법에 대해 구체적으로 협의하고 조별로 역할 분담하기 ○ 기타 협의 • 애향단 활동 시 어려운 일, 건의 사항 등 이야기하기 ○ 모범 반원 선정 • 지난 주 애향단 활동 시 모범 단원 발표 · 선정하기 ○ 회의록 낭독 ○ 지도교사 말씀 ○ 애향단 노래 제창 ○ 폐회	○ 애향단 회의록 ○ 자유롭고 민주적인 분위기를 조성해 준다. ○ 마을의 특성에 맞는 과제를 선정하도록 하고 계획한 대로 반드시 실천하도록 한다.

어버이날 할 일(협의 활동)

1 활동 목표
- 어버이날에 우리들이 할 수 있는 일을 알 수 있다.
- 어버이날 부모님께 고마움을 표현할 수 있다.

2 활동 내용
- 어버이날에 우리들이 할 수 있는 일 알아보기
- 부모님께 고마움 표현하기

3 준비물
- 회의록

4 활동의 실제

활동 과정	활동 내용	자료 및 유의점
개회사 국민의례 회장 인사 문제 분석	○ 개회사 ○ 국기에 대한 경례, 애국가 제창 ○ 회장 인사 ○ 어버이날 우리가 할 수 있는 일들 　• 꽃 달아 드리기 　• 부모님 일손 도와 드리기 　• 내 할 일을 스스로 하기 　• 부모님께 정성 어린 선물 드리기 　• 집안일 돕기 　• 부모님께 편지 쓰기 　• 엄마·아빠께 전화하기 　• 동생 잘 돌보기	○ 회의록, 회의 용구 ○ 자유롭고 민주적인 분위기를 조성해 준다. ○ 실천 가능한 일들을 선정하여 실천할 수 있도록 한다.
문제 적용	○ 부모님께 고마움을 표현하기 　• 위의 사항들을 실천하기 　• 부모님께 감사하는 마음 갖기	○ 평소 부모님의 은혜에 고마움을 갖도록 지도한다.
회의록 낭독 교가 제창 폐회사	○ 회의록 낭독 ○ 교가 제창 ○ 폐회사	

학교를 사랑하자(역할 분담)

① 활동 목표
- 학교 물건을 바르게 사용하고 아끼는 태도를 갖는다.
- 아름답고 좋은 학교를 만들기 위해 내가 할 수 있는 일을 스스로 찾아 한다.

② 활동 내용
- 학교 시설을 함부로 사용하는 사례 발표하기
- 아름다운 학교를 만들기 위해 내가 할 수 있는 일을 정하여 실천하기

③ 준비물
- 학급 회의록

④ 활동의 실제

활동 과정	활동 내용	자료 및 유의점
동기 유발 및 반성	○ 학교 시설물을 잘못 사용하는 사례 발표하기 • 교실에서: 책상에 낙서를 하거나 칼자국을 낸다. • 운동장에서: 운동 기구를 함부로 다룬다. • 화장실에서: 화장실 문을 발로 차서 망가뜨린다.	○ 공공시설물을 바르게 사용하는 모습(영상물)
학교 사랑의 길	○ 학교를 사랑할 수 있는 방법 살피기 • 시설물 아껴 쓰기·청소 잘 하는 일 • 공부 열심히 하는 일·특기를 잘 살리는 일 등	
학교 사랑 방법	○ 내가 할 수 있는 학교 사랑 방법 살펴보고 정하기 • 학교 사랑 실천 항목 조사 • 항목별 실천 시기 결정 • 실천하는 방법 구체적으로 결정	○ 자율적인 참여를 유도 한다. ○ 실천 가능한 활동을 결정하도록 한다.
다짐 및 실천	○ 다짐 및 실천 • 한 사람 또는 세 사람이 1역으로 팀으로 정해서 실천하기 • 항목별 적당한 인원 배정 • 자기가 맡은 일 실천 의지 다짐 발표 및 실천하기	○ 2인 또는 3인 1역 등 으로 조직한다.

규칙 지키기 토론회(민주 시민)

① 활동 목표
- 회의 규칙을 바르게 알고 회의 진행을 자율적으로 할 수 있다.

② 활동 내용
- 학교에서 생기는 문제점 알아보기
- 학교에서 생기는 문제들을 해결할 수 있는 방법 협의하기

③ 준비물
- 회의록

④ 활동의 실제

활동 과정	활동 내용	자료 및 유의점
문제점 제기	○ 학교생활에 어떤 문제점이 있는지 서로 의견 교환하기 • 뛰거나 장난치는 아동이 많다. • 청소를 뒤로 미루거나 뒷정리를 제대로 하지 않는다.	○ 우리 학급의 생활을 스스로 반성하게 한다.
제기된 문제점 분류하기	○ 문제점으로 제기된 일들을 분류해 보기 • 상급생이 하급생을 때리거나 나쁜 짓을 시키는 학생이 있다. • 불량 만화를 보는 학생이 있다. • 교실, 복도, 화장실에 낙서하는 학생이 있다. • 이상한 말을 사용하는 학생이 있다. • 학습 활동, 생활 지도, 가정교육, 정서 불안, 학교 폭력 등	○ 학급 회의 일반적인 원칙을 아동 수준에 맞게 알려주어 학급 회의에 대한 인식이 달라지도록 한다.
분류한 문제점 해결하기	○ 문제점으로 제기된 일들을 해결하기 • 주 단위로 목표 정하기 • 선생님들께 문제 학생을 보고하여 지도를 부탁 드리기	○ 학급 회의에서 결정된 사항은 꼭 지키도록 한다.
다짐하기	○ 회의에서 결정된 사항은 꼭 실천하기 • 제기된 문제점 반복 실수하지 않기	

현장 체험 학습 협의회(협의 활동)

① 활동 목표
- 현장 체험 학습을 가서 지킬 일을 말할 수 있다.
- 현장 체험 학습 장소에서의 활동 계획을 세울 수 있다.

② 활동 내용
- 현장 체험 학습에 가서 지킬 일 협의하기
- 현장 체험 학습 장소에서의 활동 계획 세우기

③ 준비물
- 회의록

④ 활동의 실제

활동 과정	활동 내용	자료 및 유의점
현장 체험 학습에 대해서 의견 교환하기	○ 현장 체험 학습에 관해서 회의 시작하기 • 바른 자세로 협의하기 • 긍정적으로 대화하기	○ 현장 체험 학습 계획을 스스로 세우도록 한다.
현장 체험 학습에 가서 지킬 일 협의하기	○ 현장 체험 학습에 가서 지킬 일 협의하기 • 질서를 잘 지키기 • 안내를 따라 질서 지키기 • 혼자 돌아다니지 않기 • 중요한 것은 메모하기 • 필요한 경우 사진 찍기	○ 질서를 잘 지켜 말한다.
	○ 현장 체험 학습지에서 활동 계획 세우기 • 계획 세우기 • 과정에서 할 일 정하기 • 다녀와서 할 일 정하기	○ 계획을 세우는 과정에서 다양한 아이디어를 말한다.
정리하기	○ 회의에서 결정된 사항은 꼭 실천하기 • 협의 내용을 실천하기	

상급생의 역할(민주 시민)

① 활동 목표
  • 하급생을 돕기 위한 상급생의 역할을 협의하고 실천할 수 있다.
② 활동 내용
  • 하급생을 돕기 위한 상급생의 역할 협의
③ 준비물
  • 회의록
④ 활동의 실제

활동 과정	활동 내용	자료 및 유의점
회의 시작	○ 하급생을 돕기 위한 상급생의 역할에 관한 회의 시작하기 ○ 하급생 때의 경험 이야기하기	○ 질서를 잘 지켜 말한다.
하급생 때의 경험 이야기하기	• 학교생활이 낯설어서 어려웠던 점 • 친구들과의 관계에서 어려웠던 점 • 상급생의 구박으로 어려웠던 점 • 선생님과의 갈등으로 어려웠던 점 • 기타	
상급생으로서 하급생을 돕기 위한 역할	○ 상급생으로서 하급생을 돕는 방법 • 학교에서의 생활 • 귀가하는 도중 • 이웃에서의 생활 ○ 하급생을 돕기 위한 나의 역할 • 각자의 역할을 의논하기 • 마음속으로 나의 역할을 정하기	○ 상급생은 하급생의 모범이 되도록 지도한다.
정리하기	○ 회의에서 결정된 사항은 꼭 실천하기 • 협의한 내용을 요약하기 • 협의 내용을 실천하기 위한 계획 세우기	○ 회의에서 결정된 내용은 준수하도록 지도한다.

현충일에 할 일(협의 활동)

① 활동 목표
- 현충일에 우리가 가져야 할 태도를 알 수 있다.
- 현충일에 우리가 할 일을 알 수 있다.
- 현충일에 국기 게양 방법을 알 수 있다.

② 활동 내용
- 현충일에 우리가 가져야 할 태도 알기
- 현충일에 우리가 할 일 알아보기
- 현충일에 국기 게양 방법 알기

③ 준비물
- 회의록

④ 활동의 실제

활동 과정	활동 내용	자료 및 유의점

개회사
국민의례
회장 인사
 	
문제 분석
	○ 개회사
	○ 국기에 대한 경례, 애국가 제창
	○ 회장 인사
	○ 현충일에 우리가 가져야 할 태도 알기
	  • 나라를 위해서 희생하신 분들에게 묵념하기
	  • 태극기 바르게 달기
	  • 나라를 위해 내가 할 일 생각하기
	  • 공부 열심히 하기
		○ 현충일의 의의를 미리 설명해 준다.

문제 적용	○ 현충일에 우리가 할 일
	  • 태극기 바르게 달기
	  • 조상들이 나라를 위해 어떤 일을 했는지 알기
	○ 현충일에 국기 게양 방법을 알기
		○ 자유롭고 민주적인 분위기를 조성해 준다.

회의록 낭독 교가 제창 폐회사	○ 회의록 낭독 ○ 교가 제창 ○ 폐회사	○ 회의 중 항상 경건한 자세로 참여한다.

비 오는 날의 교실 생활(협의 활동)

① 활동 목표
- 비오는 날 우산 관리 방법을 알 수 있다.
- 비오는 날의 교실 및 실내 생활에 대해서 협의하여 실천할 수 있다.

② 활동 내용
- 비오는 날의 우산 관리 방법 협의하기
- 비오는 날 교실 및 실내에서 지킬 일 알아보기

③ 준비물
- 회의록

④ 활동의 실제

활동 과정	활동 내용	자료 및 유의점
동기 유발	○ 교가와 반가 부르기 ○ 회장 인사 ○ 비오는 날의 교실 생활에 대해서 말하기	○ 회의록, 회의 용구

문제 확인
주제 토론 1
	○ 비오는 날의 우산 관리 방법 협의
	  • 우산을 자기 자리에 놓기
	  • 우산을 복도에 내놓기
	  • 우산을 교실 뒤에 모아 놓기
	  • 우산꽂이에 우산을 넣기
		○ 자유롭고 민주적인 분위기를 조성해 준다.

주제 토론 2	○ 비오는 날 교실 및 실내에서의 생활 방법 협의
	  • 쉬는 시간에 조용히 독서하기
	  • 수업 시간과 쉬는 시간에 조용히 하기
	  • 복도에서 좌측통행하기
	  • 친구들과의 대화는 작은 목소리로 하기
	  • 운동장이나 실외를 돌아다니지 않기
	  • 큰소리를 내지 않기
	  • 바르게 앉아서 공부하기
	  • 수업에 방해되는 물건을 가지고 놀지 않기
		○ 자신의 경험을 바탕으로 이야기하도록 한다.

정리하기	○ 회의를 마치기	

주변 환경을 깨끗이(민주 시민)

① 활동 목표
- 애향심을 고취시키고, 지역 특성에 맞는 활동 과제를 선정하여 합리적인 실천 계획을 수립할 수 있다.

② 활동 내용
- 애향단 실천 과제 협의하기
- 애향단 활동에서 건의 사항 제시하기

③ 준비물
- 애향단 활동 회의록

④ 활동의 실제

활동 과정	활동 내용	자료 및 유의점

개회사
국민의례
애향단 활동
반성
 	
문제 확인
 	
문제 분석
 	
대안 선택
(주중 실시)
 	
회의록 낭독
애향단 노래
제창
폐회사
	○ 개회사, 국기에 대한 경례, 애국가 제창, 지난 주 애향단 활동 반성
	○ 과제 선정(주변 환경을 깨끗이)
	  • 반장의 사회로 다음 주 실천 과제 협의
	○ 실천 방법 협의
	  • 반장의 사회로 과제 실천 방법에 대해 구체적으로 협의하고 조별로 역할 분담하기
	  • 더 좋은 마을을 만들기 위한 노력
	  • 청소를 깨끗이 하기
	  • 휴지를 버리지 않기
	  • 내가 할 수 있는 다른 일 정하기
	○ 기타 협의
	  • 건의 사항 등 이야기하기
	○ 회의록 낭독
	○ 애향단 노래 제창
	○ 폐회
		○ 자유롭고 민주적인 분위기를 조성해 준다.
		
		○ 마을의 특성에 맞는 과제를 선정하도록 하고 계획한 대로 반드시 실천하도록 한다.
		
		○ 각 애향단별로 과제를 정하여 실천하도록 권장한다.

재판하는 일(민주 시민)

① 활동 목표
- 견학을 통해서 법원에서 하는 일을 알 수 있다.
- 견학 기록문을 쓸 수 있다.

② 활동 내용
- 법원에서 하는 일 메모하기
- 견학 기록문 쓰기

③ 준비물
- 메모지

④ 활동의 실제

활동 과정	활동 내용	자료 및 유의점
견학 전 (학습 전)	○ 사전 연락(법원 지회, 법원) ○ 의회의 구성과 역할 ○ 견학 역할 분담	○ 견학 계획서
견학 중 (학습 중)	○ 견학에서 주의할 사항 　• 조별 및 전체에게 질서와 정숙 지도 　• 메모할 내용은 핵심을 파악하여 메모 ○ 견학 활동의 실시 　• 견학 목적 전달 　• 안내자의 지시를 따르기 　• 법원에 대한 현황 청취	○ 질서 및 정숙을 지도 한다. ○ 견학 기록의 절차를 알고 이를 실천에 옮 긴다.
견학 후 (학습 후)	○ 견학 결과(견학 기록문) 발표 　• 조별 발표 및 질의응답 　• 견학 기록문 발표	
반성	○ 견학 학습 활동에 대한 반성 ○ 편지 및 소감문 쓰기 ○ 법원에 대해 더 공부하기	○ 편지, 소감문 중 우수작 을 본인이 낭독한다.

모의 청문회(민주 시민)

① 활동 목표
- 일상생활에서 일어나는 사건을 가지고 모의 청문회를 열 수 있다.
- 청문회를 통해서 나의 행동을 반성할 수 있다.

② 활동 내용
- '말로만 어린이 천국' 문방구점의 불량 학용품 판매 사건 및 환불, 교환 거절 문제 청문회 하기
- 나의 행동 반성하기

③ 준비물
- 회의록

④ 활동의 실제

활동 과정	활동 내용	자료 및 유의점
청문회에 대하여 알아보기	○ 청문회의 방법을 알아보기 • 질문과 답변의 방법을 알기 • 성실하게 답변하기 • 청문회의 좌석 배치 알아보기	○ 국회 청문회 관련 영상물
'말로만 하는 어린이 천국' 문방구점	○ '말로만 하는 아이들 천국' 문방구점의 불량 식품 판매 사건 및 환불, 교환 거절 사건 청문회 • 근거: 국회법 제61조 • 증인 선서 • 한 위원에게 신문할 수 있는 발언권을 줌 • 증인과 위원 간의 질문과 답변 • 다른 위원에게 신문할 수 있는 발언권을 줌 • 증인과 위원 간의 질문과 답변 • 위원장의 정리	○ 질서를 잘 지켜 말한다.
	○ 나의 행동 반성하기 • 불량 식품을 알면서도 사 먹지는 않는가? • 문방구에서 환불 거절을 했을 때, 나는 나의 권리를 내세우고 있는가?	○ 솔직하게 질문하고 진지 자세로 할 수 있도록 한다.
정리하기	○ 청문회의 규칙을 알기 • 청문회의 규칙을 알고 친구들과 모의 청문회를 해 보기	

방학 과제 전시회 계획 협의회(역할 분담)

① 활동 목표
- 여름방학을 반성하고 여름방학 과제물 전시회 계획을 협의한다.
- 전시를 위한 역할을 분담하고 실천한다.

② 활동 내용
- 여름방학 반성 및 과제물 전시회 계획 협의하기
- 전시를 위한 역할 분담 협의 및 실천하기

③ 준비물
- 학급 회의록

④ 활동의 실제

활동 과정	활동 내용	자료 및 유의점
개회사 국민의례 회장 인사	○ 개회사 ○ 국기에 대한 경례, 애국가 제창 ○ 회장 인사 ○ 여름방학 반성과 방학 과제물 전시회 계획을 협의하기	○ 회의록, 회의 용구 ○ 자유롭고 민주적인 분
문제 확인	○ 방학 중의 생활 이야기하기 • 일기, 모형, 관찰, 수집, 스크랩, 견학, 자유 탐구, 현장 조사	위기를 조성해 준다.
문제 분석	• 여행, 답사 ○ 과제물 전시를 어떻게 할 것인지 협의하기(구상 및 협의)	○ 전시장을 꾸민 후 작 품을 감상하는 태도를 지도한다.

대안 설정 및
선택
	• 전시물의 내용·전시 기간
	  • 작품의 수, 크기·전시 시기와 장소
	  • 작품 제출 날짜·전시를 위한 역할 분담	

대안 적용 (주중 실시)	• 전시 방법 협의 ○ 전시를 위한 역할 분담 협의 및 실천하기 ① 전시 작품 고르기 ② 전시대 만들기 ③ 전시 작품 배치 ④ 전시회 당일 전시장 관리 ⑤ 전시장 정리	○ 작품의 우열을 가리는 경쟁의 전시가 되지 않도록 한다.
회의록 낭독 교가 제창 폐회사	○ 회의록 낭독 ○ 교가 제창 ○ 폐회사	

2학기 학급 임원 선거(협의 활동)

① 활동 목표
- 2학기 부서 조직 및 부서장을 선출한다.
- 학생 상호 간에 원만한 인간관계 속에서 협력하여 공동 목표를 달성할 수 있다.

② 활동 내용
- 1학기 활동 내용 반성하기
- 2학기 부서장 및 부서 조직
- 2학기 회장·부회장 선출

③ 준비물
- 투표용지

④ 활동의 실제

활동 과정	활동 내용	자료 및 유의점
분위기 조성	○ 1학기 동안의 활동 반성하기 • 각 부서의 활동 내용 되돌아보기 • 가장 잘되었던 활동 이야기하기 • 가장 아쉬웠던 활동 이야기하기 • 가장 어려웠던 활동 이야기하기	○ 1학기 임원들의 노고를 박수로 격려한다.
활동 부서 조직	○ 효율적으로 학급 일을 맡아 볼 수 있도록 부서 조직 • 학생의 성별, 일에 대한 수행 능력, 관심 등을 고려하여 조직 • 부서 내의 구성원들이 모두 참여하도록 유도 ○ 활동 부서의 예 • 생활, 미화, 도서, 체육, 봉사 등	○ 2학기 동안의 학급 부서별 활동 목표나 활동 내용, 필요 자료 등을 준비하여 학생들이 자율적으로 활동할 수 있도록 한다.
각 부서장 선출	○ 각 부서의 부서장 선출 • 1학기 활동 부서에서의 참여 정도를 고려하여 선출 • 새 부서에서 2학기 동안 노력할 점을 고려하여 선출 ○ 2학기 회장, 부회장 선출	○ 신임 임원들의 당선 소감
새 임원 인사	○ 2학기 회장, 부회장 및 새 부서장으로서 각오 말하기 ○ 폐회	

보다 나은 2학기를 위하여(협의 활동)

1 활동 목표
- 2학기 동안 우리 학급 생활에서 필요한 것이 무엇인지 바르게 협의할 수 있다.
- 좋은 교실을 만들기 위해서 우리가 할 일을 실천할 수 있다.

2 활동 내용
- 1학기 동안의 모습 반성하기
- 좋은 교실을 만들기 위해서 할 일 협의하기

3 준비물
- 학급 회의록

4 활동의 실제

활동 과정	활동 내용	자료 및 유의점
개 회	○ 개회사 ○ 국기에 대한 경례, 애국가 제창 ○ 회장 인사	○ 2학기에 우리 학급이 특별히 노력해야 할 점을 발표하게 한다.
문제 확인	○ 2학기 동안 우리 학급 생활에서 필요한 점이 무엇인지 의견 교환하기 　• 조용히 공부할 분위기가 되어야 한다. 　• 서로 도우면서 함께 가꾸어 가는 학급이 되어야 한다.	
문제 분석	○ 1학기 동안의 생활 모습에 대하여 반성하기 　• 남에게 피해를 주었던 일 반성하기	
대안 설정 대안 선택	○ 좋은 교실을 만들기 위해 어떤 일을 해야 할 것인지 협의하기 ○ 좋은 교실을 만들기 위해 제안된 많은 대안을 검토해 보고 최선의 방안을 선택하기 　• 각 부별로 학습 규칙 만들기	○ 자유롭고 민주적인 분위기를 조성해 준다.
대안 적용 회의록 낭독 교가 제창 폐회사	○ 선택된 대안에 대해 실천 방안을 정하고 실천하기 ○ 회의록 낭독 ○ 교가 제창 ○ 폐회사	○ 각 부에서 정해진 규칙을 꾸준히 실천하겠다는 의지를 갖게 한다.

깨끗한 화장실(역할 분담)

① 활동 목표
- 깨끗한 화장실을 만들기 위해서 역할 분담을 정할 수 있다.
- 맡은 역할을 실천할 수 있다.

② 활동 내용
- 깨끗한 화장실을 만들기 위한 역할 분담 정하기
- 맡은 역할 실천하기

③ 준비물
- 학급 회의록

④ 활동의 실제

활동 과정	활동 내용	자료 및 유의점
개 회	○ 개회사 ○ 국기에 대한 경례, 애국가 제창 ○ 회장 인사	
문제 확인	○ 우리 학교의 화장실 상태 이야기하기 • 지저분한 곳도 있지만 깨끗한 화장실도 있음 • 깨끗한 화장실은 산뜻하고 친근한 느낌이 듦	○ 다른 사람의 행동을 보면서 자신의 부족한 점을 반성할 수 있는 기회를 제공한다.
역할 분담	○ 깨끗한 화장실을 만들기 위한 역할 분담하기 • 화장실 청소했던 경험 이야기하기 • 화장실을 깨끗이 하기 위한 방법 이야기하기 • 화장실을 깨끗이 하기 위한 준비물 협의 • 화장실을 깨끗이 하기 위한 역할 분담	
실천하기	○ 맡은 일을 실천하기 • 일찍 등교하고 간단한 아침 청소 하기 • 화장실 청소는 쉬는 시간에 짬을 내서 살피기 • 방과 후에는 화장실을 깨끗이 청소하기 • 청소 후 선생님께 꼼꼼한 지도를 받기	○ 화장실은 깨끗하고 아름다운 곳이라는 인식을 갖게 한다.
정리 및 반성	○ 자신의 청소 구역 반성해 보기 ○ 깨끗한 화장을 만들기 위해 노력하기	

즐거운 현장 체험 학습(협의 활동)

① 활동 목표
- 현장 체험 학습을 가서 지킬 일을 말할 수 있다.
- 현장 체험 학습 장소에서 활동 계획을 세우고 계획대로 실천할 수 있다.

② 활동 내용
- 현장 체험 학습에 가서 지킬 일 협의하기
- 현장 체험 학습 장소에서의 활동 계획 세우기

③ 준비물
- 회의록

④ 활동의 실제

활동 과정	활동 내용	자료 및 유의점
현장 체험 학습에 대해서 의견 교환하기	○ 현장 체험 학습에 관해서 회의 시작하기 　– 바른 자세로 협의하기 　– 긍정적으로 대화하기	
현장 체험 학습에 가서 지킬 일 협의하기	○ 현장 체험 학습에 가서 지킬 일 협의하기 　• 질서를 잘 지키기 　• 안내를 따라 질서 지키기 　• 혼자 돌아다니지 않기 　• 중요한 것은 메모하기 　• 필요한 경우 사진 찍기	○ 질서를 잘 지켜 말한다.
	○ 현장 체험 학습지에서 활동 계획 세우기 　• 계획 세우기 　• 과정에서 할 일 정하기 　• 다녀와서 할 일 정하기	○ 솔직하게 질문하고 다양한 문제들을 말한다. ○ 현장 학습 시 개인 준비물에 대해서도 협의하게 한다.
정리하기	○ 회의에서 결정된 사항은 꼭 실천하기 　• 협의 내용을 실천하기	

환경 보전을 위한 어린이 법 제정(민주 시민)

① 활동 목표
- 모의 의회를 열어 환경 보전을 위한 어린이 법을 제정한다.

② 활동 내용
- 환경 보존을 위한 어린이 법을 제정하기
- 환경 보존을 위한 어린이 법에 대한 모의 의회하기

③ 준비물
- 회의록

④ 활동의 실제

활동 과정	활동 내용	자료 및 유의점

개회사
국민의례
회장 인사
 	
문제 확인
문제 분석
 	
대안 설정
대안 선택
(주중 실시)
대안 적용
(주중 실시)
 	
회의록 낭독
교가 제창
폐회사
	○ 개회사
	○ 국기에 대한 경례, 애국가 제창
	○ 회장 인사
	○ 환경 보존을 위한 어린이 법 의미 알기
	○ 환경 보존을 위한 어린이 법이 필요한 까닭
	  • 같은 학교에서 생활하게 되므로
	  • 환경 보존을 위해 서로 노력해야 하므로
	○ 환경 보존을 위한 어린이 법을 정하는 방법 선택
	  • 운영위원회에서 정하기
	  • 각 부별로 정하기
	○ 환경 보존을 위한 어린이 법을 정할 때 고려해야 할 점 알아보기
	○ 환경 보존을 위한 어린이 법에 대한 모의 의회하기
	  • 모의 의회를 열어 임시안을 상정하여 수정 보완하기
	○ 환경 보존을 위한 어린이 법 사용하기
	○ 회의록 낭독
	○ 교가 제창
	○ 폐회사
		○ 자유롭고 민주적인 분위기를 조성해 준다.
		
		○ 환경 보존을 위한 어린이 법을 적절하게 활용하게 한다.
		
		○ 환경 보전은 주변의 작은 실천이 중요함을 알도록 조언한다.

의회가 하는 일(민주 시민)

1 활동 목표
- 견학을 통해서 시·군 의회가 하는 일을 이해한다.
- 견학 기록문의 절차를 알고 견학 기록문을 쓸 수 있다.

2 활동 내용
- 시·군 의회가 하는 일 메모하기
- 견학 기록문 쓰기

3 준비물
- 메모지

4 활동의 실제

활동 과정	활동 내용	자료 및 유의점
견학 전	○ 사전 연락(수신: 의회의장, 참조: 사무국장) ○ 의회의 구성과 역할 ○ 견학 역할 분담	○ 시(군)의회 – 공문 발송 ○ 학부모 – 가정 통신문 발송

견학 중	○ 견학에서 주의할 사항
	  • 조별 및 전체에게 질서와 정숙 지도
	  • 메모할 내용은 핵심을 파악하여 메모
	○ 견학 활동의 실시
	  • 견학 목적 전달
	  • 안내자의 지시를 따르기
	  • 의회에 대한 현황 청취
		○ 질서 및 정숙 지도를 한다.

견학 후	○ 견학 결과(견학 기록문) 발표
	  • 조별 발표 및 질의응답
	  • 견학 기록문 발표	

평가 반성	○ 견학 학습 활동에 대한 반성 ○ 편지 및 소감문 쓰기 ○ 의회에 대해 더 공부하기	○ 견학 기록의 절차를 알고 이를 실천에 옮긴다.

깨끗한 운동장(역할 분담)

① 활동 목표

- 깨끗한 운동장을 만들기 위해서 역할 분담을 정할 수 있다.
- 맡은 역할을 실천할 수 있다.

② 활동 내용

- 깨끗한 운동장을 만들기 위한 역할 분담 정하기
- 맡은 역할 실천하기

③ 준비물

- 학급 회의록

④ 활동의 실제

활동 과정	활동 내용	자료 및 유의점
개회 선언	○ 개회사 ○ 국기에 대한 경례, 애국가 제창 ○ 회장 인사	
문제 확인	○ 우리 학교의 운동장 상태 이야기하기 • 지저분한 곳도 있지만 깨끗한 곳도 있다. • 깨끗한 운동장은 산뜻하고 친근한 느낌이 든다.	○ 다른 사람의 행동을 보면서 자신의 부족한 점을 반성할 수 있는 기회를 제공한다.
역할 분담	○ 깨끗한 운동장을 만들기 위한 역할 분담하기 • 운동장 청소했던 경험 이야기하기 • 운동장을 깨끗이 하기 위한 방법 이야기하기 • 운동장을 깨끗이 하기 위한 역할 분담	
실천하기	○ 맡은 일을 실천하기 • 일찍 등교하고 간단한 아침 청소 하기 • 운동장 청소는 쉬는 시간에 짬을 내서 살피기 • 방과 후에도 운동장 청소하기 • 낙엽은 모아서 쓰레기장에 버리기 • 스스로 더 찾아서 청소하기	○ 1인 1역 외에도 스스로 해야 할 일을 찾아서 하도록 지도한다.
정리 및 반성	○ 자신의 청소 구역 반성해 보기 ○ 깨끗한 운동장을 만들기 위해 노력하기	

책은 나의 친구(민주 시민)

① 활동 목표
  ● 독서 발표회를 통해 독서의 중요성을 알고 독서를 생활화할 수 있다.

② 활동 내용
  ● 독서 발표회 개최의 필요성 알기
  ● 독서 발표회 역할 및 방법 알기

③ 준비물
  ● 회의록

④ 활동의 실제

활동 과정	활동 내용	자료 및 유의점
개회사 국민의례 회장 인사 문제 확인 문제 분석 대안 설정 대안 선택 (주중 실시) 대안 적용 (주중 실시) 회의록 낭독 교가 제창 폐회사	○ 개회사 ○ 국기에 대한 경례, 애국가 제창 ○ 회장 인사 ○ 독서 발표회 개최 ○ 독서 발표회 개최의 필요성 알기 ○ 독서 발표회의 종류 　● 독후감 발표 　● 독서 감상화 발표 　● 독서 퀴즈 풀기 　● 독서 토론회 ○ 각 부별 독서 발표 방법 정하기 ○ 각 부별 독서 발표회 역할 분담하기 ○ 독서의 중요성을 알기 　● 생각이 깊어진다. 　● 글을 잘 쓸 수 있게 된다. 　● 어휘력, 문장력이 좋아진다. 　● 상식이 풍부해진다. 등 ○ 회의록 낭독 ○ 교가 제창 ○ 폐회사	○ 자유롭고 민주적인 분 　위기를 조성해 준다. ○ 독서 발표회 때 학생 　들의 창의성을 존중 　한다. ○ 독서 발표회, 독후감 쓰 　기 대회, 독서 퀴즈 등 　과 연계하여 지도한다.

겨울 방학을 맞으며(협의 활동)

① 활동 목표
- 한 학기 반성을 하고 겨울 방학 중의 학습, 생활 등에 대한 협의 및 실천을 할 수 있다.
- 겨울방학 중의 생활 계획을 세울 수 있다.

② 활동 내용
- 한 학기를 반성하고 겨울 방학에 대한 계획 협의하기
- 겨울 방학 중의 생활 계획 세우기

③ 준비물
- 회의록

④ 활동의 실제

활동 과정	활동 내용	자료 및 유의점
개회사 국민의례 회장 인사 문제 확인 문제 분석 대안 설정 대안 선택 및 적용(방학 중 실시) 회의록 낭독 폐회사	○ 개회사 ○ 국기에 대한 경례, 애국가 제창 ○ 회장 인사 ○ 한 학기를 반성하고 겨울방학 중의 생활에 대한 계획 협의하기 ○ 한 학기 생활 반성하기 　• 각 부별로 발표, 개인별 발표 　• 운영 위원들의 한 학기 생활 반성 ○ 겨울방학 중의 생활 계획 협의하기 　• 생활 계획, 과제, 체험 학습 　• 비상 연락망, 주의사항 ○ 생활습관 – 생활 계획표 짜기 　• 과제: 독서, 취미활동 하기, 개학 후 과제물 전시회 실시하기 　• 체험 학습: 방학 중 여러 곳을 여행하기, 비상 연락망 작성하여 방학 중 중요 사항 알리기 ○ 회의록 낭독 ○ 폐회사	○ 자유롭고 민주적인 분위기를 조성해 준다. ○ 올바른 생활 습관과 방학 중 유의 사항을 지도한다. ○ 지킬 수 있는 계획을 스스로 지키도록 지도한다.

불우 이웃 돕기 토론회(민주 시민)

① 활동 목표
- 불행한 사람을 돕는 따뜻한 마음과 생활 태도를 갖는다.
- 어려운 처지에 있는 사람을 위해 봉사하는 마음을 갖는다.
- 이웃을 사랑하고 서로 도와주는 상부상조의 정신을 기른다.

② 활동 내용
- 어려운 이웃을 돕는 방법 알기
- 어려운 이웃을 돕는 방법 협의하기

③ 준비물
- 회의록

④ 활동의 실제

활동 과정	활동 내용	자료 및 유의점
불우 이웃 돕기 경험 발표	○ 불우한 사람이나 어려운 처지에 있는 사람을 도왔던 경험을 이야기하기 　● 양로원, 고아원, 영아원, 장애인 위문 등	○ 군인과 경찰, 소방관, 교통안전원, 방범대원, 환경미화원 등과 같이 수고하는 분들께 감사하는 마음도 이웃을 돕는 일임을 깨닫고, 그분들을 돕는 마음을 갖도록 한다.
군부대　경찰관 위문 경험 발표	○ 군부대나 경찰, 소방서를 찾아 위문 활동을 한 경험 이야기하기 　● 자매 부대 위문 활동 내용과 경찰, 소방서 등을 위문하였던 경험 발표하기	
이웃을　도와야 하는 까닭	○ 이웃을 도와야 하는 까닭을 서로 말하기 　● 환경이 불우한 사람을 위로하여 소외감을 줄이고 사회의 따뜻한 정을 느끼게 하기	
이웃 돕기의 대상	○ 이웃을 도와야 할 대상에 대하여 알아보기 　● 양로원, 고아원, 영아 보육원, 장애인	
이웃 돕기 방법	○ 이웃 돕기 방법에 대하여 협의하기 　● 성금 모으기, 용돈 절약 등	○ 있는 사람보다 없는 사람들이 이웃 돕기에 열성적인 사례를 통해 이웃 돕기의 참된 태도를 알게 한다.
이웃을 돕는 사람의 태도	○ 이웃을 돕는 사람이 가져야 할 태도 　● 마음에서 우러나는 진정한 마음 갖기	
다짐하기	○ 협의한 내용을 마음에 새기고, 실천 의지를 다지기	

내가 하고 싶은 일(민주 시민)

1 **활동 목표**
- 평소에 하고 싶던 이야기를 대화의 광장을 통해 말할 수 있다.
- 교장, 교감 선생님과의 대화에서 솔직하게 말할 수 있다.

2 **활동 내용**
- 교장·교감 선생님께 평소에 하고 싶은 이야기 말하기
- 교장·교감 선생님 말씀 듣기(진학 문제, 인생 설계 등)

3 **준비물**
- 회의록

4 **활동의 실제**

활동 과정	활동 내용	자료 및 유의점
올바른 대화에 대해서 이해하기	○ 올바른 대화에 대한 의견 교환하기 • 바르게 묻고 대답하기 • 긍정적으로 묻고 대화하기	
교장·교감 선생님과의 대화	○ 교장·교감 선생님께 평소하고 싶은 이야기를 하기 • 학년 간의 어려움이나 갈등 • 개인적으로 궁금한 사항들 • 급식 문제, 청소 문제 • 친구 간의 갈등 문제 • 기타, 건의 사항 등을 말하기 ○ 교장·교감 선생님 말씀 듣기 • 학교에서의 생활 • 친구 간의 우정 • 건의 사항에 대한 답변 등	○ 질서를 잘 지켜 말한다. ○ 대화를 할 때는 솔직하고 진지하게 말하는 태도와 말하는 사람을 바라보면서 중요한 내용은 메모하며 듣는 태도를 지도한다.
정리하기	○ 회의에서 결정된 사항은 꼭 실천하기 • 제기된 문제점 반복 실수하지 않기 • 대화에 참여해 주신 분께 감사하기 • 나의 생활 태도 반성하기	

제2장 | 적응 활동

1. 적응 활동의 개요

가. 적응 활동의 성격

적응이란 단지 변화하는 환경에 순응하는 것만이 아니라 창의적으로 개척하는 적극적 의미를 포괄하는 활동이다. 변화와 적응의 관점에서 보면, 사회 변동이 완만하던 과거에는 적응이 이전 사회의 안정적 사회질서를 반영하는 개념이었으나 현대에는 사회 변화가 급속도로 빨라지고 있으며, 앞으로 그 속도는 더욱 증가할 것이다. 현대 사회는 과거에는 경험하지 못했던 여러 가지 사회의 난제들을 야기하므로 사람들은 더욱 고조된 심적 불안과 긴장, 그리고 갈등을 경험하고 있다. 따라서 사람들은 심적 평형 상태를 유지하기 위해서 내적, 외적 변화에 대해서 적절하게 대응하게 된다.

한편 성장과 적응의 관점에서 보면, 인간이라는 유기체는 자신의 잠재력을 최대한 발휘하고자 하는 경향을 갖고 있다. 자아실현의 경향은 모든 사람들이 지금까지 인식해 온 것보다 더 높은 성장 가능성을 갖고 있음을 전제한다. 이를 최대한 발현할 수 있도록 조장하는 것이 곧 교육의 역할이고, 특별 활동의 적응 활동의 지향인 것이다.

적응 활동은 변화를 적극적으로 주도함과 동시에 인간으로서의 잠재력을 충분히 발휘, 실현할 수 있도록 적극적으로 지원해 주는 의도적 활동인 것이다.

나. 적응 활동의 특징

적응 활동은 특별 활동의 하위 세부 영역으로서 인간이 인간답게 살아갈 수 있는 전인적 소양을 함양하는 데 초점을 맞춘다. 특히 교과에서 지식 면에만 치중하여 전인적 성장을 경시하는 경향이 있는데, 이를 교육적으로 접근하여 변화와 발전을 능동적으로 주도하고 집단적, 전인적 성장을 도모하는 활동인데, 그 특징을 요약하면 다음과 같다.

첫째, 적응 활동은 개인의 전인적 발달과 성장을 도모하는 활동이다.

둘째, 적응 활동은 특별 활동의 타 영역에 비하여 상대적으로 개인적인 활동이다. 다만, 상황에 따라서는 집단 활동과의 연계가 바람직하다.

셋째, 적응 활동은 기본 생활 습관 형성에 관심을 갖는다.

넷째, 적응 활동은 원만한 교우 관계 형성 등 인간관계의 중요성을 강조한다.

다섯째, 적응 활동은 상담을 통하여 개인의 문제를 해결하고 심리적 성장을 돕는 데 중점을 둔다.

여섯째, 적응 활동은 한 개인의 삶의 의미와 생존을 규정짓는 진로 결정을 돕는 데 강조점을 두고, 개인의 정체성 확립과 심성 계발을 강조한다.

다. 적응 활동의 지도 원리

적응 활동은 바람직한 집단 활동의 참여를 통하여 학교생활에 잘 적응할 수 있게 하고, 자신의 문제를 능동적으로 해결할 수 있는 능력을 길러 줌으로써 건강한 인간으로 성장하도록 돕는 활동이다. 적응 활동의 지도 원리를 요약하면 다음과 같다.

첫째, 적응 활동은 집단 속에서 더불어 살아가는 개인으로서의 자기 발견과 성장에 중점을 두고 지도되어야 한다.

둘째, 적응 활동은 교과 활동뿐만 아니라 특별 활동의 타 영역과 통합적으로 운영되어야 한다. 적응 활동은 교과, 재량 활동, 기타 학교의 모든 교육 활동과 통합적으로 지도되어야 한다.

셋째, 학생들의 발달 단계에 알맞게 적응 활동의 교육과정을 편성·운영하고 지도하여야 한다. 저학년에서는 기본 생활 습관 형성, 친교 활동을 중심으로 하고, 고학년에서는 상담·진로 활동, 정체성 확립 활동 등을 강조하여야 한다.

넷째, 적응 활동의 과정에 가정과 지역 사회의 도움이 필요할 때에는 그때마다 협조를 구하여야 한다. 적응 활동에서는 그 효과를 극대화하기 위해서 학교와 가정, 지역 사회 등이 삼위일체가 되어야 한다.

라. 적응 활동의 지도상의 유의점

적응 활동이 바람직하게 운영되기 위해서는 적응 활동의 각 하위 영역의 특성, 학생의 발달 수준과 개별 활동의 지도 단계 등을 고려하고 지역 특성과 학교의 실정에 알맞은 구체적인 활동이 적합하게 설정되어야 한다. 적응 활동 지도상의 유의점을 제시하면 다음과 같다.

첫째, 지역과 학교의 실정에 따라 자율적으로 다양한 프로그램을 개발, 운영하여야 하고, 전 과정에 학생들의 적극적 참여를 유도해야 한다.

둘째, 교과 활동, 재량 활동 등과 통합, 연계적·지속적으로 지도해야 한다.

셋째, 적응 활동은 일반적으로 학급 중심으로 이루어지나, 소집단, 동 학년, 학교 단위 등 다양한 집단 활동이 이루어지도록 해야 한다.

넷째, 활용 가능한 학부모, 자원 인사, 시설, 기관 등을 적절히 활용해야 한다.

2. 적응 활동 지도의 실제

가. 지도 중점

〈표 14〉 적응 활동 지도 중점

영 역	지도 중점
기본 생활습관 형성 활동	○ 바른 생활 습관 형성을 위해 장기간 반복 지도한다. ○ 실생활 체험 중심으로 지도한다. ○ 칭찬과 격려로 만족감을 얻을 수 있게 지도한다. ○ 개인차를 고려하여 지도한다. ○ 기본 생활 습관의 교정은 학생 스스로 교정해 가도록 동기를 제공해 주어야 한다.
친교 활동	○ 개별 학생의 발달적 특성을 고려하여 계획 운영한다. ○ 새로운 환경에 익숙하도록 돕는 과정임을 강조한다. ○ 바른 가치관과 태도를 형성할 수 있도록 다양한 경험을 제공한다. ○ 폭넓은 교우 관계를 맺도록 친교의 기회를 다양하게 마련한다. ○ 기본 생활 습관 형성, 상담, 진로 및 정체성 확립 활동이 유기적인 관계를 맺도록 지도한다.
상담 활동	○ 학생과 교사 간의 신뢰 관계가 형성되도록 한다. ○ 부모와 교사 간의 긴밀한 협조 관계를 갖도록 한다. ○ 학생 개개인의 이해를 위한 기초 자료와 발달 과정표를 작성하여 상담에 활용한다.
진로 활동	○ 학생들이 자신의 적성, 인성, 흥미, 능력 등을 정확히 이해하도록 도와준다. ○ 다양한 직업의 역할과 직업의 세계를 이해하도록 돕는다. ○ 학생들이 자신의 흥미와 적성에 관한 인식을 통하여 자신에게 적합한 진로를 탐색하도록 한다. ○ 일과 직업에 대한 건전한 가치관 및 태도를 형성하도록 돕는다.
정체성 확립 활동	○ 정체성 확립을 위한 태도를 익히게 한다. ○ 효과적인 인간관계의 기본적인 태도를 기르도록 한다. ○ 집단 활동을 통하여 자기 자신을 자유롭게 표현할 수 있는 기회를 갖게 한다. ○ 타인에 대한 이해의 폭을 넓혀 주고, 학급 활동에 적극 참여하게 하여 원만한 인간관계 속에서 공동체 의식이 길러지도록 한다.

나. 지도 시간 배당

〈표 15〉 적응 활동 시간 배당

영 역	활동 영역	초등학교						중학교			고등학교		
		1	2	3	4	5	6	1	2	3	1	2	3
기본 생활 습관	예절	2(1)	1(1)	·	·	1	·	·	·	·	·		
	준법	1	1(1)	·	·	·	·	1	1	1	1		
	질서	2	1	1(1)	1	(1)	1	1	1	1	1		
	절제	1(1)	1	·	·	1	·	·	·	·	·		
	청결	1(1)	1(1)	·	·	·	·	·	·	·	·		
	정리 정돈	1	1	(1)	·	·	1	·	·	·	·		
	근검절약	1	1	·	1	(1)	(1)	(1)	(1)	(1)	(1)		
	자립	1	1	·	(1)	(1)	1	1	1	1	1		
친교 활동	축하회	2(1)	1	1(1)	·	·	(1)	·	·	·	·		
	위로회	1	1	1	(1)	(1)	·	(1)	(1)	(1)	(1)		
	친목회	·	·	·	(1)	1	·	·	·	·	·		
	사제동행	·	·	1(1)	1	1	(1)	1	1	1	1		
상담 활동	학습	2	(1)	1	1	(1)	(1)	1	1	1	1		
	건강	1	·	·	(1)	(1)	·	·	·	·	·		
	교우	·	·	·	(1)	1	1	1	1	1	1		
	부서 선택	·	·	·	1	·	(1)	(1)	(1)	(1)	(1)		
	여가 활동	·	·	·	1	·	1	1	1	1	1		
	개인 문제 상담	·	1	·	1	·	1	1	1	1	1		
진로 활동	직업세계 이해	·	·	·	(1)	(1)	(1)	1	1	1	1		
	진로 인식	·	·	·	·	1	(1)	1	1	1	1		
정체성 확립 활동	자기 이해	·	·	·	1	1	1	1	1	1	1		
	심성 계발	·	·	·	(1)	1	1	1	1	1	1		
계		15(4)	11(4)	5(4)	8(7)	8(7)	8(7)	12(3)	12(3)	12(3)	12(3)		

다. 연간 운영 계획 (안)

〈표 16〉 적응 활동 연간 운영 계획

학기	월	주	활동 내용	대상 학교급 학년						관련 영역				
				초등 1~2	초등 3~4	초등 5~6	중 1~2	중 3	고 1~3	기본 생활	친교	상담	진로	정체성
1학기	3	2	질서	○	○	○	○		○	○				
		3	정리 정돈	○	○					○				
		4	개인 문제		○		○					○	○	
		5	청결	○	○					○				
	4	6	예절	○	○				○	○				
		7	사제동행				○	○	○		○			
		8	청결	○	○					○				
		9	근검절약	○	○		○			○				
	5	10	직업 세계 이해					○					○	
		11	예절	○						○				
		12	절제	○	○				○				○	
		13	준법	○	○					○				
	6	14	진로 인식					○	○				○	
		15	자립	○					○	○				
		16	친목회						○		○			
		17	학습	○		○						○		
	7	18	자기 이해				○	○						○
		19	질서	○						○				
	8	20	청결	○	○					○				
		21	클럽 선택					○						
2학기	9	1	질서	○	○	○	○		○	○				
		2	정리 정돈	○	○				○	○				
		3	심성 계발					○	○					○
		4	교우					○	○			○		
	10	5	예절	○	○			○		○				
		6	사제동행				○	○	○		○			
		7	청결	○	○					○				
		8	근검절약	○	○		○			○				
	11	9	축하회	○	○	○					○		○	
		10	여가 활용					○				○		
		11	절제	○	○			○				○		
		12	준법	○	○					○				
	12	13	진로 인식					○	○				○	
		14	건강	○								○		
		15	친목회						○		○			
		16	학습	○		○						○		
	2	17	자기 이해						○					○
		18	위로회	○	○	○			○		○			

3. 적응 활동 지도안

바르게 식사하기

◎ 활동 목표: 일상생활에서 올바른 식사 예절을 알고 실천할 수 있다.

학습 과정(요소)	활동 내용	자료 및 유의점
식사 중 어른 말씀 말하기	○ 식사 중에 어른으로부터 들은 이야기 말하기 • 골고루 먹기, 소리 내지 않기, 흘리지 않고 먹기, 남김없이 먹기, 숟가락과 젓가락 바르게 사용하기 ○ 나의 식사 습관 말하기 • 골고루 먹지 않음 • 손을 씻지 않고 음식을 먹음 • 소리를 내면서 음식을 먹음 등	○ 식사 중에 자신의 고쳐야 할 점을 인식시켜 준다.
식사 전, 중, 후 지켜야 할 예절	○ 식사 전에 지켜야 할 예절 말하기 • 손을 깨끗이 씻기 • 두꺼운 겉옷은 벗어 놓기 • 어른이 계실 때는 먼저 식사하지 않기 ○ 식사 중의 예절 • 소리 내어 먹지 않기 • 여러 가지 반찬을 골고루 먹기 • 남기지 않고 먹기 • 음식이 다른 곳에 묻지 않도록 하기 ○ 식사 후에 지켜야 할 예절 • 식사 후에 트림하지 않기 • 흘린 음식은 깨끗이 정리하기 • 어른이 식사를 마친 후 숟가락, 젓가락 내려놓기	○ 다른 사람에게 피해를 주지 않는 것이 식사 예절임을 주지시켜 준다.
서양식 식사 예절	○ 서양식 식사 예절 • 상차림이 다름 • 식당 종업원의 주문받는 방법이 다름 • 나이프와 포크 사용 • 빵과 고기가 주식	○ 바른 식사 예절을 습관화하도록 지도한다.
올바른 식생활	○ 올바른 식생활 실천 의지 다지기	

반갑게 인사해요

◎ 활동 목표: 때와 상황에 맞는 인사 방법을 알아보고 행동으로 나타낼 수 있다.

학습 과정(요소)	활동 내용	자료 및 유의점
동기 유발	○ 인사 노래 부르기 • 노래가 끝나면 짝꿍과 인사 주고받기 • 인사를 잘 하여 칭찬받았던 경험 이야기하기 ○ 인사하는 때 발표하기 • 인사는 언제 하나? – 사람을 만났을 때 한다. – 헤어질 때 한다. 등	○ 흥겹게 율동을 하며 부르게 한다.
학습 목표 파악	○ 자료 제시하기 • 인사에 관련된 자료를 제시한다. • 선생님이 보여 주는 자료를 보니 이번 시간에 공부할 것은 무엇인지 발표해 보세요. – 인사에 관한 것이다.	○ PPT, VTR 사진 자료 등 ○ PPT 자료
학습 목표 확인 학습 방법 안내	○ 때와 상황에 맞는 인사 방법을 알아보자. ○ 학습 방법 및 순서 알기 • 각 학습 활동의 유의점 알기 ○ 인사 예절의 종류 알기 • 목례, 보통 경례, 정중한 인사, 거수경례, 절, 악수	
인사 예절의 종류	○ 때에 맞는 인사 예절 • 아침에 만났을 때 – "～안녕히 주무셨습니까?" • 점심에 만났을 때 – "～안녕하십니까?" • 저녁때 만났을 때 – "～안녕하십니까?" • 만났다가 헤어질 때 – "～안녕히 가십시오."	○ 실연을 통해 인사 예절의 종류를 알아본다.
때와 장소에 맞는 인사 예절	○ 장소에 알맞은 인사 예절 • 실내에서 인사할 때 • 길거리나 건물 통로에서 인사할 때 • 복도에서 인사할 때	

학습 과정(요소)	활동 내용	자료 및 유의점

상대에 맞는 인사 예절 특별한 경우의 인사	○ 할아버지, 할머니, 부모님, 선생님, 이웃 어른, 친구, 자기보다 어린 사람에 대한 인사
	○ 감사하는 마음을 나타내어야 하는 경우의 인사
	  • 선물을 받았을 때
	  • 칭찬을 받았을 때
	  • 위로를 받았을 때
	○ 미안한 마음을 나타내어야 하는 경우의 인사
	  • 남에게 폐를 끼쳤을 때
	  • 잘못했을 때
		○ 흥겹게 율동을 하며 부르게 한다.
		
		○ PPT, VTR 사진 자료 등

인사하기	○ 이럴 때는 어떻게 해야 할까요?
	  • 상황에 맞는 인사말 하기
	  • 10명이 한 조가 되어 걷기
	  • 이야기에 맞추어 걷다가 이야기가 끝나면 두 사람씩 마주 보기
	  • 제시한 카드를 보고 상대방에게 알맞은 인사말 하기
		○ PPT 자료

인사말 카드놀이	○ 바르게 인사해요
	  • 그림 카드와 인사말 카드를 바닥에 엎어 놓기
	  • 가위바위보를 해서 놀이의 순서 정하기
	  • 그림과 인사말이 맞으면 따라 해 본 후 카드를 갖고 다른 경우에는 제자리에 엎어 놓기
	  • 누가 카드 많이 가졌나 게임 하기
		○ 실연을 통해 인사 예절의 종류를 알아본다.

역할 놀이	○ 역할 놀이 하기 • 조별로 역할을 정해서 소품을 이용하여 재미있게 꾸미고 상황을 만들어 서로 보며 인사하기	
말 주머니 놀이	○ 말 주머니에 알맞은 말 넣기 • 상황, 표정, 말씨, 자세에 관한 말 주머니에 알맞은 낱말 넣기	
인사 예절	○ 제자리에 정리하고 옆 사람과 헤어지며 인사하며 자리에 앉기 ○ 옆 사람과 만났을 때 인사말 하기 ○ 각 활동별 학습 결과 발표하기 및 학습 정리 ○ 상황에 맞는 인사 예절 발표하기 • 상황에 따라 인사하는 방법이 다름	

전화 놀이

◎ 활동 목표: 전화의 올바른 사용 방법을 알고 바르게 사용할 수 있다.

학습 과정(요소)	활동 내용	자료 및 유의점
동기 유발	○ 전화를 사용해 본 이야기하기 • 친구와 나눈 이야기 실제 해 보기 • 고마웠던 일 이야기하기 • 급할 때 사용한 이야기하기	○ VCR 자료.
학습 목표 찾기 여러 가지 통화의 예	○ 화면을 보고 생각한 것을 발표해 보기 ○ 발표한 내용을 정리하여 공부할 문제를 찾아보기 • 전화를 바르게 걸고 받아 보기 • 전화가 잘못 걸려 왔을 때 • 상대편이 찾는 사람이 없을 때 • 통화가 끝났을 때	○ 사진 자료 실물 화상기
전화 예절	○ 전화를 걸 때와 받을 때의 예절을 알아보기 • 전화번호를 확인한다. – 버튼을 정확히 누른다. • 신호가 가면 자신을 밝힌다. • 수신자와 용건만 간단히 말한다. ○ 예절을 지키지 않을 때 어떻게 되는지 생각하기 • 1조: 공중전화 사용 • 2조: 장난 전화 • 3조: 동전 전화 • 4조: 카드 전화 • 5조: 휴대폰	○ 실전화기 모형 전화기 조별로 활동한다 ○ 스티커, 그림 자료 ○ 전화 통화 시에 용건만 간단히 말하게 유도한다.
학습 내용 발표	○ 조에서 정리된 내용을 발표하기 ○ 토의된 예절을 실제로 해 보기 • 조별로 조장을 중심으로 전화를 걸기와 받기, 공손하게 말하기, 어른을 찾을 때 말하기 등을 실제로 하기 ○ 전화 놀이 하기 • 친구의 아버지가 전화를 받았을 때 • 어머니가 안 계실 때 어머니를 찾는 전화가 왔을 때 • 잘못 걸려 온 전화였을 때	○ 2명이 짝을 이루어 실시한다.
학습 정리	○ 예절을 잘 지킨 친구에게 칭찬하기	

바른 자세 방법 알기

◎ 활동 목표: 여러 가지 바른 자세 방법을 알고 실천할 수 있다.

학습 과정(요소)	활동 내용	자료 및 유의점
자세 경험에 대해 말하기	○ 여러 가지 자세에 대한 경험 말하기 • 책을 읽는 자세 • 글씨 쓰는 자세 등	
공부 자세	○ 일상생활을 하면서 지켜야 할 올바른 자세 알기 • 공부할 때의 바른 자세 - 머리를 바르게 하고 앞을 바라보기 - 허리를 곧게 펴기 - 의자 안쪽 깊숙이 편안한 자세로 앉기 - 손을 자연스럽게 무릎 위에 놓기	○ 바른 자세 모습 사진 자료
책 읽는 자세	• 바른 자세로 책 읽기 - 가슴을 펴고 곧게 앉아 두 손으로 책 잡기 - 눈과 책 사이는 약 30㎝ 정도 거리 두고 읽기 - 허리를 곧게 펴고 읽기	
글씨 쓰는 자세	• 글씨 쓸 때의 바른 자세 알아보기 - 공책을 오른쪽에 놓기 - 고개를 약간 숙인 자세로 쓰기	○ 교사가 직접 실습을 통해 지도하기
서는 자세	• 바르게 서는 자세 - 머리를 바르게 하고 앞 바라보기 - 허리를 곧게 펴기 - 팔을 자연스럽게 양옆으로 내리기 - 주먹을 쥐듯이 손가락을 가볍게 쥐기 - 양쪽 팔꿈치를 붙이고 발끝을 약간 벌리기	
물건 드리는 자세	• 웃어른께 여러 가지 물건을 바르게 드리기 - 두 손으로 공손하게 드리기 - 받으시는 분이 편리하게 드리기	○ 바른 자세의 생활화에 역점 두기
자세 왕 뽑기	○ 바른 자세를 시연해 보고 자세 왕 뽑기 • 책 읽는 자세 • 물건 드리는 자세 등	
바른 자세의 좋은 점	○ 바른 자세의 중요성 말하기 • 보기에 좋음, 쉽게 피로하지 않음, 신체가 바르게 자람	

학교 규칙 지키기

◎ 활동 목표: 학교에서 지켜야 할 규칙을 알고 실천할 수 있다.

학습 과정(요소)	활동 내용	자료 및 유의점
무질서한 경험 말하기 및 모습 시청하기	○ 학교에서 질서를 지키지 않았던 경험 발표하기 ● 교실에서 · 급식실에서 ● 학교 버스에서 · 수돗가에서 ○ 학교 규칙을 잘 지키지 않는 예 알아보기 ● 급식하러 갈 때 뛰어감 ● 수돗물을 틀어 놓고 그냥 감 ● 놀이기구에서 위험한 장난을 함 ○ 화면을 보고 생각한 것을 발표해 보기	○ 경험한 일을 중심으로 말하도록 함
규칙을 지켜야 하는 이유	○ 학교에서의 규칙을 지켜야 하는 이유 토의하기 ● 사고의 위험이 생김 ● 모두가 불편한 일이 생김 ● 시간이 많이 걸림 ● 서로 다투는 일이 생김	
학교 규칙 종류 알아보기	○ 학교에서 지켜야 할 규칙 알아보기 ● 복도, 계단, 신발장, 급식실, 교실, 운동장, 수돗가, 조회 ● 학교버스 승하차, 화장실, 놀이시설	○ 규칙의 의미를 이해시켜 줌
여러 가지 규칙 알기	○ 그 밖에 지켜야 할 규칙 알아보기 ● 창에 올라가지 않기 ● 위험한 물건 가지고 놀지 않기 ● 약한 사람 괴롭히지 않기 ● 다른 사람의 물건에 함부로 손대지 않기 ● 다른 교실에 함부로 들어가지 않기	
규칙 시연하기	○ 소집단별로 여러 가지 학교 규칙을 실제로 해 보기 ● 복도 통행하기 · 배식할 때 줄 서기 ● 신발 바르게 놓기 · 교실에서 뛰지 않기 ● 화장실 사용하기 · 놀이 시설 이용하기	○ 조별 평가표
규칙 지키기 평가하기	○ 규칙을 잘 지킨 친구에게 칭찬하기 ○ 소집단별로 반성해 보고 자기 평가하기	

시간 절약 생활하기

◎ 활동 목표: 하루 시간의 효과적인 사용 계획을 세워 실천할 수 있다

학습 과정(요소)	활동 내용	자료 및 유의점
늦잠을 잔 경험 말하기	○ 학교생활 중 늦게 일어나서 생겼던 일에 대하여 말하기 • 선생님께 꾸중을 들음 • 학습 준비물 제대로 챙기지 못함 • 학교에 지각함	○ 부지런한 생활에 대한 예화를 들려 준다.
늦잠을 잔 이유 말하기	○ 늦잠을 자게 되는 이유에 대하여 말하기 • 집안에 행사가 있었음 • 늦게 자는 습관이 있었음 • 텔레비전을 늦게까지 봄	
시간을 아껴 써야 하는 이유 말하기	○ 시간을 아껴야 하는 이유에 대하여 알아보기 • 맡은 일을 올바로 할 수 있음 • 지나간 시간을 되돌려 쓸 수 없음 • 규칙적인 생활을 할 수 있음	
하루 생활 반성하기	○ 자신의 하루 생활 계획을 세워 보고 반성하기 • 일어나서 등교 전 생활 • 등교한 후 학교생활 • 하교 후 저녁 전 생활 • 저녁 식사 후 잠자리 들기 전 생활	○ 기억에 남는 일을 중심으로 바로 세우도록 한다.
생활 계획 수립하기	○ 반성한 내용을 바탕으로 하루의 생활 계획표를 자세히 세우기 • 실천 가능한 계획 세우기 • 하루 중 가장 중요한 일을 중심으로 계획 세우기 • 토요일, 일요일, 공휴일과 구별하여 계획 세우기 • 가족과 상의해서 계획 세우기	○ 자신의 생활에 알맞게 계획을 세우도록 한다.
	○ 자기 생활 반성표 작성하기 • 일찍 자고 일찍 일어나기 • 과제 학습 하기 • 취미활동 하기 등	○ 자기 생활 반성표
시간 절약 생활 반성하기	○ 하루의 시간 절약 생활 반성하기 • 잘한 행동과 잘못한 행동의 원인 생각해 보기	

몸을 깨끗이 하기

◎ 활동 목표: 자신의 몸을 깨끗이 하는 방법을 알고 실천할 수 있다

학습 과정(요소)	활동 내용	자료 및 유의점
몸이 불결했던 경험 말하기	○ 몸을 깨끗이 하지 않아서 창피했던 경험 말하기 • 선생님께서 용의검사를 할 때 얼굴이 붉어짐 • 몸에서 냄새가 나서 친구에게 놀림을 받음 • 피부병에 걸려서 고생함	○ 용의가 단정해야 하는 이유를 들려준다.
몸 청결을 위해 할 일	○ 자신의 몸을 깨끗이 하기 위해 할 일 말하기 • 목욕 자주 하기 • 손톱과 발톱을 짧게 깎기 • 속옷 자주 갈아입기 • 외출 후 돌아와서 이 닦고, 세수하고, 손발 씻기	
청결 방법	○ 검소하고 깨끗한 옷차림 하기 • 옷은 자주 빨아 입고 깨끗이 하기 • 떨어진 단추는 달고 찢어진 옷은 손질하여 입기 • 땀에 젖은 옷은 바로 갈아입기 • 치마나 바지의 길이가 적당한 것 입기 ○ 손 씻는 방법 익히기 ○ 발 씻는 방법 익히기 ○ 목욕하는 방법 알기	○ 단정한 옷차림 모습 사진 자료
올바른 이 닦기 방법	○ 올바른 칫솔질 익히기(이 닦기: 3-3-3법) • 하루 세 번 아침, 점심, 저녁 식사 후에 이 닦기 • 식후 3분 안에 이 닦기 • 3분 동안 칫솔질하기	○ 칫솔질 방법도 지도하여 잇몸이 상하지 않도록 주의시킨다.
몸 청결 실습	○ 몸 청결을 위한 실습하기 • 이 닦기 • 손, 발 깨끗이 닦기 • 손톱, 발톱 깎기	○ 칫솔, 물 컵, 치약, 손톱깎이, 대야 등
몸을 깨끗이 하면 좋은 점	○ 몸을 깨끗이 하면 좋은 점 말하기 • 몸에 병이 생기는 것을 방지할 수 있음 • 몸이 깨끗하면 기분이 좋아짐 • 다른 사람에게 피해를 주지 않음	

학교 주변 깨끗이 하기

◎ 활동 목표: 학교 주변을 깨끗이 하는 방법을 알고 실천할 수 있다.

학습 과정(요소)	활동 내용	자료 및 유의점
학급 환경 점검	○ 교실 주변의 청결 상태를 점검하고 말하기 　● 교실 바닥, 복도, 쓰레기통, 먼지 등 ○ 학교 주변에서 깨끗이 해야 할 곳 말하기 　● 교실, 운동장, 화장실, 놀이터	○ 갑작스럽게 청결 상태를 점검해 본다.
학교 주변 쓰레기 종류 알기	○ 학교 주변의 쓰레기 종류 알아보기 　● 휴지, 과자 봉지, 우유 갑, 낙엽 등 ○ 학교 주변에서 청결히 해야 할 곳은 어디인지 알아보기	
학교 주변을 깨끗이 해야 하는 이유	● 교문 앞, 울타리, 운동장, 교실 주변 ○ 학교 주변을 깨끗이 해야 하는 이유 말하기 　● 주변이 자연과 더불어 더욱 아름다워 보임 　● 환경오염을 예방할 수 있음 　● 학교에 대한 자부심을 가질 수 있음	
학교 주변을 깨끗이 하는 방법	○ 학교 주변을 깨끗이 할 수 있는 방법 조별 토의하기 　● 아침 봉사 활동 실시 　● 쓰레기 버리지 않기 　● 실외 담당 구역 청소 활동 잘하기 　● 정기적으로 자연 보호 활동 전개 　● 쓰레기를 분리하여 버리기	○ 경험을 중심으로 토의하도록 지도한다.
학교 주변 청소하기	○ 학교 주변의 취약한 부분 청소하기 　● 담 밑, 울타리 나무 사이 잡초, 쓰레기 제거 　● 외부 화장실 주변 정리 정돈하기 　● 쓰레기장 주변 깨끗이 정리 정돈하기	○ 마당비 등
청소한 후의 느낌	○ 새로운 각오로 청소한 느낌 말하기 　● 기분이 상쾌함 　● 주변이 깔끔하여 보기 좋음	
청결에 대한 바른 태도 갖기	○ 생활 주변을 청결히 하려는 의지와 태도 갖기 　● 자기 스스로 하기 　● 한꺼번에 하지 말고 수시로 하기 　● 작은 일이라도 실천하기	

나의 물건 정리 정돈하기

◎ 활동 목표: 나의 물건을 정리 정돈하는 방법을 알고 스스로 정리 정돈 할 수 있다.

학습 과정(요소)	활동 내용	자료 및 유의점

정리 정돈해야 할 곳	○ 우리 교실 물건들의 정리 정돈 상태 말하기
	○ 우리들이 정리 정돈해야 할 곳에 대하여 말하기
	   ● 교실: 신발장, 사물함, 책상 속, 교실 진열품
	   ● 집: 책꽂이, 이부자리, 장난감, 옷 등
		○ 교실 현장을 직접 보고 말하게 한다.

정리 정돈의 필요성 말하기	○ 정리 정돈의 필요성에 대하여 말하기
	   ● 보기가 좋음
	   ● 다시 사용할 때 손쉽게 찾을 수 있음
	   ● 주변이 깨끗해져 기분이 상쾌함	

정리 정돈의 방법 알기	○ 정리 정돈 방법 알기
	   ● 책상, 서랍의 정리 정돈 방법
	     －자주 쓰는 것과 그렇지 않은 것
	     －종류별 분류하여 정리
	   ● 책꽂이 정리 정돈 방법
	     －책의 종류, 책의 크기, 책 사용량에 따라 정렬
	   ● 옷이나 옷장 정리 정돈 방법
	     －종류별, 계절별 구분 정리
	   ● 장난감 정리 정돈 방법
	     －상자에 종류별로 분류하여 정렬
	   ● 이부자리 정리 정돈 방법
	     －이불장에 잘 개어 넣기
		○ 교실 물건을 중심으로 정리 정돈 방법을 직접 체험시키는 것이 좋다.
		
		○ 각종 학용품
		
		○ 스스로 정리하도록 함

정리 정돈 계획
정리 정돈 실습하기
	○ 나의 집과 교실의 정리 정돈 계획 세우기
	○ 교실 정리 정돈 실습하기
	   ● 개인 물품 정리(책상 서랍, 사물함, 작품집, 파일집, 신발 등)
	   ● 교실 정리 정돈 활동
	   ● 여러 가지 물건의 정리 정돈	

정리 정돈 마음 자세 말하기	○ 정리 정돈을 잘 하기 위한 마음 자세 말하기
	   ● 자기 일은 자기 스스로 하기
	   ● 물건 사용 후 반드시 그 자리에 놓기	

학용품 아껴 쓰기

◎ 활동 목표: 학용품을 아껴 쓰는 방법을 알고 실천할 수 있다.

학습 과정(요소)	활동 내용	자료 및 유의점

학용품 점검	○ 교실에 있는 자신의 학용품을 살펴보기
	  • 공책, 연필, 지우개, 자 등
	○ 자신의 학용품 상태 말하기
	  • 잘함, 보통, 못함
		○ 여러 가지 학용품

학용품을 아껴 써야 하는 이유	○ 학용품을 아껴 써야 하는 이유 말하기
	  • 물건이 낭비되지 않아 돈을 아낄 수 있음
	  • 자연을 사랑하는 일이 됨
		○ 생활 경험을 바탕으로 토의하도록 한다.

학용품 아껴 쓰는 방법	○ 학용품을 아껴 쓰는 방법 조별로 토의하기
	  • 연필 아껴 쓰는 방법
	   – 너무 길게 깎지 않기
	   – 함부로 떨어뜨리지 않고 소중히 다루기
	   – 몽당연필도 끝까지 잘 사용하기
	  • 공책 아껴 쓰는 방법
	   – 쪽수를 꼭 쓰고 사용하기
	   – 함부로 찢거나 낙서하지 않기
	   – 빈 공간이 없이 사용하기
	  • 크레파스, 색연필 아껴 쓰는 방법
	   – 이름을 써서 잃어버리지 않기
	   – 사용 후에는 반드시 정리하여 두기
	   – 부러뜨리지 않도록 조심하여 사용하기
	  • 자, 삼각자 사용 방법
	   – 자를 가지고 장난하여 부러뜨리지 않기
	   – 칼과 함께 이용할 때 망가지지 않도록 하기
		○ 여러 가지 학용품

학용품 사용 실습하기	○ 학용품에 이름 쓰기 실습하기 • 자, 삼각자, 연필, 색연필, 크레파스, 칼 등 ○ 공책에 쪽수 쓰기 실습하기	

학용품 사용 마음 자세	○ 학용품 사용에 대한 마음 자세 말하기
	  • 이름을 반드시 쓰기 · 소중히 다루기
	  • 사용이 가능할 때까지 사용하기	

길조심

◎ 활동 목표: 교통안전에 대한 체험을 통해 생활화할 수 있다.

학습 과정(요소)	활동 내용	자료 및 유의점
학교 오는 길	○ 학교 길 주변에 있는 교통 시설과 건물 이야기하기 ○ 인도, 차도, 횡단보도, 육교 등의 교통 시설과 여러 가지 건물에 대해 알아보기 • 사람과 차가 길을 다니는 방법 말하여 보기 • 인도는 사람이 다니고 차도에서 차는 우측으로 다니고 있음 알기	○ 학교 주변 그림지도
교통사고의 발생 원인 알기	○ 교통사고는 왜 일어나는지 발표하기 • 아무 데로나 건너기 때문에 • 차도에서 장난을 하면서 다니기 때문에 • 교통신호나 교통 표지판을 잘 모르기 때문에 • 횡단보도에서 뛰기 때문에 등	○ 교통사고 현장 VCR 자료
올바른 보행 방법	○ 올바른 보행 방법에 대하여 알아보기 • 걸을 때의 소지품에 대하여 생각해 보기 • 인도에서 걸을 때 주의할 일 알아보기 • 인도와 차도가 구분되어 있지 않은 길을 걸을 때 주의할 일 말하기	
여러 사람이 함께 걸을 때의 태도	○ 여러 사람이 함께 걸을 때 위험했던 경험이나 남에게 방해가 되었던 점에 대하여 발표하기 • 한눈팔거나 장난치며 걸었던 경우 생각하기 • 공을 튀기면서 걸어간 경우 생각하기 ○ 여러 사람이 걸을 때의 태도에 대하여 발표하기	
교통사고 예방법	○ 교통사고를 당하지 않으려면 어떻게 해야 하는지 발표하기 • 반드시 횡단보도로 건너기 • 육교나 지하도를 이용하여 건너기 • 건널목, 횡단보도에서 뛰지 않기	
교통안전 교실에서 연습하기	○ 교통안전 교실에서 연습하기 • 인도, 차도 구분이 있는 도로와 없는 도로에서 걷기 • 길모퉁이, 차가 통과하는 곳에서 일시 정지하기 ○ 올바른 보행 속도, 혼자 걷기, 좌측통행하기	○ 교통안전 교실에 가서 실제 상황과 같게 연습하게 한다. ○ 교통표지판

학용품 정리 정돈

◎ 활동 목표: 자기 자리를 바르게 찾고 자기 자리에서 학용품 정리정돈을 잘 할 수 있다.

학습 과정(요소)	활동 내용	자료 및 유의점
학용품을 바르게 사용해야 하는 까닭 알기	○ 학용품을 바르게 사용해야 하는 이유는? • 신체의 성장 발달을 균형 있게 한다. • 학습 효과를 향상시킨다. • 학용품의 낭비를 막는다.	○ 본시뿐 아니라 수시로 지도한다. ○ 바르게 연필 잡는 요령 사진, 연필
연필 사용 방법 바로 알기	○ 연필 사용 방법 말하기 • 심의 끝에서 3cm 정도 되는 곳을 쥐고 쓰기 • 연필과 평면이 이루는 각도가 60°~68° 정도가 되게 하여 쓰기 • 왼손은 80°~90° 정도로 굽히고 손바닥은 평면에 밀착시켜 자세를 바르게 지탱하기 • 엄지 검지 장지로 연필을 잡고 연필심에 너무 힘을 주지 않기 • 몸의 힘을 빼고 편안한 자세로 글씨 쓰기 • 연필을 가끔 돌리면서 쓰기	○ 연필깎이를 교실에 비치하여 쉬는 시간에 사용하도록 한다. ○ 샤프 연필 사용 안 하기 ○ 학습장 연필, 책받침, 정리를 잘한 학습장 견본
학습장 사용 방법 알기	○ 학습장 사용법 • 학습장을 바르게 놓고 쓰기 • 학습장에 쪽수를 써서 사용하기 • 각 쪽의 맨 밑에까지 쓰기 • 항목과 항목 사이는 한 줄 띄어 쓰기 • 줄을 그을 때는 반드시 자를 사용하기 • 학습장의 빈 공간에 낙서하지 않기 • 학교명, 학년, 반, 이름 쓰기 • 도표나 그래프를 붙일 때는 반듯하게 붙이기	
크레파스 사용 방법 알기	○ 크레파스 사용법 • 엄지, 검지, 장지로 크레파스의 아래를 가볍게 쥐고 사용하기 • 지나치게 힘을 주어 부러지지 않게 하기 • 종이 껍질을 알맞게 풀어서 쓰기 • 도화지의 밑에 신문지 등을 깔고 색칠하기 • 크레파스의 상자 갑과 낱개에도 이름을 쓰기 • 넓은 곳을 칠할 때 잡는 법과 선을 그릴 때 잡는 방법 알기 • 긁어내기의 기법 알기	○ 크레파스, 도화지 ○ 크레파스를 사용한 후 쓰레기는 모아 한꺼번에 버린다.

깨끗한 화장실

◎ 활동 목표: 깨끗한 화장실의 필요성을 알고 깨끗하게 활용할 수 있다.

학습 과정(요소)	활동 내용	자료 및 유의점

깨끗한 화장실과 더러운 화장실 비교하기	○ 화장실을 찍은 비디오를 보고 말하기
	  ● 방과 후 남녀 화장실의 모습을 찍은 비디오 보기
	○ 두 화장실을 보고 난 느낌 말하기
	  ● 더러운 화장실은 들어가기 싫다.
	  ● 깨끗한 화장실은 들어가도 괜찮겠다. 등
	  ● 어떤 경우에 화장실이 더러워질까?
	    – 필요한 물건이 없어서
	    – 청소를 안 해서
	    – 사용을 잘 못해서
		○ VCR 자료 비디오
		
		○ 경험을 바탕으로 이야기한다.

화장실이 더러워지는 까닭 알기	○ 화장실이 왜 더러워지는가 말하기
	○ 다음과 같은 경우에 어떻게 할까 이야기하기
	  ● 화장실에 물이 많이 흘러 있을 때
	  ● 청소 용구가 흩어져 있을 때
	  ● 휴지가 없을 때
	  ● 휴지통이 흘러넘칠 때
		○ 알맞은 크기의 목소리로 말한다.

깨끗한 화장실이 되게 우리가 할 일 의논하기	○ 깨끗한 화장실을 위해 우리가 할 일 알아보기
	  ● 화장실 이용법 익히기
	  ● 필요한 물건 준비하기
	  ● 화장실을 자주 청소하기
	  ● 화장실을 아름답게 꾸미기
	○ 우리가 할 일 구체적으로 알아보기
	  ● 청소하기, 휴지 걸기, 수건 걸기
	  ● 비누 두기, 휴지통 비우기 등
		○ 화장실에 가 보고 실제 상황을 알아본다.

역할 분담하기	○ 조별로 역할 나누기
	  ● 자기 조에서 하고 싶은 것 정하기
	  ● 조에서 자기가 맡은 일 정하기
	  ● 자기가 맡은 일 잘 실천하도록 다짐하기
		○ 조별로 의논하여 정한다.

학습 정리	○ 화장실을 깨끗이 사용해야 하는 이유 ○ 실천 계획 짜기 ○ 생활 반성	

교통질서 잘 지키기

◎ 활동 목표: 교통질서 실습을 통하여 교통질서 지키기를 생활화할 수 있다.

학습 과정(요소)	활동 내용	자료 및 유의점
무질서한 경험 말하기	○ 다른 사람이 질서를 지키지 않아 내가 불편했던 일 말하기 • 횡단보도를 건너는데 자동차가 확 지나가서 놀람 • 차도에서 자전거를 타고 다니다가 위험했음	○ 사고 현장 모습 사진 및 VCR 자료
교통질서 준수 이유 말하기	○ 교통질서를 지켜야 하는 이유 말하기 • 혼잡한 것을 막을 수 있음 • 사고로 인하여 부상과 생명을 예방할 수 있음 • 서로 싸우는 것을 막을 수 있음 • 시간을 단축시킬 수 있음	○ 생활 경험을 중심으로 발표 유도한다. ○ 교통 표지판
교통안전 표지판 익히기	○ 교통안전 표지판 기호 익히기 • 보행자 횡단 금지, 보행자 보행 금지, 통행금지 등 • 횡단보도, 보행자 전용 도로, 자전거 횡단 도로 등	

교통질서 실습	○ 학교 앞 횡단보도에 나가 사람들이 지키는 교통질서를 살펴보고 실습을 통해 교통질서를 바르게 지켜보기
	• 보행 질서
	  - 인도로 걷기
	  - 좌측통행하기
	  - 횡단보도로 걷기
	  - 육교나 지하 차도를 이용하기
	• 교통 신호 질서
	  - 신호등 색깔 구별하기
	  - 신호등을 보고 바르게 횡단하기
	• 승·하차 질서
	  - 줄을 서서 차례로 내리고 타기
	  - 차 안에서 조용히 하기
		○ 차도의 위험 상황에 주의하며 실습하도록 한다.

교통질서 준수 자세	○ 교통질서를 잘 지키기 위한 마음 자세 말하기 • 교통 규칙을 잘 알기 • 나부터 먼저 실천에 옮기기	

축하 모임 갖기

◎ 활동 목표: 즐거운 일이 있을 때 서로 축하해 줄 수 있다.

학습 과정(요소)	활동 내용	자료 및 유의점
지난 생활 반성	○ 지난 생활의 잘된 점, 부족한 점, 아쉬운 점, 흐뭇했던 점 등을 돌이켜 말해 보기 • 친구와의 관계 • 학습, 특기, 취미 • 공공 물건 사용 등	○ 일기장
축하회 계획 짜기	○ 축하회 계획 짜기 • 축하회 프로그램 내용 • 축하회 방법 • 축하회 시간, 장소 등	
축하회 준비	○ 축하회를 위한 물리적인 것 준비하기 • 행동 공간 확보 • 과자, 음료수와 같은 약간의 다과	○ 학급 특성에 맞게 준비하도록 한다. ○ 간단한 다과 음식
축하회 개최	○ 사회자의 진행에 따라 축하회 개최하기 • 선생님께 축하회의 목적 듣기 • 친구와 대화 나누기 - 고마웠던 일 - 서운했던 일 - 개인별 장·단점 등 • 자신의 생활 반성하기 • 선생님과의 대화 나누기 - 고마웠던 일 - 서운했던 일 - 부탁하고 싶은 일 • 친구들의 새로운 각오 듣기 - 친구, 학습, 예절, 질서, 공공 물건 사용 등 • 조별 장기 자랑하기 - 준비된 다과는 자연스럽게 먹기 - 노래, 율동, 게임, 퀴즈 활동	○ 축하 모임의 목적 의식을 분명히 알고 시작하도록 한다. ○ 사전에 계획된 사항을 참고하여 실시한다.
새로운 각오	○ 친구의 각오와 자세를 듣고 나와 비교하기	

감사 편지 쓰기

◎ 활동 목표: 선생님께 감사하는 마음의 글감을 골라 글을 쓸 수 있다.

학습 과정(요소)	활동 내용	자료 및 유의점
인상 깊었던 일 말하기	○ 그동안 학교생활을 하면서 인상깊었던 일 말하기 • 즐거웠거나 기뻤던 일 • 슬펐거나 안타까웠던 일	
선생님과 겪은 기억에 남는 일 말하기	○ 선생님과 함께 겪었던 일 중에 기억에 남는 일을 생각하여 말하기 • 현장 체험 학습을 하면서 기억에 남는 일 • 운동회를 하면서 즐거웠던 일 • 학예 발표회 • 공부를 하면서 보람된 일이나 어려웠던 일 등 • 운동장 체육 시간 때의 일 • 음악 시간에 있었던 일 • 아침자습 시간, 쉬는 시간 때의 일 • 비나 눈이 오던 날의 일	○ 행사 모습 사진 비디오 자료 ○ 자유스럽게 말할 수 있도록 한다.
글감 고르기	○ 가장 기억에 남는 일 중에서 알맞은 글감 고르기 • 선생님께 감사하는 마음이 담긴 글감 고르기	
편지글 형식 알기	○ 편지의 형식 알기 • 부르는 말→ 첫인사→ 하고 싶은 말→ 끝 인사→ 쓴 날짜→ 쓴 사람 이름	○ 편지지, 편지 봉투 등
감사의 편지 쓰기	○ 감사의 마음이 담긴 글 쓰기 • 이야기하듯 자연스럽게 쓰기 • 있었던 일을 부담없이 쓰기 • 느낌을 넣어 자세히 쓰기 • 중심 생각이 들어가도록 쓰기	○ 의미가 큰 내용은 강조하여 칭찬해 준다.
편지 내용 발표하기	○ 편지의 내용 발표하기 • 자신의 글과 비교하며 듣기 • 글감의 적절함 • 감사 내용의 확실성	
선생님에 대한 생각	○ 앞으로 선생님께 대한 마음가짐 말하기 • 배움에 대한 고마움 잊지 않기 • 어려움이나 즐거움을 함께 나누기	

체험 현장 탐방하기

◎ 활동 목표: 환경오염 현장을 찾아 조사 활동을 하며 탐구력을 기를 수 있다.

학습 과정(요소)	활동 내용	자료 및 유의점
체험 학습 경험 말하기	○ 학교를 떠난 다른 장소에서 직접 조사하며 공부를 한 경험 말하기 ● 금융기관, 문화 유적지, 정부 기관, 수자원 공사 등	
현장 견학 계획 세우기	○ 현장 견학 학습 활동 계획 세우기 ● 조 편성, 준비물, 활동 장소, 활동 계획 등 ○ 조별 활동 계획 토의하기 ● 역할 분담 정하기 ● 조별 계획서 제출하기	○ 치밀하게 계획을 세우도록 한다.
오염 지역 실태 조사하기	○ 오염 지역 오염 실태 조사하기 ● 주변의 오염 실태 살펴보기 ● 주변의 오염 물질 수집하기	○ 피상적인 조사가 아닌 실질적인 조사가 되도록 한다.
오염 물질 토의하기	○ 오염 물질에 대해 토의하기 ● 수집된 쓰레기를 중심으로 오염 실태 ● 오염된 물질의 성질 이야기하기 ● 오염된 물질이 생물에게 주는 피해 등	○ 여러 가지 관찰 도구 및 필기도구 등
환경오염 예방책 토의하기	○ 환경오염 예방을 위한 대책 토의하기 ● 세제 사용량 줄이기 ● 공장 폐수 버리지 않기 ● 일회용품 쓰지 않기 ● 농약, 비닐 적게 사용하기 ○ 자연 보호 활동 하기 ● 주변의 휴지, 쓰레기 줍기	○ 일정한 날짜에 별도로 작성하고 발표하도록 한다.
체험 보고서 작성하기	○ 현장 체험 활동에 대한 조별 보고서 작성하기 ● 조사 기록한 자료 내용 ● 환경오염에 대해 토의한 내용	
발표하기	○ 작성된 보고서 발표하기 ● 조사 내용이 잘된 점과 잘못된 점 비교하기	
환경 보전 실천 각오	○ 환경 보전의 실천 의지 갖기 ● 환경 보호를 위한 자신의 각오 말하기	

독서 생활화하기

◎ 활동 목표: 독서 생활이 주는 이로운 점을 알고 독서 감상문을 쓸 수 있다.

학습 과정(요소)	활동 내용	자료 및 유의점
기억에 남는 책 말하기	○ 지금까지 읽은 책 중에서 가장 기억에 남는 책의 내용을 간추려 말하기 • 중심 생각이 담긴 줄거리 • 본받을 점이나 느낌	○ 중요한 내용만 간단히 말하도록 한다.
자신의 독서 생활 말하기	○ 자신의 독서 생활에 대하여 말하기 • 좋아하는 책의 종류 • 책을 읽는 정도 • 책읽기를 싫어하는 이유	
독서의 이로움 말하기	○ 독서 생활이 주는 이로움 말하기 • 지식과 정보를 제공해 줌 • 간접 경험을 통하여 생각을 넓혀 줌 • 생활의 지혜를 얻을 수 있음 • 공부하는 데 많은 도움을 줌 • 좋은 교훈을 얻어 생활에 보탬이 됨	○ 독서 생활이 주는 이로움이 담긴 예화를 들려 준다.
독서의 방법 토의하기	○ 독서를 잘할 수 있는 방법 토의하기 • 항상 좋은 책에 대하여 관심 갖기 • 독서 기록장을 만들어 활용하기 • 친구 간에 좋은 책을 서로 권유해 주기 • 독서 감상문이나 독서 일기 쓰기	○ 좋은 독서 관련 안내 자료를 제공한다. ○ 모범 독서 감상문
독서 감상문 쓰는 요령 알기	○ 독서 감상문 쓰는 요령 알기 • 중요한 내용은 기록하기 • 생각이나 느낌 위주로 생활과 관련지어 쓰기 • 과장하여 쓰지 않기 • 편지, 일기, 만화, 포스터 등의 다양한 형태로 쓰기	
독서 감상문 쓰기 및 발표하기	○ 독서 감상문 쓰고, 독후감 발표 대회 실시하기 • 중요한 부분을 강조하며 발표하기 • 잘된 점과 잘못된 점 발표하기 • 독서 감상문 쓰기 왕 선발하여 칭찬하기	○ 적절한 보상을 해 준다.
독서 생활 태도	○ 앞으로의 독서 생활 태도 말하기	

내가 하고 싶은 일 하기

◎ 활동 목표: 내가 하고 싶은 일을 글로 나타내어 친구들에게 말할 수 있다.

학습 과정(요소)	활동 내용	자료 및 유의점
훌륭한 인물의 노력한 점	○ 훌륭했던 인물들이 노력했던 점 말하기 • 어려움을 참고 자기의 일을 열심히 함 • 남다른 노력을 함	
좋아하는 것 말하기	○ 자신이 가장 잘하고, 좋아하는 것 말하기 • 취미 생활 중 가장 좋아하는 것 • 가장 흥미 있는 교과	
앞으로 하고 싶은 일 말하기	○ 자신이 자라서 하고 싶은 일 말하기 • 과학자, 운동선수, 선생님, 연예인, 경찰관, 군인 등 ○ 앞으로 하고 싶은 일의 결정에 대한 조별 토의하기 • 자기의 소질과 적성에 맞는 일을 결정 • 친구, 부모님, 선생님의 의견 듣기 ○ 자기 자신이 좋아하는 것, 자신의 특기·적성과 장래의 희망에 대해 기록하기 • 자신의 성격 특성 • 가장 존경하는 인물 • 세상에서 가장 소중한 것 • 자신의 장래 희망	○ 이루지 못할 꿈이 되지 않도록 주의시킨다. ○ 원고지
하고 싶은 일에 대한 글 짓기	○ 자신이 하고 싶은 일에 대해 글짓기 하기 • 처음 부분: 자신이 하고 싶은 일 • 가운데 부분: 꿈이 실현되어 할 일 • 끝맺음 부분: 꿈을 이루기 위해 노력해야 할 점	○ 구체적인 이유를 들어 발표하도록 한다.
발표하기	○ 글짓기 내용 발표하기 • 친구의 꿈과 비교하기 • 허황된 꿈의 내용은 수정 • 보충해 주기	
꿈을 이루기 위해 노력할 점	○ 자신이 하고 싶은 일을 이루기 위해 노력해야 할 점 • 몸을 튼튼히 함 • 자신의 소질을 찾아냄 • 여러 가지 많은 경험을 함 • 공부를 열심히 함	

한 해를 마무리하며

◎ 활동 목표: 한 학년의 교육 활동을 반성하고 새로운 설계를 할 수 있다.

학습 과정(요소)	활동 내용	자료 및 유의점
동기 유발	○ 생활 반성 ○ 생활 경험 이야기하기 • 즐거웠던 일 • 보람 있었던 일 • 어려웠던 일 • 실패했던 일 이야기 • 친구들과 나누었던 우정 확인하기	○ 한 학년도의 생활을 진지하게 반성 하고 새 학년의 새로운 설계를 하게 한다.

일 년 동안의 교육 활동 반성	○ 교육 활동에 대한 반성
	 • 글씨는 바르게 썼는가?
	   – 학습장 정리 상태
	 • 학습 준비물은 잘 챙겼는가?
	   – 수업 참여 태도
	 • 예습 복습은 잘하였는가?
	   – 예습 복습장
	 • 조별 활동(토의)에 적극적으로 참여하였는가?
	   – 발표 횟수 및 발표 시에 목소리의 크기
	 • 스스로 학습 활동을 하였는가?
	   – 아침, 점심, 방과 후 교육 활동
		○ 도움을 주신 분께 감사하는 마음을 갖게 한다. 부모님께 감사하는 마음과 새로운 각오를 다짐하게 한다.

정리 활동	○ 은사님과 부모님께 감사하는 마음 갖기
	○ 반성할 점 정리
	○ 새로운 설계
	 • 부모님께 편지 쓰기
	   – 한 학년도의 반성과 새 학년의 계획, 새로운 다짐을 담은 글
	 • 선생님께 편지 쓰기
	   – 일 년 동안 있었던 일을 생각하며 새 학년에 지킬 일 써 보기
	 • 친구에게 편지 쓰기
	   – 친구와 일 년 동안의 일을 생각하고 우정을 다지는 편지 쓰기
		○ 편지지, 편지봉투, 우표 등

나의 소중한 친구

◎ 활동 목표: 놀이와 일을 통해서 친구에 대한 믿음과 존중하는 마음을 갖는다.

학습 과정(요소)	활동 내용	자료 및 유의점
활동 내용 소개	○ 활동 내용 소개 　● 게임 하기 　● 조별로 공동 작품 만들기 　● 친구와 친하게 지내는 방법 발표하기 ○ 경험 나누기 　● 친구에게 신뢰감을 느낀 경험 　－비밀을 지켜 준 경우, 자신의 고민을 털어놓은 경우 　－격려와 칭찬을 해 준 경우 　－내가 이야기를 할 때 판단하거나 비난하지 않고 그대로 들어 　　줄 때	○ 공감적인 분위기가 되 　도록 유의한다. ○ 게임의 종류를 정하지 　못하면 교사가 안내해 　준다. ○ 도화지, 풀, 가위, 색 　종이, 물감, 크레파스 　등
게임 하기	○ 게임 하기 　● 게임의 종류 정하기 　● 조원이 모두 참여하기 　● 놀이를 한 소감 발표하기	
공동 작품 만들기	○ 공동 작품 만들기 　● 우정을 주제로 한 작품 구상하기 　● 도화지에 각자가 담당할 부분 정하기 　● 협동해서 작품 만들기 　● 작품을 만들면서 재미있었던 일 발표하기 　● 특히 힘들었던 일 발표하기 　● 조별로 작품 발표하고 전체에게 소감 말하기 　● 공동 작업을 하면서 새롭게 느낀 점 나누기	○ 소외되는 학생이 없도 　록 교사가 각별히 유 　의한다.
학습 정리	○ 친구 관계를 맺기 위한 방법 알기 　● 친구에 대하여 자세히 이해하기 　● 자신의 생각 솔직히 말하기 　● 친구의 이야기 잘 들어 주기 　● 친구의 이야기를 비판하지 않고 수용해 주기 　● 친구의 입장 존중해 주고 배려해 주기	

근육 이완 훈련

◎ 활동 목표: 근육 이완 훈련을 통하여 불안, 공포, 긴장 해소 등의 정신건강을 도와 학습과
생활의 활력을 얻을 수 있다.

학습 과정(요소)	활동 내용	자료 및 유의점
분위기 조성	○ 준비하기 • 머리를 똑바로 하고 의자에 앉는다. • 두 발을 바닥에 자연스럽게 두고 두 손을 무릎에 얹은 후 천천히 힘을 빼기 • 조용하고 편안한 느낌이 드는 음악을 들려주기 • 음악에 맞는 편안한 분위기가 드는 이야기를 들려주기 • 이야기를 들으며 그 분위기 상상하기	○ 조용하고 편안한 음악, 이야기 자료(교사가 준비) 등
긴장 완화 훈련 이마 긴장 완화 훈련	○ 각 부분별 근육 긴장, 이완 훈련 ○ 이마 • 콧잔등과 눈썹 주위에 힘을 주면서 위로 치켜뜨고 앞이마에 주름이 잡힐 정도로 찡그린 후(10초) 이마 부위 근육을 천천히 이완시키기 • 이러한 운동을 2~3회 반복하기	○ 교사의 지시대로 행동하도록 하며 장난식으로 하지 않도록 한다.
눈 긴장 완화 훈련	○ 눈 • 주위가 경직된 느낌이 들 때까지 눈에 힘을 주어 꽉 감기 • 10초 후 천천히 눈 주위의 힘을 빼면서 눈 주위의 근육을 이완시키기 ○ 코 • 콧잔등과 콧방울에 힘을 주면서 코를 찡그리기(10초) • 천천히 코의 힘을 빼기 • 이러한 운동을 2~3회 반복하기	
입 주위 긴장 완화 훈련	○ 입 주위 • 입 주위에 힘을 잔뜩 주며 웃을 때의 모습처럼 입을 옆으로 힘껏 벌리기 • 10초 동안 그러한 상태로 있다가 천천히 힘을 빼기 • 이러한 운동을 2~3회 반복하기	
혀 긴장 완화 훈련	○ 혀 • 혀를 입천장에 대고 힘을 잔뜩 주고 입, 안, 혀 그리고 턱 밑의 근육이 경직시키기 • 이 상태를 10초간 유지시킨 후 천천히 혀의 근육을 풀어 주기 • 이러한 운동을 2~3회 반복하기	

학습 과정(요소)	활동 내용	자료 및 유의점
턱 긴장 완화 훈련	○ 턱 • 이를 꽉 다물고 힘을 주어 얼굴 옆면과 관자놀이 긴장시키기 • 이 상태를 10초간 유지시킨 후 천천히 힘을 빼기	
입술 긴장 완화 훈련	○ 입술 • 입술을 앞으로 내밀고 입술에 주름을 잡으면서 힘 빼기 • 10초가 지난 후 천천히 힘 빼기	
목 긴장 완화 훈련	○ 목 • 목 주위가 긴장되도록 목에 힘주기 • 10초가 지난 후 천천히 힘 빼기 • 머리가 등에 닿도록 목을 뒤로 젖히기 • 왼쪽과 오른쪽으로도 완전히 숙이기	
팔 긴장 완화 훈련	○ 팔 • 오른팔을 앞으로 쭉 펴고 주먹을 쥔 상태에서 힘주기 • 근육이 긴장된 상태에서 10초간 유지시킨 후 천천히 힘 빼기 • 왼팔도 같은 방법으로 하기	○ 팔과 다리를 동시에 움직여도 된다.
다리 긴장 완화 훈련	○ 다리 • 왼쪽 다리를 쭉 편 후 발가락이 안쪽을 향하도록 한 상태에서 다리 전체에 힘주기 • 이 상태에서 10초간 힘을 주다가 천천히 힘을 빼고 같은 방법 으로 오른쪽 다리도 긴장을 이완시키기	
등 긴장 완화 훈련	○ 등 • 상체를 약간 앞으로 기울인 상태에서 양팔을 구부려 팔꿈치를 위로 올리고 팔꿈치를 최대한 뒤로 젖히기 • 어깨와 등의 근육이 긴장된 상태에서 10초간 유지한 후 천천 히 힘 빼기	
가슴 긴장 완화 훈련	○ 가슴 • 가슴의 가운데 부분으로부터 시작하여 가슴 위, 아래 부위에 집중적으로 힘주기 • 10초 후 천천히 힘을 빼기	○ 몸을 가볍게 풀어 준다.
정리하기	○ 정리하기 • 깊게 숨을 들여 마시고 잠시 멈췄다가 천천히 내쉬기 • 숨을 내쉬면서 머리부터 시작하여 각 부위의 근육을 하나씩 생각하기	

절약하는 어린이

◎ 활동 목표: 주위의 물건을 조사해 보고 물자를 절약하는 마음을 가질 수 있다.

학습 과정(요소)	활동 내용	자료 및 유의점
물건을 아껴야 하는 까닭	○ 물건이 만들어지는 과정 • 우리가 매일 먹는 쌀 • 공책 1권 • 물건을 낭비하면 일어나는 현상 • 물건을 아껴 쓰면 좋은 점	○ 비디오테이프 ○ 표를 제시해 준 후 적어 본 후 발표하도록 한다.
아껴 쓸 수 있는 물건	○ 가정에서 아껴 쓸 수 있는 물건 • 전 가족, 아빠, 엄마, 나 • 형, 누나, 오빠, 언니, 동생 ○ 학교에서 아껴 써야 하는 물건 • 체육 기구 • 학급 비품 • 실험 기구 • 청소 도구 • 학급 문고 • 책상, 의자, 오르간 • 수돗물, 전기, 학용품	○ 알고도 실천하지 않으면 아무런 소용이 없음을 강조하여 절약 생활을 습관화하도록 한다.
절약 생활 실천 방안	○ 실천할 수 있는 방법 • 학용품 • 수돗물 • 전기 절약 • 학교 공공 물건 • 폐품 재활용	○ 평소의 생활에서 검소한 생활을 하도록 지도한다.
학습 정리	○ 검소한 생활의 실천 방안 • 분수에 맞는 생활 • 형식이나 겉치레와 실속 있는 생활 • 바람직한 물자 사용 방법 • 나의 각오 말하기	

좋은 습관 익히기

◎ 활동 목표: 자신의 나쁜 습관을 깨달아 고치고 올바른 생활을 할 수 있다.

학습 과정(요소)	활동 내용	자료 및 유의점
습관적인 생활 말하기	○ 자신의 생활 중 특별히 습관적인 행동을 하는 경험 말하기 • 평소에 늦게 자고 늦게 일어남 • 나의 물건 스스로 정리함 ○ 자신의 습관 중 나쁜 습관 말하기 • 공부 시간에 다른 생각 하거나 장난치기 • 부모님께 반말하는 습관 등	○ 허용적인 분위기를 조성한다.
나쁜 습관 말하기	○ 자신의 나쁜 습관을 친구들에게 듣기 • 공부 시간 학습 활동 • 개인의 평소 행동 • 신체적인 움직임	
바르지 못한 습관을 고쳐야 하는 이유	○ 나쁜 습관을 고쳐야 하는 이유 말하기 • 나쁜 행동을 쉽게 고치기 어려움 • 다른 사람에게 나쁜 생각을 줄 수 있음 • "세살 버릇 여든까지 간다"는 속담도 있음 ○ 자신의 나쁜 습관을 고친 경험 말하기 • 부모님께 매우 꾸중을 듣고 고침 • 친구의 권유로 고침 • 다른 사람에게 실수를 하고 반성해서 고침	○ 유연한 분위기를 조성해 준다.
생활 습관에 관한 토의	○ 나의 나쁜 생활 습관 고칠 수 있는 방법 토의하기 • 나의 나쁜 생활 습관 찾기 • 부모님, 선생님과 고칠 수 있는 방법 상담하기 • 자신이 스스로 고치려고 노력하기 • 친구의 좋은 습관이나 어른들의 행동 본받기	○ 솔직하게 이야기할 수 있도록 유도한다.
문제 해결 태도	○ 친구와의 문제가 발생하였을 때 자신의 태도 말하기 • 자신이 먼저 이해하려고 노력하기 • 나의 생각과 비교하여 말하기	
학습 정리	○ 나쁜 습관을 고쳐야 하는 이유 말하기 • 어렸을 때 좋은 습관을 들이는 것이 중요함 • 나이를 먹을수록 습관을 고치기가 어려움	

공공시설을 내 것처럼

◎ 활동 목표: 공공시설의 올바른 사용 방법을 알고 바르게 사용할 수 있다.

학습 과정(요소)	활동 내용	자료 및 유의점
동기 유발	○ 여러 사람이 모이는 곳을 발표해 보기 • 공원, 놀이터, 극장, 전시회장 • 시장, 백화점, 목욕탕, 공중목욕탕, 공중 화장실 ○ 직접 가 보았던 경험을 이야기하기	○ VCR 자료 사진 자료 ○ 실물 화상기
학습 목표 찾기	○ 발표한 내용을 정리하여 공부할 문제를 찾아보기 • 공중도덕을 어떻게 지켜야 하는지 알아보자	
공중도덕을 지켜야 할 까닭	○ 공공장소에서 지킬 일이 무엇인지 알아보기 • 예절, 질서, 공중도덕 • 예절을 지키지 않을 때 어떻게 지켜야 할지 알아보기	○ 컴퓨터, TV ○ 그림 자료
조별 토의	○ 공공장소에서 공중도덕을 어떻게 지켜야 할지 알아보기 • 1조: 공원이나 유원지에서 지켜야 할 공중도덕 • 2조: 공연장에서 지켜야 할 공중도덕 • 3조: 도서관에서 지켜야 할 공중도덕 • 4조: 공중목욕탕에서 지켜야 할 공중도덕 • 5조: 거리에서 지켜야 할 공중도덕 • 6조: 대중음식점에서 지켜야 할 공중도덕	
토의 결과 발표	○ 조에서 정리된 내용을 발표하기 • 조별로 토의 결과를 다양한 매체를 활용해 발표하기	
실연하기	○ 조에서 공중도덕을 실제로 실행하기 • 조별로 조장을 중심으로 바르게 걷기, 조용히 하기, 규칙 지키기 등 실연하기	
학습 정리	○ 공중도덕을 잘 지킨 친구에게 칭찬하기 ○ 공중도덕을 지켜야 하는 까닭 말하기 ○ 학교 안에 있는 공공시설물을 알아보고 어떻게 사용해야 되는지 발표하기 • 책상, 걸상, 실험 기구, 운동 기구 등 • 동시나 산문으로 나타내기	○ 공공물을 애호하는 마음을 갖게 한다.

학급 오락회

◎ 활동 목표: 자신이 가지고 있는 장기를 다른 사람에게 알릴 수 있다.

학습 과정(요소)	활동 내용	자료 및 유의점

프로그램 작성	○ 개인별로 출연 종목 신청받기
	  ● 진행 위원 선정하기
	  ● 개인별 장기 적어 내기
	  ● 종류별로 분류하기
	○ 자신이 가지고 있는 장기를 다른 사람에게 알려 보자
		○ 메모지
		○ 학급의 전 아동이 출연할 수 있도록 함

학습 문제 확인
포스터 만들기
	○ 오락회 포스터 만들기
	  ● 개인 출연자는 자기의 개성을 살려 만들기
	  ● 소집단 출연 종목은 소집단별로 모여 공동으로 만들기
	  ● 학급 오락회의 내용을 대표하는 포스터를 만들어 복도에 게시하기
	  ● 포스터 게시는 1주일 전에 하기	

사회자 선정하기	○ 협의하여 사회자 선정하기 ● 유머있고 재치있는 학생으로 정하여 진행의 효과 얻기	○ 남녀 이성으로 성차별이나 갈등이 없도록 함
좌석 배열	○ 책상을 치우고 바닥과 의자만을 좌석으로 하기 ○ 같은 종목에 출연하는 아동끼리 앉기	

프로그램 진행	○ 프로그램 순서에 따라 사회자가 진행하기
	  ● (순서 예시)
	첫인사, 선생님 말씀, 노래와 율동……, 끝 인사
	  ● (내용 예시)
	노래: 독창, 이중창, 합창
	동화: 익살스러운 내용의 구연동화
	동극
	악기 연주
		○ 출연 제목에 따라 전체가 노래하거나 움직여 구경만 하는 피동적인 자세를 교정하여 줌

학습 정리	○ 오락회 준비에서 끝내기까지 모든 과정을 평가, 반성하기
	  ● 개인별 출연 종목의 선정 문제
	  ● 소집단 종목 결정에서의 문제
	  ● 좌석 배열, 각종 준비물
	  ● 진행 과정
		○ 소집단별로 반성하기

또 다른 내 이름

◎ 활동 목표: 별명 짓기를 통해 상호간의 이해를 돕고 친밀감을 높인다.

학습 과정(요소)	활동 내용	자료 및 유의점
동기 유발	○ 자기가 좋아하는 것, 자신의 특성이라고 생각하는 점을 자연스럽게 찾아보게 하기 • 자기의 장래 희망, 직업, 성격, 특성, 존경하는 인물을 생각하고 찾아보기	○ 자유로운 분위기를 조성하도록 함 ○ 자기소개 카드 2, 이름표, 카드, 핀, 크레파스, 사인펜 등
세상에서 가장 소중한 것	○ 세상에서 가장 소중하다고 생각하는 것에 대해 말하기 • 이유 발표, 카드 작성하기 • 자신의 특성을 나타내는 것을 그림으로 표현하기 • 두 사람씩 짝을 지어 서로를 소개하기 　- 전체 앞에서 자기의 짝에 대해 자세히 설명하고, 짝을 설명할 때에는 왜 그러한 별명, 취미, 가치관을 갖게 되었는지 이유를 자세히 설명하기 　- 이유나 근거를 밝히며 조리 있게 말하기	○ 창의적으로 소개 카드를 만들도록 함 ○ 한 사람의 소개가 너무 길지 않도록 시간을 적절히 조절하기
게임하며 소개하기	• 2중 원으로 둘러서서 자리를 옮겨 가며 자기소개 하기 　- 이름표를 가슴에 달고 일어서서 둥글게 원을 이루며 돌면서 서로 다른 친구와 악수하며 별명으로 인사 나누기	○ 자신을 자세하게 소개하기
그림으로 표현하기	○ 별명에 의한 소개가 끝나면 그림으로 자기소개 하기 카드 뒷면의 그림을 앞으로 하여 별명 소개와 같은 방법으로 자기소개 하기	○ 서로가 친근감을 갖고 대하도록 하고 다른 사람의 별명을 기억하도록 노력하기
느낌 발표하기	○ 자기의 특성을 찾으면서부터 서로가 소개할 때까지의 느낌을 순서 없이 발표하기	
학습 정리	○ 우리 모두가 소중한 존재임을 인식하기 • 다른 친구의 소개를 듣고 무엇을 깨닫고 배웠는지 자유롭게 이야기하기 • 별명을 듣고 연상되는 것 말하기 • 가장 인상 깊은 별명 말하기 • 그 사람의 특징을 가장 잘 나타낸 별명 찾기 • 오늘의 별명왕은?	○ 친구의 마음을 상하게 하는 혐오스러운 별명을 짓지 않도록 지도함

나의 장점과 단점

◎ 활동 목표: 모든 사람은 장점과 단점이 있음을 알 수 있다.

학습 과정(요소)	활동 내용	자료 및 유의점
동기 유발	○ 예습 과제 제시 • 자신의 장점, 단점 알아보기 • 가족들의 장점과 단점 알아보기	○ 예습 과제장
공부할 문제 확인	○ 공부할 문제 확인하기 • 나의 장점과 단점을 알아보자	○ 현장 학습장
학습 분위기 조성	○ 학습 분위기 조성하기 • 에디슨의 일화 들려주기 • 뉴턴의 일화 들려주기	○ 에디슨과 뉴턴 일화
활동 조 편성	○ 활동 조 편성하기 • 4-6명이 한 조가 되게 편성하기 • 조 이름을 짓고 조장을 정하기 • 조 구호, 조 노래를 정하기	
넘어지기와 받쳐 주기	○ 두 사람이 짝을 지어 뒤로 넘어질 때 받쳐 주기 • 두 사람이 짝을 지어 앞뒤로 서기 • 한 사람은 다리를 굽히지 않고 꼿꼿이 서서 그대로 뒤로 넘어지기 　- 팔은 앞으로 나란히 한 상태로 하기 • 뒤의 사람은 넘어지는 사람이 약 40도 정도 기울어졌을 때 겨드랑이 밑을 받쳐 안아 주기 　- 너무 늦게 받쳐서 안도록 하지 않음	○ 주변에 위험한 물건을 치워 안전한 상황을 만듦 ○ 장점은 생활 속에서 찾게 함
자신의 장점과 단점 생각하기	○ 자신의 장점을 생각하여 적기 • 나 자신이 잘한다고 생각하는 일 10가지 적기 • 다른 사람이 잘한다고 인정해 주는 일 10가지 적기 ○ 자신의 단점을 생각하여 적기 • 나 자신이 부족하다고 생각하는 일 10가지 적기 • 다른 사람이 부족하다고 지적해 주는 일 10가지 적기	○ 단점도 생활 속에서 사소한 것부터 찾게 함
학습 정리	○ 자신의 장점과 단점, 느낌 발표하기 • 모든 사람들은 약한 점이 있는 동시에 남을 도와줄 수 있는 능력이 있음을 인식하도록 함	

주고받는 마음

◎ 활동 목표: 마음의 선물을 줌으로써 상호간의 마음을 즐겁게 할 수 있다.

학습 과정(요소)	활동 내용	자료 및 유의점
학습 분위기 조성	○ 학습 분위기 조성하기 • 신체 표현하며 '친구' 노래 부르기	○ 전체적인 흐름은 교사가 설명해 주고 세부 사항은 학생 스스로 상의하여 결정함
공부할 문제 확인	○ 공부할 문제 확인하기 • 마음의 선물을 친구에게 줌으로써 상호간의 마음을 즐겁게 해 보자	
활동 조 편성	○ 활동 조 편성하기 • 4~6명이 한 조가 되게 편성하기 • 조 이름을 짓고 조장을 정하기 • 조 구호, 조 노래를 정하기	○ 도화지, 연필, 크레파스 등
방법 탐색	○ 마음의 선물을 주고받는 방법 • A4 용지 또는 도화지 준비하기 • 자기의 이름, 별칭 쓰기 • 옆 사람에게 돌리면서 해당자에게 그림이나 글로 선물 쓰기 • 돌려받고 내용 읽기 • 내용을 이해할 수 없는 것은 기록해 준 사람에게 묻기	
마음의 선물로 좋은 내용 찾기	○ 상대방에게 줄 마음의 선물 정하기 • 사랑과 관심을 줄 수 있는 것 찾기 • 효과적인 표현 방법 알아보기	○ 자기 자신의 반성 자료로 삼기
마음의 선물 주기	○ 상대방에게 적합한 선물 주기 • 선물 내용 정하기 • 그림이나 글로 상대방에 대한 긍정적인 내용 주기	
선물 받기	○ 한 집단을 한 바퀴 돌아서 자기 것이 돌아오면 받기 • 받은 선물을 보고 자신의 긍정적인 면 찾기 • 자신이 느끼지 못했던 새로운 사실에 대한 내용 살펴보기 • 받은 선물의 공통점 찾아보기	
질의응답	○ 받은 선물의 내용을 이해하지 못하는 것은 질문하기 • 의심스러운 점 질문하기 • 질문에 대하여 구체적으로 상세히 대답하기	
느낌 발표	○ 선물을 주고받은 느낌 발표하기 • 선물을 줄 때의 느낌 말하기 • 선물을 받을 때의 느낌 말하기 ○ 서로 손을 마주 잡고 합창하면서 우의를 다지기	

용돈 기입장 쓰기

◎ 활동 목표: 절제와 근검절약 생활의 실천 태도를 갖는다.

학습 과정(요소)	활동 내용	자료 및 유의점
신문에서의 광고 내용 알기	○ 신문에서 선전하는 광고 내용 알기 • 광고 상품의 종류 알아보기 • 실생활에 필수적인 상품과 그렇지 않은 상품 분류하기 • 신문 광고의 좋은 점과 문제점 토의하기 • 광고의 옳고 그른 점 말하기	○ 신문 광고 스크랩
사치와 낭비의 사례	○ 과소비의 사례 발표하기 • 과소비의 형태별 사례 찾아보기 • 과소비 해결 방안 찾아보기	○ 각자의 생활 주변을 살펴보아서 검소한 생활에 지나침이 없었나 살펴보도록 함
절약 생활 실천 방안	○ 절약 생활의 내용 알아보기 • 학용품 아껴 쓰기 • 수돗물 절약하기 • 전기 절약하기 • 책걸상 사용 잘하기 • 청소 용구 사용 바르게 하기 ○ 절약 생활의 실천 방안 알아보기 • 학용품에 이름 쓰기 • 국산품 사용하기 • 물 자원의 중요성 새롭게 인식하기 • 책걸상 낙서하지 않기 등	○ 용돈 기입장
용돈 기입장 쓰기	○ 용돈 기입장 활용에 대해 말하기 • 용돈 기입장을 쓰고 있는 경험 말하기 • 용돈 기입장을 활용했을 때의 좋은 점 말하기 ○ 용돈 기입장 작성 요령 토의하기 • 수입, 지출, 적요, 잔액 알기 • 용돈 기입장의 월계, 다음 달로 넘김 알기 • 용돈 기입장 써 보기	
학습 정리	○ 현명한 소비 생활 실천하기 • 자기 분수에 맞는 지출 습관 갖기 • 용돈 기입장 사용의 생활화	

수련 활동 실시하기

◎ 활동 목표: 수련 활동의 계획에 의해 실시하고 그 소감을 말할 수 있다.

학습 과정(요소)	활동 내용	자료 및 유의점
야외에서 활동한 경험 말하기	○ 야외에서 여러 사람이 참여하며 활동한 경험 말하기 • 가족, 친구와의 단체 활동에 참여함 • 학교의 수련 활동에 참여함 • 청소년 단체에 가입하여 활동함	
야외 활동의 이점 말하기	○ 야외의 단체 활동에서 얻을 수 있는 점 말하기 • 혼자의 생활에 익숙해짐 • 어려움이 있을 때 극복할 수 있음 • 서로 도움을 주고받을 수 있음 • 학교에서 배우지 못하는 새로운 것을 배울 수 있음	
수련 활동 내용 토의하기	○ 수련 활동에 관한 내용 토의하기 • 조 편성하기 • 준비물: 취사도구, 캠핑 욕구, 세면도구 등 • 활동 날짜, 활동 장소, 잠자리 장소 • 산행 코스 및 현장 체험 학습 코스 • 게임의 종류 및 방법 • 역할 분담 내용	○ 진지한 토의가 되어 체계적인 계획이 수립될 수 있도록 함
프로그램 작성	○ 수련 활동 프로그램 작성하기 • 지역 여건, 시간, 장소를 고려하여 치밀하게 작성	○ 일정한 날짜에 별도로 실시하기
수련 활동 실시하기	○ 수련 활동 실시하기 • 개회식 • 주의할 점 숙지하기 • 준비물 일정한 장소에 정렬해 놓고, 잠자리 장소 확인 • 작성된 프로그램 일정에 따라 활동하기	○ 작성된 프로그램 개별 수련 활동 준비물
수련 활동의 느낌 및 소감 발표하기	○ 수련 활동을 하면서 느낀 소감 발표 및 반성하기 • 잘한 점, 잘못된 점 • 즐거웠던 점, 아쉬웠던 점 • 어려웠던 점, 기억에 남는 일	

선생님과 대화하기

◎ 활동 목표: 선생님과 의논하여 자신의 문제점을 해결해 보려는 태도를 기른다.

학습 과정(요소)	활동 내용	자료 및 유의점
일상생활에 대하여 대화하기	○ 학생과 일상생활에 대하여 대화하기 • 자유스러운 분위기 조성 • 친절한 태도로 맞이하기 • 최근의 일상생활에 대한 대화 나누기 • 일상생활에 대한 소감이나 느낌 말하기	○ 상담 분위기 조성하기
기초 자료 조사하기	○ 학생에 대한 기초 자료 조사하기 • 부모님 관계: 하시는 일, 나이, 출퇴근 시간 • 형제 관계: 나이, 성격, 건강 등 • 함께 살고 있는 가족 관계 • 사는 동네, 등하교 소요 시간 • 건강 상태 • 친구 관계: 친한 친구, 싫어하는 친구	○ 학생의 자존심이 상하지 않도록 유의하기
상담 문제 발견하기	○ 학생의 상담 문제 발견하기 • 좋아하는 친구, 싫어하는 친구의 이름과 이유 • 좋아하는 과목, 싫어하는 과목과 이유 • 학교와 집의 생활에서 즐거운 점과 어려운 점 • 집안 식구 중 좋아하는 사람과 싫어하는 사람 • 기타 생활에 대한 문제점 및 어려움	
문제 해결 방법 정하기	○ 자신의 문제점이 발생하였을 경우 문제 해결 방법 • 부모님, 선생님, 친구의 도움 받기 • 스스로 노력하여 고치기 ○ 기초 자료 조사 내용 기록하기 • 생년월일, 성별, 부모관계, 가족관계, 부모의 관심도, 신체 발달 상황, 건강 상태, 지능지수, 학교 성적 등	○ 상담 기록 카드
추후 지도 계획	○ 상담 내용의 문제점 정리 및 추후 지도 계획 수립하기 • 계속적인 상담 지도 문제 정리 • 다음 상담일 정하기 • 학생의 생활 중 행동 변화 내용 기록하기	

나의 장래 꿈 알기

◎ 활동 목표: 직업의 특성을 알고 자신에게 알맞은 직업을 생각할 수 있다.

학습 과정(요소)	활동 내용	자료 및 유의점
주변에서 하는 일 말하기 친구와 다른 점 말하기	○ 자신의 생활 주변에서 어른들이 하고 있는 일 말하기 　• 농사짓기, 고기잡이, 장사, 선생님, 의사, 군인 등 ○ 자신과 친구의 다른 점 말하기 　• 자신이 가장 잘하는 일 　• 자신이 가장 좋아하는 일 　• 자신이 가장 흥미 있는 일	○ 일하는 모습 관련 사진 모습
알맞은 직업과 이유 말하기	○ 자신에게 알맞은 직업과 그 이유에 대하여 말하기 　• 연예인이 되고 싶음 　　－ 다른 사람에 비하여 감정이 풍부하고 흉내를 잘 냄	
직업의 종류	○ 직업의 종류에 대하여 알아보기 　• 어른이 되어서 하고 싶은 일과 그 이유 말하기 　• 하고 싶은 일의 특징을 신체로 표현하기 　• 친구의 하고 싶은 일을 예상하여 말하기	
역할 놀이 시연	○ 직업에 대하여 역할 놀이 하기 　• 직업의 종류에 따라 그룹 만들기 　• 직업에 대한 특징 살펴보기 　• 놀이 꾸미고, 시연하기 　　－ 군인: 훈련 놀이 　　－ 교사: 학교생활 놀이 　　－ 의사: 병원 놀이 　　－ 과학자: 실험 놀이 　　－ 운동선수: 운동경기 놀이 　　－ 경찰관: 교통 놀이 　　－ 가수: 노래하는 놀이 ○ 역할 놀이를 보고 느낌이나 소감 발표하기 　　－ 개인의 성격이나 특기에 맞는 일을 선택	○ 자유로운 놀이 시간이 되도록 여유 주기 ○ 여러 가지 직업 관련 소품
직업을 위해 할 일	○ 자신의 직업에 알맞은 일을 이루기 위해 할 일 　• 자신의 특기나 소질을 잘 발견함 　• 자신이 하고 싶은 일을 위해 꾸준히 노력함	

나라의 소중함 알기

◎ 활동 목표: 나라의 소중함을 깨닫고, 나라 사랑 방법을 알 수 있다.

학습 과정(요소)	활동 내용	자료 및 유의점
일제 때 생활 모습	○ 일제 침략기 때의 우리 민족의 생활에 대해 말하기 ● 먹을 것이 부족하였음 ● 우리말과 글을 사용하지 못하였음	○ 일제시대 생활 모습이 담긴 사진 자료
애국선열에 대해 말하기	○ 애국선열에 대한 과제 학습 발표하기 ● 유관순 열사, 안중근 의사, 윤봉길 의사 등 　- 태생, 시기, 활동 내용 　- 국가와 민족을 위해 한 일 ○ 이분들에게서 본받을 점 ● 국가를 위해서 목숨을 바침 ● 무엇보다도 국가를 먼저 생각함 ● 어려움 속에서도 뜻을 굽히지 않음 ● 독립을 위한 마음이 매우 간절함	○ 중요한 내용만 간추려 말하도록 함 ○ 유관순, 안중근 의사 사진 자료 ○ 자랑스러운 모습을 과거와 현재를 중심으로 다양하게 말하도록 함
애국선열들에게 본받을 점	○ 우리나라의 자랑스러운 모습 토의하여 발표하기 ● 반만년 역사의 단일민족임 ● 훌륭한 세계적인 예술품이 많이 보존됨 ● 기술의 발달로 경제 대국으로 성장 ○ 오늘날 우리나라를 위하여 애쓰시는 분들 　● 과학자, 예술가, 운동선수, 기업가 등	○ 나라 사랑의 길은 생활 주변 가까이에 있음을 주지시켜 줌
나라를 위해 애쓰시는 분이 나라를 위해 할 수 있는 일	○ 나라를 위해 자신이 할 수 있는 일 말하기 ● 웃어른 공경하기 ● 스스로 공부하는 습관 기르기 ● 예절 바른 생활 실천하기 ● 공중도덕 잘 지키기 ● 근검절약하는 생활 태도 갖기 ● 환경 정화 행사에 적극적으로 참여하기	
나라 사랑 마음 자세	○ 나라를 사랑하는 마음 자세 ● 나라를 위해 목숨을 바친 선열 잊지 않기 ● 나라에 대한 고마움을 잊지 않기 ● 항상 자신의 책임 완수하기	

친구에게 편지 쓰기

◎ 활동 목표: 역할 바꾸어 극 놀이 활동을 통하여 친구의 입장을 생각할 수 있다.

학습 과정(요소)	활동 내용	자료 및 유의점
즐거웠던 일 말하기	○ 지난 생활을 뒤돌아보며 즐거웠던 일 말하기 • 학교생활에서 • 가정생활에서 • 친구와의 관계에서	
학교생활에서 보람 있는 일 말하기	○ 학교생활을 하면서 보람 있었던 일 말하기 • 학습 활동을 중심으로 • 특별 활동을 중심으로 • 기타 활동에서	
친구와의 생활 경험 말하기	○ 자신의 친구와 생활하면서 있었던 경험 말하기 • 친구의 좋은 점 • 친구를 통하여 배울 점 • 친구와 싸웠던 점 • 친구에게 잘못했던 점	○ 자유스러운 분위기 조성하기
친구와의 문제점 찾기	○ 친구와 생활하면서 문제점 찾기 • 불편했던 점 • 발생한 문제를 해결하지 못한 점 • 오해가 발생하게 된 원인 등	
역할 대행하기	○ 문제점 발생에 대한 역할 바꾸어 극 놀이 하기 • 상대방의 역할 대행 – 부모, 선생님, 친구, 동생 등 ○ 역할 대행을 하면서 느낀 소감 말하기 • 자신이 미처 깨닫지 못한 점 • 문제 해결에 나의 부족한 점 등 ○ 역할 바꾸기를 생각하며 친구에게 편지 쓰기 • 고마웠던 점 • 불쾌했던 점 • 부탁하고 싶은 점 • 사과하고 싶은 점	○ 남의 입장에서 문제 인식을 하도록 지도함 ○ 상대방의 입장에서 생각하는 것이 중요함을 강조하기
문제 해결 태도	○ 친구와의 문제가 발생하였을 때 자신의 태도 말하기 • 자신이 먼저 이해하려고 노력하기	

제3장 l 계발 활동

1. 계발 활동의 개요

가. 계발 활동의 성격

계발 활동은 흥미, 취미, 소질, 적성 등이 서로 비슷한 학생들로 구성된 집단에 자발적으로 참여해 자신의 잠재 능력과 창의성을 계발, 신장시켜 나아가는 활동이다. 따라서 계발 활동은 학생들의 개성과 소질을 신장하고, 사회성과 협동심을 기르며, 원만한 인간관계를 형성하는 자율적이고도 자발적인 활동에 중점을 둔다.

변화하는 지식 기반 사회에 학생들이 자기 주도적으로 대응할 수 있도록 하기 위하여 각 개인의 잠재 능력을 최대한으로 계발하고, 창의성과 정보 능력을 신장함으로써 자아실현의 기초를 닦아 나가야 할 필요성이 제기되고 있다. 특히, 각자의 개성과 소질을 지속적으로 계발, 시장하는 것이 미래 사회에 대비하여 보다 삶의 질을 향상시키는 계기가 될 것이다.

계발 활동은 방과 후의 특기·적성 교육 활동, 프로그램 및 상설 클럽 활동이 학교 안에서 이루어지도록 이를 특별 활동 차원에서 접근해야 할 것이다. 흥미와 소질, 특기 및 적성에 따른 다양한 활동과 집단 속에서의 자율적 활동을 통하여 자아실현과 효율적인 여가 활용을 도모하는 데 계발 활동의 특성이 있다.

나. 계발 활동의 특징

특별 활동의 영역 중 계발 활동은 교과와 재량 활동 등과 상호 보완적인 연계 속에서 학생들의 흥미, 취미, 소질, 적성 등에 바탕을 두고 그들의 심신을 조화롭게 발달시키기 위하여 실행하는 특별 활동의 한 영역이다. 계발 활동은 집단에 소속된 구성원 개인의 개성, 자율성, 창의성 고양에 특히 중점을 두고 지도해야 한다. 이러한 계발 활동의 특징을 요약하여 제시하면 다음과 같다.

첫째, 계발 활동은 교과 학습과 상호 보완적인 관계에 있다.

둘째, 계발 활동은 학생들의 자발적이고 자율적인 활동에 바탕을 둔다. 따라서 계발 활동에서의 모든 집단은 학생의 자유 의사에 의하여 가입하고 조직되어야 한다.

셋째, 계발 활동은 집단을 단위로 하면서도 개별 활동을 함께 중시하는 활동이다. 따라서 계발 활동에서의 집단은 공동의 관심과 취미를 가진 학생들로 구성된다.

넷째, 계발 활동은 운영과 활동에 있어서 탄력성과 유통성을 특징으로 한다.

다섯째, 계발 활동은 학교교육에 대한 국가 사회적 요구와 학부모의 요구를 수용, 반영하는데 적극적인 활동이다.

다. 계발 활동의 지도 원리

계발 활동은 흥미, 특기, 취미, 적성 등 요구 수준이 비슷한 학생들로 구성된 집단에 자발적으로 참여하여 잠재 능력과 창의성을 계발하고 신장시켜 나가는 자율적인 활동이다. 따라서 계발 활동은 학생들의 개성과 소질을 고양하고 사회성과 협동심을 기르며, 원만한 인간관계 형성에 중점을 두어야 한다. 이러한 계발 활동의 지도 원리를 요약하면 다음과 같다.

첫째, 계발 활동은 자아실현의 기초를 닦을 수 있도록 내용 중심의 실질적 활동으로 전환되어야 한다. 각자의 개성과 소질을 지속적으로 계발, 신장하는 것이 미래 사회에 대비하여 삶의 질을 향상시키는 계기가 될 것이며, 방과 후의 특기 적성 교육 프로그램 및 상설 클럽 활동과 연계되어 지도되어야 한다.

둘째, 계발 활동은 활동 시간, 장소, 강사, 지도 방법 등 제 방면에서 융통성 있게 운영되어야 한다. 계발 활동은 시간 운영, 장소 활용, 지도교사 및 강사 조직, 주제 선정, 집단 편성 등에서 보다 융통성과 탄력성이 요구된다.

셋째, 계발 활동의 계획, 운영, 평가 등 전 과정에 걸쳐서 학생들의 의사가 적극적으로 반영되고 존중되어야 한다. 계발 활동의 계획 수립에서부터 활동 부서 선택, 활동 전개, 반성 및 평가 등에 이르기까지 학생 중심으로 이루어져야 한다. 따라서 반드시 학생들이 자신의 희망에 따라 부서 선택을 하도록 배려하여야 한다. 또한 교사는 학생들의 흥미와 요구 및 학교와 지역 사회의 실정 등을 고려하여 계발 활동 계획을 수립하여야 한다.

라. 계발 활동 지도상의 유의점

계발 활동은 학생들의 흥미, 특기, 취미 및 적성 등을 종합적으로 신장시키는 활동으로서 계발 활동과 특별 활동의 관계, 계발 활동의 세부 내용 등을 고려하여 다음과 같은 점에 유의하여 지도하여야 한다.

첫째, 학생들의 흥미, 취미, 요구, 적성 및 학교와 지역 사회의 특성에 알맞은 활동 집단을 조직하여 지도한다.

둘째, 부서 선택에 학생들의 희망과 자율성을 최대한 보장해야 한다.

셋째, 활동의 조직 단위, 장소, 시설 등의 여건을 고려하여 정일제, 격주제, 전일제, 집중제 등 융통성 있는 운영을 해야 한다.

넷째, 학생 중심의 흥미 있는 운영을 도모하고 방과 후 특기·적성 교육 활동 및 상설반 등과 연계하여 지도한다.

다섯째, 학교 및 지역 사회 인사와 시설을 적극 활용한다.

2. 계발 활동 지도의 실제

가. 지도 중점

〈표 17〉 계발 활동 지도 중점

영역 학년	상설 계발 활동	비상설 계발 활동
저학년(1 – 3학년)	·	취미 활동을 위주로 다양한 체험을 전개
고학년(4 – 10학년)	취미와 흥미에 맞는 부서를 조직하여 다양한 활동으로 창의성 협동심을 신장	

나. 지도 시간 배당

〈표 18〉 계발 활동 지도 시간 배당

학년 영역	초등학교						중학교			고등학교		
	1학년	2학년	3학년	4학년	5학년	6학년	1학년	2학년	3학년	1학년	2학년	3학년
특별 활동시간	·	·	34	68	68	68	68	68	68	68		
계발 활동 시간(예)	·	·	17	34	34	34	34	34	34	34		

다. 연간 운영 계획(안)

〈표 19〉 계발 활동 연간 운영 계획

월	영역	활동 주제	활동 목표	지도 내용	시수	준비물
4	실습 노작	화분에 꽃 심기	• 화분에 꽃모종을 심어 가꿀 수 있다.	• 꽃모종 가꾸기 • 화분에 심고 가꾸기	2	화분, 모종
5	학술 문예	그리기 대회	• 재료의 특성을 살려 개성적으로 표현할 수 있다.	• 주제 정하기 • 표현 및 감상하기	2	그리기 용구
6	학술 문예	글짓기	• 자연보호에 대한 내용을 글로 나타낼 수 있다.	• 주제 구상하기 • 개성적인 글 짓기	1	원고지
11	학술 문예	음악발표회	• 자신이 잘 연주할 수 있는 악기로 연주를 할 수 있다.	• 악기로 연주하기 • 감상하기	2	악기
4-11	정보 통신	컴퓨터 기초 기능 익히기	• 컴퓨터의 기초 기능을 익혀 문서를 작성하고 정보를 찾을 수 있다.	• 자판 익히기 • 기초 기능 익히기 • 문서 작성하기 • 인터넷 검색하기	15	디스켓

라. 계발 활동 운영의 실제

(1) 활동 부서 희망 조사서

학생의 개성과 흥미, 취미를 중심으로 계발 활동 설치 희망 부서를 조사한다.

[계발 활동 부서 희망 조사서(예시)]

안녕하십니까?

우리 학교에서 운영할 계발 활동 부서를 여러분의 희망에 따라 선정, 조직하려고 합니다. 여러분의 흥미, 취미, 그리고 소질을 부모님과 함께 의논하여 희망하는 부서를 기록하여 주시기 바랍니다.

잠깐! 여러분이 희망하는 부서를 기록하기 전에 참고 사항을 잘 읽어 봅시다.

〈참고 사항〉
1. 자신의 흥미, 취미와 소질을 충분히 고려하여 희망하십시오.
2. 제1, 제2의 희망 부서를 신중히 생각하여 조사표에 기록하십시오.
3. 친구들의 생각이나 순간적인 기분에 따라 아무렇게나 기록하지 마십시오.
4. 아래 예시된 부서 이외에도 희망하는 부서가 있으면 기록하여 주십시오.
5. 다음의 부서를 참고로 희망하십시오.
① 학술 문예 활동: 문예, 연극, 방송, 미술, 가야금, 영어, 과학 탐구, 환경 탐구, 합주, 합창, 나의 주장, 창의
   력, 발명반, 사물놀이 등
② 보건 체육 활동: 육상, 축구, 탁구, 수영, 민속놀이, 태권도, 테니스, 씨름 등
③ 실습 노작 활동: 사육, 재배, 조경, 목공, 제도, 설계, 조리, 수예, 재봉 등
④ 여가 문화 활동: 등산, 사진, 독서, 꽃꽂이, 원예, 서예, 바둑, 장기 등
⑤ 정보 통신 활동: 컴퓨터 통신, 인터넷 여행, 컴퓨터 그래픽, 신문 활용 학습 등
⑥ 기타 활동: 종이 접기, 생활용품 꾸미기, 동화 구연, 만화 그리기 등

20○○년 ○월 ○일
○○○○ 학교장

계발 활동 부서 희망서

제( )학년 ( )반 ( )번 이름( )

구 분	제1희망	제2희망	제3희망(신설 희망)
학생			
학부모			

(2) 입부 지도 자기 기록지(내가 본 나의 모습)

[입부 지도 자기 기록지(예시)]

내가 본 나의 모습

( )학년 ( )반 ( )번 이름( )

나의 취미 생활	나의 자랑거리	♡ 나의 모습: 나의 특징이나 특기를 나타낼 수 있는 캐릭터를 그려 봅시다.
독서	영어를 잘하고 독서를 많이 한다.	
내가 꿈꾸고 있는 미래의 나의 모습	왜 그런 꿈을 갖게 되었나요?	
내가 꿈꾸고 있는 미래의 나의 모습은 당당하게 걸으며 멋진 안경을 쓴 유능한 외교관이다.	평소 영어에 관심이 많고 영어 선생님과 부모님께서 영어를 잘한다고 칭찬해 주시고, 장차 자라서 외국 사람들에게 한국을 널리 알리고 싶어서 외교관을 희망 한다. 특히, 우리 학교에는 금학년도에 영어 체험실이 새로 설치되어 영어공부 하기에 아주 좋은 환경이다.	
나는 현재 나의 꿈을 이루기 위해 어떤 노력을 하고 있나요? 또 나의 꿈을 실현하기에 알맞은 계발 활동 부서는 어디일까요?		

(생활영어부)

나는 나의 꿈을 이루기 위해 집에서 하는 영어공부를 다른 과목보다 더욱 열심히 하고 있다. 그리고 나에게 알맞은 계발 활동은 생활영어부이다. 따라서 나는 생활영어부에 들어가 활동하고 싶다.

(3) 희망 부서 선택 안내지

<표 20> 계발 활동 부서 조직 안내표(예)

[20○○학년도 계발 활동 부서 안내(예시)]

영 역	부서명	지도교사	교육 활동 내용 안내	장 소	입부 희망
학술 문예	생활영어부	○○○	일상생활에 필요한 기본적인 말하기 능력을 기를 수 있어요.	영어실	
	그리기부	○○○	다양한 재료를 사용하여 아름다운 그림을 그려 봅시다.	미술실	
	꾸미기부	○○○	주변에 있는 여러 재료를 활용하여 예쁘게 꾸며요.	예능실	
	무용부	○○○	나도 무용가가 될 수 있어요.	무용실	
	사물놀이부	○○○	흥겨운 우리의 장단을 익힐 수 있어요.	음악실	
	발명부	○○○	나도 에디슨처럼 할 수 있어요.	발명실	
	가야금부	○○○	우리나라 전통 가락을 익히고 감상할 수 있어요.	국악실	
	글타래부	○○○	좋은 글을 쓸 수 있는 방법을 배울 수 있어요.	문예실	
	단소부	○○○	우리 전통악기의 주법을 바르게 배우고 익힐 수 있어요.	국악실	
	과학탐구부	○○○	과학의 세계는 무궁무진하지요.	과학실	
	동요창작부	○○○	나도 작곡가가 될 수 있어요.	음악실	
정보 통신	컴퓨터 1부	○○○	컴퓨터 다루기와 문서를 바르게 작성하는 방법을 배워봅시다.	학습 정보실	
	컴퓨터 2부	○○○	정보의 세계에 빠져 봅시다.	컴퓨터실	
실습 노작	조리부	○○○	맛있는 요리를 할 수 있어요.	요리실	
	수예부	○○○	생활에 필요한 수예품을 예쁘게 만들어 봅시다.	수예실	
	재배부	○○○	식물을 잘 키울 수 있는 방법을 배울 수 있어요.	재배장	
보건 체육	축구부	○○○	나도 월드컵 스타가 될 수 있어요.	운동장	
	수영부	○○○	물에서 자유롭게 다닐 수 있지요.	수영장	
	태권도부	○○○	우리의 전통 무예 중 하나인 태권도를 알게 되지요.	체육관	
	육상부	○○○	누구보다도 빨리 달릴 수 있어요.	운동장	
	탁구부	○○○	세계 제일의 탁구 선수가 될 수 있는 기회랍니다.	체육관	
	테니스부	○○○	공부다 더 빠른 민첩성을 길러 봅시다.	테니스장	
	건강교실부	○○○	건강관리에 관심이 있는 친구는 다 모여요.	보건실	
	민속놀이부	○○○	우리나라의 여러 가지 민속놀이를 경험할 수 있어요.	운동장	
여가 문화	꽃꽂이부	○○○	꽃처럼 아름다운 사람들의 모임이다.	꽃꽂이실	
	바둑장기부	○○○	바둑과 장기의 기술을 마음껏 배울 수 있다.	오락실	
	서예부	○○○	마음을 가다듬고 붓끝에 마음을 담아 보세요.	서예실	
	만화부	○○○	만화는 늘 재미있지요. 나도 만화 작가가 될 수 있어요.	만화실	
	종이사랑부	○○○	종이로 꾸미는 다양한 아름다움을 경험할 수 있어요.	꾸미기실	

*본인의 취미와 특기 및 소질 등을 종합적으로 고려하여 희망해 주시기 바랍니다.
*외부 시설을 이용하는 부서의 경우에는 시설 이용료가 있을 수도 있습니다.
*교육에 필요한 재료는 본인이 준비하여야 합니다.
*제2지망까지 희망하세요.

위와 같이 계발 활동 부서를 희망합니다.

(4) 최종 부서 조직표

학생들의 희망에 의하여 부서와 인원을 조정하고 담당 교사를 배정하여 조직한다.

〈표 21〉 계발 활동 부서 조직표(예)

[계발 활동 조직표(예시)]

영역	부서명	지도교사	학급별 인원 (명)										장소	비고
			-	-	-	-	-	-	-	-	-	계		
학술 문예	생활영어부	○○○	2	1	2	1	2	.	3	1	1	13	영어실	
	그리기부	○○○	1	1	1	2	2	3	1	.	.	11	미술실	
	꾸미기부	○○○	.	.	3	1	1	.	2	.	.	7	예능실	
	무용부	○○○	.	2	4	2	.	2	.	.	.	7	무용실	
	사물놀이부	○○○ (외부 강사 1)	1	1	.	1	1	3	1	2	2	12	음악실	
	발명부	○○○	2	3	1	1	2	1	.	1	1	12	발명실	
	가야금부	○○○	4	3	2	.	1	.	.	.	.	10	국악실	
	글타래부	○○○	1	1	.	.	.	.	1	.	.	5	문예실	
	단소부	○○○	1	1	.	2	1	.	.	.	6	11	국악실	
	과학탐구부	○○○	1	2	1	.	3	5	1	4	2	17	과학실	
	동요창작부	○○○	.	.	.	.	1	.	1	2	.	4	음악실	
정보 통신	컴퓨터 1부	○○○	2	1	2	2	1	2	.	.	.	10	컴퓨터실	
	컴퓨터 2부	○○○	.	2	1	1	1	4	5	2	2	18	컴퓨터실	
실습 노작	조리부	○○○	.	.	.	3	2	3	2	3	4	17	요리실	
	수예부	○○○	1	2	.	3	2	2	1	2	3	16	수예실	
	재배부	○○○	1	.	2	1	2	1	1	2	1	11	재배장	
보건 체육	축구부	○○○	2	2	3	3	3	5	1	3	.	22	운동장	
	태권도부	○○○	.	2	.	1	.	2	.	3	.	8	태권도장	
	육상부	○○○	.	3	1	.	1	1	2	1	1	10	운동장	
	탁구부	○○○	1	.	1	1	.	.	.	.	2	5	체육관	
	테니스부	○○○	3	.	2	.	.	.	1	.	2	8	테니스장	
	건강교실부	○○○	.	1	1	3	2	1	2	.	.	10	보건실	
	민속놀이부	○○○	1	.	2	1	1	.	2	2	1	10	운동장	
여가 문화	꽃꽂이부	○○○	3	1	2	1	1	.	.	.	2	10	꽃꽂이실	
	바둑장기부	○○○	1	2	1	1	3	.	.	6	2	16	오락실	
	서예부	○○○	1	1	1	.	.	.	.	1	.	4	서예실	
기타	만화부	○○○	1	2	.	.	.	2	1	.	.	6	만화실	
	종이사랑부	○○○	2	1	1	1	2	1	.	.	.	8	꾸미기실	
계		(29)	30	32	32	31	32	31	26	28	29	271		

(4) 연간 평가 계획(무용부의 예)

〈표 22〉 계발 활동 연간 평가 계획(예)

평가 시기	평가 내용		평가 기준	평가 방법
4월 3주	○ 민속 에어로빅의 기본 동작을 익혀 음악에 맞춰 운동할 수 있는가?	상	음악에 맞춰 기본 동작을 정확하게 한다.	실기
		중	음악에 맞추기는 하나 동작이 다소 정확하지 않고 박자를 가끔 놓친다.	
		하	동작이 정확하지 않으며 순서를 모른다.	
5월 3주	○ 에어로빅 'Fame'을 음악에 맞춰 신나게 할 수 있는가?	상	동작이 정확하며 신나게 운동한다.	실기, 관찰
		중	신나게 운동하지만 다소 동작의 정확성과 순서가 미흡하다.	
		하	하고자 하는 의욕 없이 마지못해 하는 성격이다.	
6월 4주	○ 각자의 음악에 기본 동작을 연결하여 창작 에어로빅을 만들 수 있는가?	상	음악과 동작이 잘 조화를 이루며 동작의 연결이 매우 미끄럽다.	실기
		중	음악의 선택은 좋으나 동작과의 조화가 이루어지지 않거나 연결이 다소 매끄럽지 못하다.	
		하	음악과 동작이 잘 어울리지 않는다.	
7월 2주	○ 생활과 운동의 관계에 대해 잘 알고 있으며 긍정적인 태도를 갖고 있는가?	상	생활과 운동의 중요성 및 관계에 대해 잘 알고 있으며 매우 긍정적이고 적극적이다.	관찰법 및 면접법
		중	잘 알지는 못하지만 태도와 사고가 긍정적이며 적극적이다.	
		하	관심이 없으며 소극적인 태도를 보인다.	
9월 4주	○ 우리나라 고유의 춤사위 기본 동작을 정확하게 하는가?	상	우리나라 고유의 춤사위의 특징을 살려 동작을 정확하게 한다.	실기
		중	우리나라 고유의 춤사위의 특징은 알고 있으되 동작이 다소 정확하지 않다.	
		하	기본 동작이 전혀 되지 않는다.	
10월 4주	○ 그룹 에어로빅의 움직임을 익혀 서로 조화 있게 운동을 하는가?	상	기본 스텝을 정확히 하며 서로 간의 호흡이 잘 맞아 조화가 잘 이루어진다.	실기
		중	기본 스텝은 정확하나 서로 간의 호흡이 맞지 않아 조화가 잘 이루어지지 않는다.	
		하	기본 스텝과 서로 간의 호흡이 전혀 이루어지지 않는다.	
11월 3주	○ 민속무용의 춤사위를 연결하여 전신 운동을 할 수 있는가?	상	춤사위의 동작을 음악에 맞추어 정확히 한다.	실기
		중	음악에 맞추어 하는 춤사위의 동작이 정확하지 않는다.	
		하	동작이 어설프고 하고자 하는 의욕이 없다.	
2월 1주	○ 1년간 계발 활동을 한 소감 및 반성을 할 수 있는가?	상	소감과 반성을 진솔하게 잘 표현한다.	대화법
		중	소감과 반성을 하지만 진솔하지 못하다.	
		하	소감과 반성을 제대로 하지 않는다.	

3. 계발 활동 지도안

가. 학술 문예 활동

가야금부

① 활동 목표
- ○ 가야금 연주를 통하여 전통악기의 연주에 흥미를 갖는다.
- ○ 전통적인 가락을 체험하며 전통 음악에 대한 심미안을 갖는다.
- ○ 전통문화를 보존하고 계승 발전하려는 마음을 갖는다.

② 연간 지도 계획

번호	주 제	활동 내용	준비물	비고
1	○ 계발 활동 부서 조직 및 연간 계획 수립	○ 계발 활동 부서 조직 ○ 임원 선출하기 ○ 연간 계획 수립하기	계발 활동 학습장 가야금 악보	
	○ 가야금의 유래와 오른손 주법 익히기	○ 가야금 이야기 및 유래 ○ 연주 자세 알기 ○ 음 맞추기		
2	○ 오른손 주법 익히기	○ 오른손 주법 기초 알기 ○ 오른손 뜯는 방법 알기 ○ 쉬운 곡 연습하기	가야금 악보	
	○ 동요 연주하기	○ '무궁화', '나비야' ○ '태극기', '송아지' 연주하기		
3	○ 민요와 왼손 익히기	○ 왼손 농현 익히기 ○ 연주하기	가야금 악보	
		○ 왼손 줄 따라 다니는 법 익히기 ○ 연주하기		
4	○ 양손 주법 익히기	○ 왼손 익히기 ○ 연주하기	가야금 악보	
5	○ 양손 주법으로 곡 연주하기	○ 비디오 시청 ○ 가야금 연주의 좋은 점 알기	가야금 악보	
6	○ 비디오 시청	○ 비디오 시청 ○ 가야금 연주의 좋은 점 알기	비디오테이프	
	○ 비디오 시청 ○ 1학기 정리	○ 비디오 시청 ○ 1학기 정리 및 2학기 대비	비디오테이프	

번호	주제	활동 내용	준비물	비고
7	○ 뒤집기	○ 오른손 주법 복습 ○ 식지, 모지로 뒤집는 법 익히기 ○ 모지, 장지로 뒤집는 법 익히기	계발 활동 학습장	
8	○ 뜯고 튕기기	○ 오른손 주법 복습 ○ 뜯고 튕기기 기법 익히기 ○ 민요 익히기 기초	가야금 악보	
	○ 민요의 기초	○ 왼손 주법 복습 ○ '아리랑' 연주하기 ○ '도라지' 연주하기		
9	○ 민요의 기초	○ 왼손 주법 복습 ○ '군밤타령' 연주하기 ○ '늴리리야' 연주하기	가야금 악보	
	○ 민요 장단 익히기	○ 식지, 모지로 뒤집는 법 복습 ○ 세마치장단 익히기 ○ 굿거리장단 익히기	가야금 악보	
10	○ 병창곡 부르기	○ 모지, 장지로 뒤집는 법 복습 ○ 세마치장단 익히기 ○ 민요 부르기 ○ 병창곡 연주하며 부르기	가야금 악보 장구	
	○ 병창곡 부르기	○ 병창곡 연주하기 ○ 병창곡 부르기	가야금 악보 장구	
11	○ 병창곡 연주와 병창곡 부르기	○ 세마치장단 익히기 ○ 민요 부르기 ○ 가야금 연주하기	가야금 악보 장구	
12	○ 민요와 병창곡 연주하기 ○ 1년 반성하기	○ 기습곡 연주하기 ○ 민요 부르기 ○ 1년 동안의 과정 반성하기	가야금 악보 장구	

③ 활동안

일 시	20○○년 월 일	장 소	국악실	지도교사	

활동 주제	민요 연주하기, 왼손 익히기

활동 목표	양손을 이용하여, '아리랑'을 연주할 수 있다.

활동 과정	활동 요소	활동 내용	시 간	자료 및 유의점
준비 활동	활동 목표 확인	○ 활동 목표 확인하기 • 양손을 사용하여 '아리랑' 연주하기	7′	
	기습곡 연습	○ 전 시간에 배운 튕기기를 연습해 본다. • '무궁화', '나비야' 연주하기		○ 가야금
중심 활동	조율·구음	○ 가야금의 음을 조율하고 오늘 배울 곡을 구음으로 박자에 맞춰 읽어 본다. • 음 높이가 정확한지 확인하기 – 레솔라레미솔라시레미솔라 • 악보 보는 법 익히기 ○ 구음 소리 내고 손바닥으로 박자 치기 • 구음으로 소리 내기	26′	○ 가야금과 악보
	민요 연주	○ 민요 '아리랑'을 듣고 따라서 연주한다. • 교사의 시범 듣기 • 두 마디씩, 한 줄씩 따라 연주해 보기 • 전체적으로 연주해 보기		○ 우리 민요의 리듬을 잘 살려 연주하도록 한다.
	전체 연주	○ 교사의 박자에 맞추어 같이 연주해 본다. • 분단별로 연주하기 • 전체적으로 연주하기		
정리 활동	정리	○ '아리랑'을 다시 한번 연주해 본다. • 잘되지 않는 부분을 다시 연주해 보고 교정하도록 한다. • 잘하는 어린이의 독주를 들어 본다.	7′	○ 분단별로 연주하면서 서로 보완해 주도록 한다.
	차시 예고	○ 다음 주에 배울 연습곡을 알아본다. • 민요 '도라지' 연주하기		

고운 노래 만들기부

① 활동 목표

○ 청음 활동을 통하여 음악적 감각을 기른다.

○ 기초 악전을 익혀 고운 노래 만들기 활동에 적극 활용한다.

○ 악곡 형식과 노랫말에 어울리는 노래를 창의적으로 만들 수 있다.

② 연간 지도 계획

순	주 제	활동 내용	준비물	비고
1	○ 계발 활동 부서 조직 및 연간 계획 수립	○ 계발 활동 부서 조직 ○ 임원 선출하기 ○ 연간 계획 수립하기	리듬 악기 필기 용구 음악교과서	
	○ 청음 및 리듬 치기	○ 들려 준 리듬 받아 적기 ○ 리듬 치기의 기초 훈련 ○ 가사에 알맞은 리듬 붙이기		
2	○ 청음 및 기초 악전	○ 다장조 4 / 4박자 듣고 적기(4마디) ○ 주어진 리듬으로 동기 만들기	멜로디언 활동 기록장	
	○ 청음 및 가락 동기 만들기	○ 다장조 4 / 4박자 듣고 적기(4마디) ○ 이어진 리듬으로 가락 동기 만들기	활동 기록장 오선지	
3	○ 청음 및 노래 형식 알기	○ 다장조 4 / 4박자 듣고 적기(8마디) ○ 노래 형식 알기 ○ 주어진 가락 동기 발전시켜 작은악절 완성하기	멜로디언 활동 기록장 오선지	
	○ 청음과 작은악절 만들기	○ 다장조 4 / 4박자 듣고 적기(8마디) ○ 순차진행과 도약진행 방법 알기 ○ 시작의 요령과 동기 지어 부르기	멜로디언 활동 기록장 오선지	
4	○ 청음과 작은악절 만들기	○ 다장조 3 / 4박자 듣고 적기(8마디) ○ 화음 듣고 적기(Ⅰ, Ⅳ, Ⅴ도) ○ 작은악절 완성하기	멜로디언 활동 기록장 오선지	
	○ 청음과 한 도막 형식의 노래 만들기	○ 다장조 3 / 4박자 듣고 적기(8마디) ○ 종지법 알기 ○ 한 도막 형식 노래 만들기	멜로디언 활동 기록장 오선지	
5	○ 청음과 한 도막 형식의 노래 만들기	○ 다장조 4 / 4박자 듣고 적기(8마디) ○ 한 도막 형식의 노래 만들기	멜로디언 활동 기록장 오선지	
	○ 1학기 정리	○ 비디오 시청 ○ 1학기 정리, 2학기 대비	활동 기록장	

순	주 제	활동 내용	준비물	비고
6	○ 한 도막 형식 노래 만들기	○ 다장조 4/4박자 듣고 적기(8마디) ○ 종지법에 맞게 노래 만들기	멜로디언 활동 기록장 오선지	
7	○ 한 도막 형식 노래 만들기	○ 다장조 4/4박자 듣고 적기(8마디) ○ 여러 개의 동기 짓기 ○ 선정된 동기 발전시켜 완성하기	멜로디언 활동 기록장 오선지	
	○ 노랫말이 주어진 한 도막 형식의 노래 만들기	○ 다장조 4/4박자 듣고 적기(8마디) ○ 노래의 흐름선 만들기 ○ 노래 형식과 화음의 진행법에 맞추어 완성하기	멜로디언 활동 기록장 오선지	
8	○ 노랫말이 주어진 한 도막 형식의 노래 만들기	○ 다장조 4/4박자 듣고 적기(8마디) ○ 노래 만들기 과정에 따라 한 도막 형식의 노래 만들기	멜로디언 활동 기록장 오선지	
	○ 노랫말이 주어진 두 도막 형식의 노래 만들기	○ 다장조 4/4박자 듣고 적기(8마디) ○ A-A'-B-A'형의 노래 만들기 ○ 3/4 부분에 클라이맥스 넣기	멜로디언 활동 기록장 오선지	
9	○ 노랫말이 주어진 두 도막 형식의 노래 만들기	○ 다장조 4/4박자 듣고 적기(8마디) ○ A-A'-B-A'형의 노래 만들기	멜로디언 활동 기록장 오선지	
	○ 노랫말이 주어진 작은 세 도막 형식의 노래 만들기	○ 다장조 4/4박자 듣고 적기(8마디) ○ A-B-C 형의 노래 만들기 ○ B의 후단에 클라이맥스 넣기	멜로디언 활동 기록장 오선지	
10	○ 노랫말이 주어진 작은 세 도막 형식의 노래 만들기	○ 다장조 4/4박자 듣고 적기(8마디) ○ A-B-C형의 노래 만들기 ○ 종합적인 면을 생각하며 완성하기	멜로디언 활동 기록장 오선지	
11	○ 내 노래 발표하기	○ 방학 중에 만든 내 노래 발표하기 ○ 심사와 시상 ○ 연간 활동 반성	내가 만든 노래, 상품	

③ 활동안

일 시	20○○년 월 일	장 소		지도교사	
활동 주제	청음 및 기초 안전				
활동 목표	다장조 4/4박자의 가락(4마디)을 듣고 적을 수 있고, 기초적인 악전을 익혀 오선지에 바르게 적을 수 있다.				

활동 과정	활동 요소	활동 내용	시 간	자료 및 유의점
준비 활동	기습곡 부르기	○ 기습곡을 다 같이 자유스럽게 부르기 ● 계이름으로 부르기 ● 가사로 부르기	7´	○ 오선지
중심 활동	본시 목표 확인	○ 본시의 학습 내용 및 목표 확인 ● 학습 내용 ● 학습 목표	26´	
	가락 듣고 적기	○ 가락 듣고 적기 ● 오선지 위에 리듬 듣고 적기 ● 템포 감지하기 ● 반복하여 들으며 틀린 곳 고치기 ● 듣고 적은 리듬을 가락에 맞추어 오선지에 적어 넣기 ● C음의 높이 감지하기 ● 반복하여 들으며 틀린 곳 고치기		○ 리듬 악기 멜로디언
		○ 기초 악전 익히기 ● 높은음 자리표 ● 박자표 ● 세로줄, 겹세로줄 ● 음표, 쉼표 ● 오선지에 바르게 적기	7´	○ 음의 높이를 항상 기억하여 음감을 기르도록 지도한다.
정리 활동	본시 학습 반성	○ 본시 활동 반성 ● 부족한 점 ● 잘한 점		
	차시 예고	○ 차시 예고 ● 준비물 ● 활동 내용		

고운 소리부

1 활동 목표

○ 전통악기인 대금의 기초 기능을 익힌다.

○ 우리 악기의 아름다운 소리를 느낀다.

○ 우리 것에 대한 긍지심을 갖는다.

2 연간 지도 계획

순	주 제	활동 내용	준비물	비고
1	○ 계발 활동 기초 조사	○ 분야별 예정 부서 안내 ○ 하고 싶은 일 발표하기 ○ 희망 부서 조사하기	설문지	
	○ 희망 예상 부서 선정	○ 부서별 하는 일 알기 ○ 희망 부서 인원수 조사하기	계발 활동 부서 안내	
	○ 입부 지도	○ 나의 특기 및 취미 알기 ○ 장래 진로 생각하기 ○ 희망하는 부서 결정하기	나는요? (질문지) 입부 신청서	
	○ 임원 선출 ○ 연간 계획 수립	○ 부원끼리 인사하기 ○ 임원 선출하기 ○ 연간 활동 계획 세우기	출석부, 연간 지도 계획	
2	○ 대금의 유래 알기 ○ 대금의 구조 알기	○ 대금의 유래 ○ 대금의 구조 알기 ○ 대금의 종류	대금	
	○ 연주법 Ⅰ	○ 연주 자세 ○ 호흡 연습 ○ 소리 내기	대금	
3	○ 연주법 Ⅱ	○ 연주 자세 ○ 호흡 연습 ○ 소리 내기	대금	
	○ 연주법 Ⅲ	○ 악보 보는 법 ○ 운지법 ○ 연습곡 1번 연습하기	대금, 악보	

번호	주 제	활동 내용	준비물	비고
4	○ 연습곡 Ⅰ	○ 연습곡 1번, 2번, 3번	대금, 악보	
	○ 연습곡 Ⅱ	○ 연습곡 4번, 5번, 6번	대금, 악보	
	○ '아리랑' 연주 Ⅰ	○ '아리랑'의 아름다운 선율을 느끼며 연주하기	대금, 악보	
5	○ 마무리하기	○ 1학기 반성 및 다과회	대금, 악보	
6	○ '아리랑' 연주 Ⅱ	○ 연습곡 4번, 5번, 6번 ○ '작별' 연주하기	대금, 악보	
7	○ '작별' 연주 Ⅰ	○ 연습곡 4번, 5번, 6번 ○ '아리랑' 연주하기	대금, 악보	
	○ '작별' 연주 Ⅱ	○ 연습곡 1번, 2번, 3번 ○ '작별'곡의 내용을 생각하며 연주하기	대금, 악보	
8	○ '작별' 연주 Ⅲ	○ 연습곡 1번, 2번, 3번 ○ '작별' 연주하기	대금, 악보	
	○ '도라지' 연주 Ⅰ	○ 연습곡 4번, 5번, 6번 ○ '도라지'곡의 특성을 살려 연주하기	대금, 악보	
9	○ '도라지' 연주 Ⅱ	○ 연주곡 7번, 8번,9번 ○ '도라지' 연주하기	대금, 악보	
	○ '애국가' 연주 Ⅰ	○ 연습곡 7번, 8번, 9번 ○ '애국가' 연주하기	대금, 악보	
10	○ '애국가' 연주 Ⅱ	○ 연습곡 10번 ○ '애국가'의 내용을 음미하며 연주하기	대금, 악보	
11	○ 발표회	○ 작은 발표회 갖기	대금, 악보 발표회 준비물	

③ 활동안

일 시	20○○년 월 일	장 소		지도교사	
활동 주제	'작별'				
활동 목표	'작별'곡의 내용을 알고 잘 연주할 수 있다.				
활동 과정	활동 요소	활동 내용		시 간	자료 및 유의점
준비 활동	인사하기	○ 연습 도중 어려웠던 점 이야기하기 　• 그 이유를 생각해 보고 잘할 수 있는 방법 　　을 알아보기		7′ 26′	○ 대금
중심 활동	활동 목표 확인 근육 이완시키기 복습하기	○ 활동 목표 확인하기 　• '작별'곡의 내용을 알고 잘 연주할 수 있다. ○ 몸의 각 부위를 풀기 　• 목, 어깨, 팔, 손가락, 허리 ○ 바른 자세로 앉기 　• 아빠 다리로 앉기 ○ 호흡 연습 　• 복식 호흡하기 ○ 긴 소리, 짧은소리 복습하기			○ 중간에 쉬는 시 　간을 주어서 힘 　들지 않게 한다.
	연습곡 부르기 작별 연주하기	○ 왼손과 오른손의 바른 위치를 알고 잡기 ○ 연습곡 1번, 2번, 3번 연주하기 ○ 바른 자세로 작별 연주하기 　• 옆 친구와 서로 보면서 도움을 주기 ○ 조별로 둘러 앉아서 서로 확인해 주기 ○ 어느 조가 잘하나 시합해 보기		7′	
정리 활동	발표하기 과제 제시 차시 예고	○ 개인별로 발표하기 　• 잘된 점 이야기하기 　• 잘못된 점 이야기하기 ○ 과제 제시(작별 연습) ○ 모임 날짜 예고(월 일) ○ 준비물 예고(대금)			○ 보상하기

과학부

1️⃣ 활동 목표
  ○ 여러 가지 실험을 통하여 과학의 원리를 찾아낼 수 있다.
  ○ 과학적 지식을 활용하여 과학적 문제를 해결할 수 있다.
  ○ 일상생활 속에서 과학적 생활 태도를 가진다.

2️⃣ 연간 지도 계획

순	주 제	활동 내용	준비물	비고
1	○ 계발 활동 부서 직무 및 연간 계획 수립	○ 계발 활동 부서 조직 ○ 임원 선출하기 ○ 연간 계획 수립하기	설문지, 출석부, 연간 지도 계획 등	
	○ 탁구공을 이용하여 실험하기	○ 탁구공의 방향 ○ 손대지 않고 탁구공 옮기기	종이컵 2, 탁구공, 깔때기 등	
2	○ 진동의 원리 이해하기 ○ 대금의 구조 알기	○ 버들피리 만들고 원리 알기 ○ 여러 가지 피리 만들기 - 진동의 원리 알기	버드나무 가지, 칼, 빨대, 각종 대롱 등	
	○ 마찰 전기에 대하여 알아보기	○ 천장에 풍선 붙이기 ○ 쌀 운반하기 대회, 풍선 뽀뽀 ○ 콜라 캔으로 불꽃 튀기기	쌀, 풍선, 빗, 콜라 캔, 비닐 랩 등	
3	○ 사탕 실험하기	○ 사탕을 불로 녹이기 ○ 사탕 과자 만들기	사탕, 성냥, 호일, 소다 등	
	○ 밀가루폭탄 만들기	○ 밀가루를 헝겊으로 싸기 ○ 어두운 곳에서 촛불 켜기 ○ 촛불 위에 밀가루 털기	밀가루, 무명 헝겊, 양초, 숟가락 등	
4	○ 달걀을 먹는 우유병 ○ 플라스크에 빨려 들어간 풍선	○ 우유병에 물을 넣고 병 위에 삶은 달걀 올려놓고 가열하기 ○ 플라스크에 빨려 들어간 풍선	성냥, 우유병, 삶은 달걀, 풍선 등	
	○ 고슴도치 비닐장갑 ○ 풍선 실험 ○ 과학 문제 풀이	○ 비닐봉지에 물 넣고 연필로 뚫기 ○ 터지지 않는 풍선 ○ 풍선의 배꼽을 관통시켜라. ○ 과학 문제 풀이	비닐봉지, 연필 5, 풍선, 바늘, 이쑤시개 등	
5	○ 탁구공을 이용하여 실험하기	○ 탁구공의 방향 ○ 손대지 않고 탁구공 옮기기	종이컵 2, 탁구공, 깔때기 등	
	○ 1학기 정리	○ 1학기 과정 복습 ○ 1학기 과정 반성	평가·반성 기록부 등	

순	주 제	활동 내용	준비물	비고
6	○ 공명 소리	○ 유리컵에 물의 양을 달리하여 넣기 ○ 막대로 두드리기 ○ 입으로 불어 보기	유리컵 8개 나무젓가락 쇠젓가락, 막대 등	
7	○ 모형 소화기 만들기	○ 휴지로 싼 소다를 필름 통에 넣기 ○ 식초를 넣은 후 재빨리 닫기	소다, 식초, 필름 통, 화장지 등	
	○ 공기와 이산화탄소의 달리기	○ 풍선에 이산화탄소 넣기 ○ 또 하나의 풍선을 입으로 불기 ○ 어느 풍선이 먼저 떨어지나?	식초, 페트병, 소다, 풍선 등	
8	○ 신비한 과학의 세계	○ 타지 않는 손수건 ○ 손가락으로 연기 피우기 ○ 종이컵으로 물 끓이기	손수건, 알콜, 성냥, 종이컵, 양초, 종이컵 등	
	○ 종이컵의 힘 알아보기	○ 종이컵을 네 모서리에 놓기 ○ 그 위에 나무판 놓고 올라가기	대소 종이컵 5, 나무판 등	
	○ 천하장사	○ 고무장갑의 힘 ○ 빨대의 위력 ○ 페트병 속에서 풍선 불기	고무장갑, 감자, 빨대, 페트병, 풍선 등	
9	○ 초미니 동력선	○ 나무젓가락으로 배 만들기 ○ 나무 뒷면에 잉크 묻히기 ○ 양동이에 배 띄우기	볼펜심, 물, 나무젓가락 칼, 이쑤시개, 샴푸 등	
	○ 물 빨리 마시기 대회	○ 빈 음료수 깡통에 물 넣기 ○ 빨대를 꽂고 고무찰흙으로 막기 ○ 빨대로 물 빨아들이기	음료수, 캔, 빨대, 고무찰흙 등	
10	○ 촛불의 잠수	○ 촛불의 잠수 ○ 물속에서 타는 촛불 ○ 해저 탐사(압정, 나무젓가락)	양초, 고무찰흙, 유리판, 유리컵 등	
11	○ 과학 퀴즈 풀기 대회	○ 퀴즈 풀기 대회 ○ 계발 활동 1년 반	퀴즈 문제지 등	

글짓기부(문예부)

1 활동 목표

○ 한글을 올바르게 이해하고 사용할 수 있다.

○ 글을 쓸 때 근거와 이유를 들어 가며 논리적으로 쓸 수 있다.

○ 아름다운 마음을 솔직하게 글을 통해 표현할 수 있다.

2 연간 지도 계획

순	주 제	활동 내용	준비물	비고
1	○ 계발 활동 부서 조직 ○ 연간 계획 수립	○ 계발 활동 부서 조직 ○ 임원 선출하기 ○ 연간 계획 수립하기	설문지	
	○ 임원 선출 ○ 연간 계획 수립 ○ 글짓기 솜씨 알기	○ 임원 선출하기 ○ 연간 활동 계획 세우기 ○ 주제를 정하여 글짓기	출석부 연간 지도 계획 짓기부 공책	
2	○ 좋은 글 읽기	○ 좋은 글 읽고 느낌 말하기 ○ 글 쓰는 순서와 여러 가지 표현 ○ 문장부호와 원고지 바로 쓰기	원고지	
	○ 생활문 쓰기	○ 생활문 쓰기 • 주제와 소재 찾기 • 주제와 소재 쓰기(기쁜 일)	원고지 참고 작품	
3	○ 생활문 쓰기	○ 생활문 쓰기 • 주제와 소재 쓰기(부모님) • 표현 방법: 단계별 나누기	원고지 참고 작품	
	○ 편지글 쓰기	○ 편지글의 종류와 봉투 쓰기 • 초대편지, 감사편지, 위문편지, 안부편지	원고지 참고 작품	
4	○ 일기 쓰기	○ 일기 쓰기의 주의할 점 • 그림, 관찰, 생활, 기행일기 ○ 일기 쓰기 • 여러 가지 일기의 쓰임	원고지 참고 작품	
	○ 독서 감상문 쓰기	○ 독서 감상문 쓰기 • 독서 감상문의 형식과 개요 짜기 • 독서 감상문 쓰기	원고지 위인전	
5	○ 동시 짓기	○ 동시 짓기 • 행과 연 만들기 • 글감 : 여름	원고지 동시집	

순	주 제	활동 내용	준비물	비고
6	○ 기행문 쓰기	○ 기행문 쓰기 • 기행문의 내용과 형식 • 기행문의 개요 짜기와 쓰기	원고지 참고 작품	
7	○ 기록문 쓰기	○ 기록문 쓰기 • 관찰 및 조사 기록문 쓰기 • 견학 및 회의 기록문 쓰기	원고지 참고 작품	
	○ 논설문 쓰기	○ 논설문 쓰기 • 주장에 따른 근거 제시하기 • 효과적인 표현 방법 알기 • 논설문의 개요 짜기와 쓰기 • 글감: 자연을 보호하자	원고지 참고 작품	
8	○ 논설문 쓰기	○ 논설문 쓰기 • 글감: 건강한 생활을 하자. 　　근검절약 생활을 하자 　　에너지를 절약하자 　　국산품을 사용하자	원고지 참고 작품	
	○ 설명문 쓰기 ○ 천하장사	○ 설명문 쓰기 • 효과적인 표현 방법 • 설명문의 개요 짜기와 쓰기 • 글감: 까치, 온양 민속 박물관	원고지 참고 작품	
9	○ 설명문 쓰기	○ 설명문 쓰기 • 글감: 고양이, 토끼, 닭, 은행나무, 원자력 발전 등	원고지 참고 작품	
	○ 독서 감상문 쓰기	○ 독서 감상문 쓰기 • 독서 감상문의 형식 • 독서 감상문의 개요 짜기 • 독서 감상문 쓰기	원고지 동화책	
10	○ 시조 짓기	○ 시조 짓기 • 글감 정하기 • 평시조, 엇시조로 짓기	원고지 시조집	
11	○ 글 모음집	○ 글 모음집 정리와 만들기 • 글 모음 감상	글 모음집	

③ 활동안

일 시	20○○년 월 일	장 소		지도교사	
활동 주제	일기 쓰기				
활동 목표	주제에 알맞게 일기를 쓸 수 있다.				

활동 과정	활동 요소	활동 내용	시 간	자료 및 유의점
준비 활동	동기 유발	○ 일기의 종류와 주제 정하기 ○ 일기의 종류 알아보기 • 그림, 관찰, 생활, 기행, 감상, 독서, 동시 학습, 사육 등 ○ 주제 정하기 • 주제에 따라 일기의 종류 정하기	5′	○ 일기장
중심 활동	활동 목표 확인	○ 활동 목표 확인하기 • 주제에 맞게 일기 쓰기	30′	
	일기 쓰기	○ 일기 쓰기 • 글감 정하기 – 가장 인상에 남는 것 – 책을 읽고 감명받은 것 – 생물을 사육 관찰한 것 – 여행하며 보고 느낀 것 ○ 일기 쓰기 – 자신이 생각을 솔직하게 쓰기 – 한 가지 글감으로 쓰기 – 간결하게 쓰기 – 사건을 중심으로 쓰기 – 하루의 생활 반성		
정리 활동	친구들의 일기 감상하기	○ 잘된 글 알아보기 • 다른 사람이 쓴 글을 읽고 잘된 점 찾아 칭찬하기 • 다른 사람이 쓴 글을 읽고 부족한 점 찾아 충고해 주기	5′	
	차시 예고	○ 독서 감상문 쓰기 • 독서 감상문의 개요 짜기 • 독서 감상문 쓰기		○ 생활과 느낌이 잘 드러나게 쓰도록 지도한다.

사물놀이부(풍물부)

① 활동 목표

○ 우리 문화에 대하여 흥미와 사랑하는 마음을 갖는다.

○ 사물의 구성과 각 악기의 특징을 알고 전통적인 가락을 체험할 수 있다.

○ 우리나라 음악의 멋스러움을 알고 더욱 발전시키려는 태도를 갖는다.

② 연간 지도 계획

순	주 제	활동 내용	준비물	비고
1	○ 희망 부서 선정 ○ 입부 지도 ○ 임원 선출 ○ 연간 계획 수립	○ 나의 특기 및 취미 알기 ○ 부서 결정하기 ○ 임원 선출하기 ○ 연간 활동 계획 세우기	설문지 부서 안내 지도 계획	
	○ 우리 음악의 우수성 ○ 우리 악기의 종류	○ 우리 음악의 우수성을 알고 사랑해야 하는 이유 알기 ○ 우리나라 악기의 종류를 알고 어느 때 쓰였는지 알기	녹음테이프 자료 PPT 자료	
2	○ 사물놀이의 소개 ○ 장구의 구조 및 타법 ○ 풍물의 기초	○ 사물놀이의 뜻과 역사 ○ 판 굿과 풍물의 표현 ○ 장구의 구조 및 쓰임새, 명칭 ○ 호흡법 및 타법과 부호	녹음테이프 자료 PPT 자료	
	○ 인사가락 익히기 ○ 점고(일채) 익히기	○ 인사할 때 치는 가락 알기 ○ 일채가락 알고 치기	농악기 악보	
3	○ 쩍적이 가락 익히기 ○ 타령 읽히기	○ 가락을 익힌다. ○ 타령장단 익히기	농악기	
	○ 삼채장단 익히기	○ 웃다리의 삼채장단 알기 ○ 삼채의 기본 장단 익히기	농악기 악보	
4	○ 이채장단 익히기	○ 웃다리의 이채장단 알기 ○ 이채의 기본 장단 익히기	농악기 악보	
	○ 굿거리장단 익히기	○ 웃다리의 굿거리장단 알기 ○ 기본 장단 익히기	농악기 악보	

순	주제	활동 내용	준비물	비고
6	○ 굿거리장단 익히기	○ 웃다리의 굿거리장단 알기 ○ 삼채의 기본 장단 익히기	농악기 악보	
7	○ 칠채장단 익히기	○ 일채가락 복습하기 ○ 웃다리의 칠채장단 알기 ○ 칠채의 기본 장단 익히기	농악기 악보	
	○ 칠채장단 익히기	○ 이채의 기본 장단 복습 ○ 웃다리의 칠채장단 알기 ○ 칠채의 기본 장단 익히기	농악기 악보	
8	○ 칠채장단 익히기	○ 웃다리의 칠채 장단 알기 ○ 칠채의 기본 장단 익히기	농악기 악보	
	○ 짝쇠장단 익히기	○ 웃다리의 짝쇠장단 알기 ○ 장단에 맞추어 사물놀이 익히기	농악기 악보	
9	○ 짝쇠장단 익히기	○ 타령장단 복습 ○ 짝쇠장단 익히기 ○ 맞추어 사물놀이 하기	농악기 악보	
	○ 사물놀이 익히기 (풍물 익히기)	○ 장단 복습하기 ○ 배운 것을 종합하여 사물놀이로 구성하여 익히기	농악기 악보	
10	○ 사물놀이 익히기 (풍물 익히기)	○ 기본 장단 복습하기 ○ 배운 것을 종합하여 사물놀이로 구성하여 익히기	농악기 악보	
11	○ 사물놀이 익히기 (풍물 익히기)	○ 배운 것을 종합하기 ○ 사물놀이로 구성하여 익히기	농악기 악보	

③ 활동안

일 시	20○○년 월 일	장 소		지도교사	
활동 주제	이채장단 치기				
활동 목표	이채의 변화 장단을 알고 칠 수 있다.				

활동 과정	활동 요소	활동 내용	시 간	자료 및 유의점
준비 활동 중심 활동	복습하기 활동 목표 확인 하기 이채장단 익히기	○ 삼채장단 쳐 보기 ○ 이채의 기본 장단 복습하기 　● 이채의 변화 장단을 알고 칠 수 있다. ○ 이채장단 익히기	5´	○ 출석부 ○ 악보 농악기

이채장단 익히기 부분:

쇠	○	○ ○	－ ○	○
	깽	깽	웃깨	갱
징	○			
	징			
북	○	○	○	○
	덩	더	덩	더
장구	①①	①①	● ｜	●
	덩	덩	쿵따	쿵
구음	달	달	무슨	달

（시간 40´, 자료 및 유의점: ○ 손목의 놀림과 단의 변화를 알고 흥미롭게 치도록 한다.）

○ 이채의 변화 장단 익히기

쇠	○ ○	○ ○	－ ○	○
	깽개	깽개	깽개	갱
징	○			
	징			
북	○	○	○	○
	덩	더	덩	더
장구	①	｜ ｜	● ｜	●
	저	달은	무슨	달

（시간 5´, 자료 및 유의점: ○ 악기 상자에 잘 정리하도록 한다）

활동 과정	활동 요소	활동 내용	시 간	자료 및 유의점
정리 활동	정리하기 차시 학습 내용 알기	○ 악기 보관하는 방법 알고 정리하기. ○ 이채장단 연습해 오기		

영어 회화부(생활 영어부)

① 활동 목표

○ 일상생활에서 사용하는 기초적인 영어를 익하고 표현할 수 있다.

○ 다양한 활동을 통하여 영어를 익히면서 영어에 흥미와 자신감을 가지게 한다.

○ 외국의 문화를 이해하고, 우리 문화의 소중함을 알게 한다.

② 연간 지도 계획

순	주 제	활동 내용	준비물	비고
1	○ 연간 계획 세우기 수립	○ 희망 부서 조사 및 연간 계획 세우기 ● 임원 선출하기 ● 연간 활동 계획 세우기	희망 조사서 연간 계획표	
	○ Introduction ○ 자기소개 하기 ○ 서로 인사하기	○ 자기를 소개하고 인사 나누기 ● Activity － Self Introduction－Game: Say Hello!	카세트	
2	○ At the zoo	○ 동물원에서 본 동물 이름 영어로 말하기 ● Activity － 동물 놀이, Miming 게임	카세트 동물 그림	
	○ What color is this?	○ 사물의 색을 묻고 답하는 말하기 ● Activity － 모양에 색칠하기 － Chant: What color is this?	색 사인펜 도화지	
3	○ What shape is this?	○ 여러 가지 도형의 이름 묻고 답하기 ● Activity－ 성 만들기, 추측하기 게임	색종이, 가위, 풀, 도화지	
	○ What shape is this?	○ 여러 가지 도형의 이름 알기 ● Vocabulary － circle, triangle, square, rectangle ● Activity－ 성 만들기	색종이 풀 가위 도화지	
4	○ Let's draw a robot.	○ 로봇을 그리며 신체의 명칭 알기 ● Activity － Song: Head Soulders Knees and Toes － Game: Show me your face	로봇 장난감, 그리기 도구	
	○ My name is Rose	○ 꽃의 이름을 알고 좋아하는 꽃 말하기 ● Activity － Story: Happy strawberries － 꽃 이름 말하기 게임	꽃 그림이 있는 사진	
5	○ 1학기 정리	○ 1학기 정리 ● 1학기 동안의 공부 내용 복습과 반성	평가·반성 기록부	

순	주 제	활동 내용	준비물	비고
6	○ My favorite food	○ 좋아하는 음식을 묻고 답하기 ● Activity －좋아하는 음식 묻고 답하기 －Chant: I want to eat fish	실물 야채	
	○ I love my family	○ 가족의 명칭 영어로 말하기 ● Activity －Song: The family song －Game: Family tree	가족사진	
7	○ Let's count ten	○ 1부터 20까지의 수를 읽을 수 있다. ● Activity－Song: I have a ballon －숫자 카드놀이 －'카드를 집어요' 노래 부르기	숫자 카드	
	○ 월, 일, 시각에 대한 표현 익히기	○ 시각에 대한 말 영어로 하기 ● Activity －Chant: What do you do on Sunday? －시계 놀이	시계, 달력	
8	○ I wash my face	○ 행동하는 말 듣고 행동하기 ● Activity－추측하기 게임 －Song: What am I doing?	Flash card	
	○ I'm happy	○ 감정 표현 익히기 ● Activity －I'm happy. I'm sad 표현 알기 －얼굴 표정으로 표현하기 －상대방의 마음 알기 게임	활동 자료, PPT 자료	
9	○ 영어 연극	○ 백설공주 연극하기 ● Activity －배역 정하기, 대본 외우기 －연습, 안내장 만들기 －발표회	소품	
10	○ 정리 활동	○ 1년간 활동 내용 반성하기 ○ 칭찬과 격려로 자신감 심어 주기	반성·평가 기록부	

③ 활동안

Date	20○○ . . .		Place		Instructor	
Subject	What shape is this?					
Objective	여러 가지 도형의 이름을 알고 게임을 하면서 묻고 답하는 말을 할 수 있다.					

procedure	Contents	Teaching• Learning Activities	Time	Aids
Introduction	Warming up	○ Greeting 　• T: Hello, everyone 　• S: Hello, Ma, am ○ Chant 　• T: Let's chant together "what color is it?" 　• S: (chant)	7´	
Development	presentation Say & Listen Play a Game Story telling	• Presentation of today's lesson 　• T: (Present the contents of today's lesson) ○ Listen and repeat 　• T: What shape is this? 　• S: It's a triangle(circle) ○ The shape game 　• T: OK. Let's play a game 　　Cut out the four shapes card. ○ Put different shapes together to make objects. 　• S1: What's that? 　• S2: It's － － － － ○ The seven baby goats and the wolf(2) 　• T: I'll tell you a story. Listen cafefully. 　• S: (Listen) 　• T: Let me ask you a question. If you know 　　the answer, raise you hands. 　• S: (Answer) ○ Let's review today's lesson 　• T: What shapes is this? 　• S: It's a circle 　• T: That's all for today 　　Good bye everyone	26´	○　Tape　recorder 　　Cassette tape ○　Tape　recorder 　　Cassette　tape 　　VTR　Video 　　tape　Picture 　　card
Consolidation	Summing up	• S: Good－Bye teacher.	7´	

예쁜 솜씨부(꾸미기부)

1 **활동 목표**

○ 즐거운 마음으로 참여하여 조형 활동에 새로운 관심을 가지도록 한다.

○ 주제의 특성을 살려 다양한 방법으로 개성적인 표현을 할 수 있다.

○ 여러 가지 재료와 용구의 특징을 응용하여 재미있게 표현할 수 있다.

2 **연간 지도 계획**

순	주 제	활동 내용	준비물	비고
1	○ 임원 선출 ○ 연간 계획 수립	○ 부원끼리 인사하기 ○ 임원 선출하기 ○ 연간 활동 계획 세우기	출석부 연간 지도 계획	
	○ 과일 액자 만들기	○ 액자에 지점토 바르기 ○ 과일 만들기 ○ 만든 과일을 액자에 붙이기	지점토, 액자, 본드	
2	○ 과일 액자 채색하기	○ 과일 채색하기 ○ 래커 칠하기	수채 용구가지, 칼, 래커, 액자	
	○ 딸기 바구니 만들기	○ 바구니에 지점토 바르기 ○ 딸기 만들기 ○ 세부적인 부분 완성하기	바구니 지점토	
3	○ 딸기 바구니 채색하기	○ 딸기 바구니에 채색하기 ○ 래커 칠하기	수채 용구, 바구니, 래커	
	○ 자화상 만들기	○ 철사로 뼈대 만들기 ○ 지점토 붙이기 ○ 세부적인 부분 완성하기	철사, 펜치, 털실, 지점토	
4	○ 자화상 채색하기	○ 자기 얼굴 채색하기 ○ 래커 칠하기	수채 용구, 래커, 물감	
	○ 사진 액자 만들기	○ 액자에 지점토 붙이기 ○ 세부적인 부분 완성하기	액자 지점토	
5	○ 채색하기 ○ 만든 작품 감상 및 　정리	○ 채색하기 ○ 래커 칠하기 탁구공 옮기기 ○ 서로의 작품 감상 ○ 반성 및 정리하기	수채 용구 래커 물감 완성품	

순	주 제	활동 내용	준비물	비고
6	○ 편지꽂이 만들기	○ 참고 작품 보고 이야기 ○ 편지꽂이 만들기 ○ 완성품 감상	편지꽂이판 지점토 도구 세트	
7	○ 편지꽂이 채색하기	○ 편지꽂이 구상하기 ○ 편지꽂이 채색하기 ○ 래커 칠하기	수채 용구 래커 물감	
	○ 촛대 만들기	○ 사과 만들기 ○ 잎 만들기 ○ 촛대에 붙이기	지점토 도구 세트 촛대, 본드	
8	○ 촛대 채색하기	○ 촛대 채색하기 ○ 래커 칠하기 ○ 친구의 작품 중 잘된 점 발표하기	수채 용구 물감 래커	
	○ 벽걸이 만들기	○ 참고 작품 보고 이야기하기 ○ 부조 만드는 방법 ○ 판지에 한지 붙이기 ○ 부조 작품 완성하기	부조 작품 한지 가위 풀	
9	○ 액자 만들기	○ 참고 작품 복고 이야기하기 ○ 부조 만드는 방법 ○ 판지에 한지 붙이기 ○ 부조 작품 완성하기	한지 주름지 가위 풀, 액자	
	○ 목걸이 만들기	○ 모양 틀에 찍기 ○ 모양 오리기 ○ 핀 붙이기	지점토 도구 세트	
10	○ 목걸이 채색하기	○ 채색하기 ○ 래커 칠하기 ○ 정리하기 ○ 잘된 점 발표하기	수채 용구 래커 물감	
11	○ 만든 작품 감상 및 정리	○ 서로의 작품 감상 ○ 반성하기 ○ 정리하기	완성품 활동기록부	

③ 활동안

일 시	20○○년 월 일	장 소		지도교사	
활동 주제	딸기 바구니 만들기				
활동 목표	쓸모와 아름다움을 생각하여 바구니를 만들 수 있다.				
활동 과정	활동 요소	활동 내용		시 간	자료 및 유의점
준비 활동	동기 유발 활동 목표 알기 참고 작품 감상	○ 싱싱하고 맛있어 보이는 딸기가 있어요. 어디에 담으면 좋을까요? ○ 활동 주제 확인하기 – 준비된 자료를 통해 활동 내용을 알아본다. ○ 참고 작품을 보면서 서로의 생각 이야기하기 • 바구니 꾸미는 방법 • 딸기 만드는 방법		7′	○ 참고 작품
중심 활동		• 딸기 붙이는 방법 • 교사 시범 보이기 ○ 꽃 만들기 • 가위 사용법 익히기 ○ 딸기 만들기 ○ 잎 만들기 ○ 꽃, 딸기, 잎 등을 철사에 꽂기		26′	○ 지점토, 철사, 테이프
	바구니 속 재료 만들기	○ 잘못된 부분 수정하기 ○ 철사에 테이프 감아 완성하기 ○ 서로의 작품 이야기하기 • 잘된 점			○ 완성품
정리 활동	수정 및 완성 활동 기록장 쓰기 정리하기 차시 예고	• 어려웠던 점 • 고쳐야 할 점 ○ 활동 기록장 쓰기 ○ 주변 정돈하기 ○ 다음 시간에 한 일 협의하기(딸기 바구니 채색하기) ○ 준비물 알아보기 (수채 용구, 래커)		7′	○ 활동 기록장

창의력 개발부

1 활동 목표
   ○ 여러 가지 생활의 문제에 대해 창의적으로 생각할 수 있다.
   ○ 발명의 원리를 알아 생활에 필요한 물건을 발명할 수 있다.
   ○ 창의적 사고 기능에 대해 알 수 있다.

2 연간 지도 계획

번호	주 제	활동 내용	준비물	비고
1	○ 창의적 사고 기능 알기	○ 부원 파악 ○ 연간 활동 내용 협의 ○ 민감성 방법 알기 ○ 유창성 방법 알기 ○ 원과 사각형으로 만들 수 있는 것 발표하기	출석부	
2	○ 창의적 사고 기능과 창의적인 사람의 특징	○ 융통성 방법 알기 ○ 독창성 방법 알기 ○ 정교성 방법 알기 ○ 유창성 방법 알기 ○ 그 외에 여러 가지 방법의 창의적 사고 방법 알기	창의력 학습장	
3	○ 물건의 쓰임 알기	○ 못으로 할 수 있는 일 ○ 신문으로 할 수 있는 일 ○ 양말로 할 수 있는 일 ○ 우유 갑으로 할 수 있는 일 ○ 음료수 Pet병으로 할 수 있는 일 ○ 재생 타이어로 만들 수 있는 것	못 신문 양말 창의력 학습장	
4	○ 같은 점과 다른 점	○ 자동차와 비행기 ○ 식물과 동물 ○ 박찬호와 박세리 ○ 종이와 나무의 차이 알기 ○ 야구와 축구 ○ 개와 고양이	창의력 학습장	

순	주 제	활동 내용	준비물	비고
5	○ 물건의 특징 자세히 쓰기	○ 책가방에 대해서 자세히 쓰기 ○ 공책에 대해서 자세히 쓰기 ○ 연필에 대해서 자세히 쓰기 ○ 친구에 대해서 자세히 쓰기 ○ 컴퓨터에 대해서 자세히 쓰기	창의력 학습장	
6	○ 가능성에 대해서 쓰기	○ 만약 나에게 1억이 생긴다면 ○ 만약 밤이 계속 된다면 ○ 만약 내가 대통령이라면 ○ 만약 내일 지구가 멸망한다면 ○ 만약 내가 선생님이라면	창의력 학습장	
7	○ 그림 그리기	○ 미로 만들기 ○ 미래의 자동차, 집 그리기 ○ 디자인 방법 익혀 글자 도안하기 ○ 숫자 도안하기	스케치북	
8	○ 음식 발명하기	○ 동그란 음식 적어 보기 ○ 색깔별로 음식 나누기 ○ 재료별로 음식 나누기 ○ 새로운 음식 만들기 ○ 새로운 음식을 먹고 난 후에 느낀 점 발표하기	창의력 학습장 음식물 재료	
9	○ 발명의 원리 알기	○ 더하기와 빼기 원리 알기 ○ 모양 바꾸기 ○ 용도 바꾸기 ○ 재료를 바꾸어 발명품을 만들 수 있다.	창의력 학습장	
10	○ 발명품 만들기	○ 계획 세우기 ○ 발명품 만들기 ○ 발명품 발표하기 ○ 반성 및 평가하기	창의력 학습장	

③ 활동안

일 시	20○○년 월 일	장 소		지도교사	
활동 주제	덧셈과 뺄셈의 원리 알기				
활동 목표	새로운 덧셈과 뺄셈의 원리를 발명할 수 있다.				

활동 과정	활동 내용	시 간	자료 및 유의점
준비 활동	○ '더하기' 발명의 원리 설명하기 • 덧셈의 기본 원리 알기 • 덧셈의 원리에 따라 문제 해결하기 ○ '빼기' 발명의 원리 설명하기 • 뺄셈의 기본 원리 알기 • 뺄셈의 원리에 따라 문제 만들기 • 뺄셈의 원리에 따라 문제 해결하기	5′	○ 창의력 학습장
중심 활동	○ 모둠별로 '더하기' 발명 알아보기 • 발명품 조사하기 • 더한 물건의 이점 알아보기 • 물건을 더하여 새로운 물건 만들어 보기 ○ 여러 가지 문제 해결하기 • 덧셈의 기본 원리에 따라 여러 가지 아이디어로 문제 만들기 • 마방진 이용한 문제 만들기 • 마방진 문제 해결하기 ○ 모둠별로 '빼기' 발명 알아보기 • 발명품 조사하기 • 뺀 물건의 이점 알아보기 • 물건을 빼서 새로운 물건 만들어 보기 ○ 여러 가지 문제 해결하기 • 뺄셈의 기본 원리에 따라 여러 가지 아이디어로 문제 만들기 • 뺄셈의 기본 원리에 따라 문제 해결하기	40′	○ 마방진 그림
정리 활동	○ 조별로 발표하기 • 잘된 점과 잘못된 점 발표하기 • 잘된 조의 문제 같이 풀어 보기 ○ 발명품 평가하기	5′	○ 정리 활동을 반드시 실행한다.

합창부

① 활동 목표

○ 합창을 통하여 정서 순화 및 가락의 아름다움을 느낀다.

○ 서로 협력하고 조화의 중요성을 느끼는 가운데 아동 상호간의 우애를 다진다.

○ 음악을 즐기고 생활화하여 밝고 아름다운 마음을 갖는다.

② 연간 지도 계획

순	주제	활동 내용	준비물	비고
1	○ 임원 선출 ○ 연간 계획 수립	○ 부원끼리 인사하기 ○ 임원 선출하기 ○ 연간 활동 계획 세우기	계발 활동 학습장 호흡법 모형도	
	○ 호흡법 익히기	○ 호흡법 익히기 ○ 화음 합창(3화음) 부르기		
2	○ 발성법 익히기	○ 입 모양 익히기 ○ 발성 연습 하기 ○ 고운 소리 내기	3화음 괘도 피아노	
	○ 합창의 기초	○ 화음선 연습하기 ○ 돌림 노래 부르기		
3	○ 합창의 기초	○ '동네 한바퀴' 노래 부르기 ○ 기보법 익히기	악보 피아노 PPT 자료	
		○ '달맞이 가세' 노래 부르기 ○ 발성법 익히기		
4	○ 부분 2부 합창	○ '소나무' 노래 부르기 ○ 합창곡 감상 '오빠 생각'	악보 피아노	
		○ '고향의 봄' 노래 부르기 ○ '초록 바다' 노래 부르기	악보 피아노	
5	○ 부분 3부 합창	○ '금강산' 노래 부르기 ○ '종소리' 노래 부르기	악보 피아노	
	○ 명곡 감상 ○ 1학기 정리	○ 비디오 시청 ○ 1학기 정리 및 2학기 대비	비디오테이프	

순	주 제	활동 내용	준비물	비고
6	○ 발성법과 호흡법 익히기	○ 입 모양 익히기 ○ 고운 소리 내기 ○ 공명이 되는 소리 내기	소리굽쇠	
7	○ 3부 합창하기	○ '금강산' 노래 부르기 ○ '종소리' 노래 부르기 ○ '초록빛 바다' 노래 부르기	악보 피아노	
		○ '오솔길' 노래 부르기 ○ '그리운 언덕' 노래 부르기 ○ '섬집 아기' 노래 부르기		
8	○ 중창, 3중창 하기	○ 음색이나 음질을 살려 중창 구성하기 ○ 중창, 3중창 부르기	악보 피아노	
	○ 중창, 3중창 하기	○ 음색이나 음질을 살려 중창 구성하기 ○ 중창, 3중창 부르기	악보 피아노	
9	○ 발표회	○ 악곡 선정 ○ 발표회 갖기 ○ 반성회 갖기	악보 피아노	
	○ 행사곡 부르기	○ 허밍으로 2부 합창하기 ○ 2부 합창하기	악보 피아노	
10	○ 즐거운 캐롤 부르기	○ '크리스마스 캐롤' 합창으로 부르기 ○ 간단한 악기를 곁들여 즐겁게 노래 부르기	악보 피아노	
11	○ 우리 민요 부르기 ○ 반성하기	○ 민요 부르기 • '풍년가' 민요 부르기 • '아리랑' 민요 부르기 • '천안 삼거리' 민요 부르기 ○ 2학기 반성 ○ 한 학년 마무리	악보 피아노	

③ 활동안

일 시	20○○년 월 일	장 소		지도교사	
활동 주제	화음 합창하기				
활동 목표	화음 합창의 기능을 익혀 돌림 노래형의 가락 3화음을 연습할 수 있다.				

활동 과정	활동 요소	활동 내용	시 간	자료 및 유의점
준비 활동	활동 목표 확인	○ 활동 목표 확인하기 • 화음 합창의 기능을 익혀 돌림 노래형의 가락 3화음을 연습할 수 있다.	5′	○ 3화음 악보
중심 활동	기습곡 연습	○ 전 시간에 배운 노래 부르기 • '동네 한바퀴' 노래 화음선에 의한 돌림 가락 부르기 • 계이름으로 부르기 • 돌림 노래로 부르기		
	돌림 노래 부르기	○ 다양한 방법으로 부르기 • 가사 지어 부르기 • 박수 치며 부르기 ○ 표현의 기법 알기 • 화음 합창의 특징 알고 노래 부르기	40′	○ 기쁜 마음으로 노래를 부를 수 있도록 유도한다.
	화음 합창	○ 화음 합창하기 • 3화음에 의한 합창하기 • 다른 파트의 음을 잘 들으며 부르기 • 각 파트별 연습(소집단 활동)→전체 부르기 ○ 파트별로 2명씩 나와 부른 노래로 상호 평가하기		○ 파트의 특성을 살려 부르도록 한다.
정리 활동	정리	○ 배운 내용 정리하기 • '동네 한바퀴' 돌림 노래로 부르기	5′	
	차시 예고	○ 다음 주에 배울 노래 알기 • '달맞이 가세' 노래 부르기		

환경 보전부(자연 보호부)

① **활동 목표**

○ 환경 보존의 중요성을 알고 환경을 보호하려는 태도를 기른다.

○ 환경오염의 종류를 알고 환경오염원을 알 수 있다.

○ 생활 속에서 환경을 보호하려는 실천적 방법을 알고 실천할 수 있다.

② **연간 지도 계획**

순	주제	활동 내용	준비물	비고
1	○ 사람과 환경	○ 예전 우리나라의 환경은 어떠한지 알아보기 ○ 생물적 환경의 특징 알기 ○ 비생물적 환경의 특징 알기 ○ 인공 환경과 자연환경의 차이와 좋은 환경은 어떤 곳인가 알기 ○ 우리가 살고 있는 곳의 환경은 어떠할까?		
2	○ 대기오염	○ 자동차에서 나오는 가스 냄새를 맡아 본 경험 말하기 ○ 스모그 현상과 피해는 어느 정도일까? ○ 오존층은 왜 필요하고 파괴되면 어떤 결과가 올까? ○ 지구 온난화 현상 알기 ○ 산성비 피해 알기 ○ 대기오염의 원인 알아보기	사진 자료	
3	○ 수질오염	○ 깨끗한 물의 좋은 점 알기 ○ 우리 학교 주변에 있는 강과 호수의 오염 실태 알기 ○ 바다의 오염 실태 알기 ○ 지하수 오염의 실태와 피해 알기 ○ 적조 현상과 예방할 수 있는 방법 알기 ○ 물의 오염의 원인 알아보기	사진 자료 비디오 자료	

순	주 제	활동 내용	준비물	비고
4	○ 토양오염	○ 토양오염의 실태와 피해 정도 알아보기 ○ 토양오염으로 인한 농산물 피해 정도 ○ 쓰레기 매립과 토양오염 ○ 토양오염과 사막화 ○ 농약 사용과 토양오염 ○ 축산 폐수의 토양오염 ○ 토양의 오염 원인 알아보기	사진 자료 비디오 자료	
5	○ 환경 보호 운동	○ 그린라운드 조사하기 ○ 국제 환경 협약 조사하기 ○ 환경 마크 제도 조사하기 ○ 환경처에서 하는 일 ○ 민간 환경 운동 조사하기 ○ 우리 지역 사람들이 하는 환경 운동 조사하기	PPT 자료 사진 자료	
6	○ 생활 속의 환경 보호	○ 폐식용유로 재생 비누 만들어 사용하기 ○ 쓰레기 분리수거 하기 ○ 일회용품 사용 줄이기 ○ 생활하수 줄이기 ○ 합성세제 사용 줄이기 ○ 환경 보호를 위한 샴푸 사용법 알기 ○ 유리제품 100% 재활용하기 ○ 알루미늄 캔 재활용하기 ○ 재충전 건전지 사용하기 ○ 폐품을 이용한 공작물 만들기	신문 내용 스크랩북	
7	○ 미래의 환경	○ 미래의 환경에 대하여 자신의 생각 발표하기 ○ 내가 할 수 있는 환경 보호 방법에는 무엇이 있을까? ○ 그동안 배운 내용 정리하기	PPT 자료 사진 자료	

③ 활동안

일 시	20○○년 월 일	장 소		지도교사	
활동 주제	적조 현상 알기				
활동 목표	적조의 피해를 알고 예방할 수 있는 방법을 알 수 있다.				

활동 과정	활동 요소	활동 내용	시간	자료 및 유의점
준비 활동	학습 동기 유발	○ 사진이나 화보 등을 통하여 적조의 피해 알아 보기 • 어떤 내용의 사진인가? • 어떤 피해가 있을까? • 우리에게 어떤 영향을 미칠까?	5′	○ 적조 피해 사진 ○ PPT 자료
중심 활동	적조 현상에 대하여 알아보기	○ 적조의 뜻 알기 • 바닷물의 온도 • 생활하수 및 폐수의 유입 • 플랑크톤의 증가 • 생태계 영향 ○ 적조의 발생 실태 조사하기 • 연도별 발생 지역 조사 발표 • 적조 발생 지역의 특성 • 우리나라에 가장 많은 적조 피해가 생기는 지역과 그 이유는? • 적조 영향	40′	
	적조의 피해 알아보기	○ 적조의 피해 알아보기 • 연도별 피해 상황 발표 • 적조가 바다에 미치는 영향 발표 • 적조가 생물에 미치는 영향		○ 적절하게 발표 하게 한다.
정리 활동	적조의 예방 방법 및 처리 방법 알아보기	○ 조사한 내용 정리하기 • 적조란 무엇인가? • 적조의 피해 • 적조 예방 방법	5′	
	차시 예고	○ 다음 시간 예고 • 토양오염의 피해와 예방		

회화부(그림 그리기부)

1 활동 목표

○ 회화의 기초적 기법을 익히고 자신 있게 표현할 수 있다.

○ 회화 표현의 즐거움을 알고 개성 있게 표현할 수 있다.

○ 즐거운 마음으로 부서에 참여하고 성실한 자세로 활동에 임한다.

2 연간 지도 계획

순	주 제	활동 내용	준비물	비고
1	○ 계발 활동 부서 조직 및 연간 계획 수립	○ 계발 활동 부서 조직 ○ 임원 선출하기 ○ 연간 계획 수립하기	출석부 연간 계획	
	○ 데생 연습	○ 선 긋기 연습 • 사물의 형태, 명암, 질감을 표현 • 연필을 잡는 방법과 선 쓰는 방법 연습	4B 연필 4절 스케치북	
2	○ 학교 풍경 스케치	○ 마음에 드는 풍경 정하기 ○ 풍경의 구도와 원근을 생각하여 스케치하기	4절 스케치북 4B 연필, 지우개 이젤	풍경화의 특징과 구도를 익힌다.
	○ 채색하기	○ 밝은 색부터 연하게 칠하기 ○ 원근과 명암을 고려하여 채색 ○ 세밀한 부분 정리하기	스케치북 이젤 수채화 도구	
3	○ 색의 성질 Ⅰ	○ 명도 대비 ○ 채도 대비 ○ 평면 구성하기	수채화 도구 포스터 물감	물감을 섞는 방법을 익힌다.
	○ 색의 성질 Ⅱ	○ 명도, 채도 대비를 고려하여 포장지 구상하기 ○ 채색하기	스케치북, 포스터 도구	
4	○ 인물화	○ 우리 어머니 그리기 ○ 어머니의 모습을 잘 표현하기 ○ 채색하기	스케치북 수채화 도구	너무 겹쳐 칠하면 색이 탁해진다.
	○ 정물화	○ 구도를 생각하여 정물 배치하기 ○ 정물의 특징을 살려 스케치하기 ○ 채색하기	스케치북 수채화 도구 정물, 이젤	

순	주제	활동 내용	준비물	비고
5	○ 포스터 그리기	○ 스케치하기 ○ 포스터의 특징을 살려 채색하기 ○ 완성 및 감상하기	스케치북, 4B 연필 포스터 도구	
	○ 반성 평가	○ 1학기 동안의 활동을 반성하기 ○ 2학기 준비 계획 세우기		
6	○ 개별 활동 기초 조사	○ 2학기 활동 계획 협의		
7	○ 풍경화 Ⅰ	○ 구상하기 ○ 좋은 풍경을 선택하기 ○ 간략하고 선으로 정확히 스케치 ○ 엷고 흐리게 채색하기	이젤 스케치북 수채화 도구	
	○ 풍경화 Ⅱ	○ 진하고 선명하게 채색하기 ○ 원근감과 투시도를 고려하여 근경 진하게 덧칠하기 ○ 완성하기	이젤 스케치북 수채화 도구	
8	○ 면 구성 Ⅰ	○ 알맞은 주제로 면 구성하기 ○ 색 단계 표시하기 ○ 채색하기	스케치북, 포스터물감 붓, 물통 도형자	
	○ 면 구성 Ⅱ	○ 색 단계 선 그리기 ○ 정리하며 채색하기	스케치북, 붓, 물통 포스터물감	
9	○ 소묘 Ⅰ	○ 물체의 형태 익히기 ○ 빛의 성질 및 흐름 익히기	이젤 4절 화지 4B 연필	
	○ 소묘 Ⅱ	○ 간략하고 긴 선으로 나타내기 ○ 명암을 고려하여 짧은 선으로 나타내기 ○ 정리하기	이젤 4절 화지 4B 연필	
10	○ 상상화 Ⅰ	○ 주제 생각하기 ○ 정확히 스케치하기 ○ 정리하기	스케치북 수채화 도구	
11	○ 상상화 Ⅱ	○ 채색하기 ○ 정리하기	스케치북 수채화 도구	
12	○ 학년 마무리	○ 한 학년 활동 반성 ○ 작품 전시회 개최	활동반성 기록부 전시 작품	

③ 활동안

일 시	20○○년 월 일	장 소	미술실	지도교사	
활동 주제	풍경화 그리기				
활동 목표	풍경화의 구도와 표현 방법을 알고 채색한다.				

활동 과정	활동 요소	활동 내용	시 간	자료 및 유의점

준비 활동	동기 유발 및
	준비물 확인
	활동 목표 확인
		○ 출석 확인 및 건강 상태 확인
		○ 준비물 확인
		○ 활동 목표 확인하기
		  • 풍경화의 구도와 표현 방법을 알고 채색한다.
			5′	○ 출석부
				○ 준비물 확인 학
				  습 목표 확인
				  및 인지시킨다.

중심 활동	활동 내용 확인
	
	전체 활동
		○ 회화 표현의 기본 원리(비례, 변화, 통일, 균
		  형, 개성)
		  • 그릴 대상 정하기
		  • 구도 정하기
		  • 스케치하기
		  • 채색하기
		  • 마무리하기
			70′	

	확인 활동	○ 확인 활동
		  • 회화의 기본 원리에 맞게 표현하기
		  • 풍경화의 구도 잘 표현하기
		  • 작가의 개성이 잘 드러냈는가?
		  • 정물의 명암과 묘사를 맞게 물감으로 채색
		    하였는가?
		  • 친구들의 작품을 보고 좋은 점을 본받도록
		    한다.
		○ 수업에 적극적으로 참여하였는지 반성하기
		○ 배운 내용 복습하기
			5′	○ 교사의 계획과
				  의도에 맹목적
				  으로 따라가지
				  않도록 지도
				  한다.

정리 활동	정리 및 차시
	예고
		○ 주변 정리하기
		  • 수채화 용구 바르게 정리하기
		○ 다음 시간 활동 내용 확인하기
		  • 알맞은 주제로 면 구성하기		

나. 보건 체육 활동

건강지킴이부

1 활동 목표

　○ 건강의 중요성을 알고 스스로 건강을 지킬 수 있다.

　○ 튼튼한 몸으로 건강하고 즐거운 생활을 할 수 있다.

　○ 자신의 건강 문제에 관심을 가지고 관리할 수 있다.

2 연간 지도 계획

순	주 제	활동 내용	준비물	비고
1	○ 계발 활동 기초 조사	○ 분야별 예정 부서 안내 ○ 하고 싶은 일 발표하기 ○ 희망 부서 조사하기	설문지	
	○ 희망 예정 부서 선정	○ 부서별 하는 일 알기 ○ 희망 부서 인원수 조사하기	계발 활동 부서 안내	
	○ 입부 지도	○ 나의 특기 및 취미 알기 ○ 장래 진로 생각하기 ○ 희망하는 부서 결정하기	내가 본 나의 모습 (질문지) 입부 신청서	
	○ 임원 선출 ○ 계획 수립	○ 부원들끼리 인사하기 ○ 임원 선출하기 ○ 연간 활동 계획 세우기	출석부 연간 지도 계획	
2	○ 구조와 기능 알기	○ 그림을 이용하여 몸의 구조와 기능 익히기	인체 그림	
	○ 응급처치의 원칙과 실제	○ 응급처치의 기본 원칙, 중요성 ○ 상처가 났을 때의 응급처치 ○ 코피가 날 때의 응급처치 ○ 화상을 입었을 때의 응급처치	응급처치 약품	
3	○ 응급처치의 실제	○ 이물에 의한 기도 폐쇄 시의 응급처치 ○ 골절 시 응급처치 – 부목 고정법, 붕대 감기	부목 붕대	
	○ 심폐 소생술	○ 기도 유지 ○ 호흡 불어넣기 ○ 흉부 압박법	어린이 인형	
4	○ 흡연 해독 실험	○ 생물 실험 – 콩나물 재배 만들기	콩나물 콩 PET병 담배, 거즈	
	○ 해독 실험	○ 금붕어 실습	금붕어, 담배, 신문지	
	○ 구성 물질 관찰 실험	○ 간이 smoking machine을 만들어 담배 구성 물 질 관찰하기	PET병	

순	주 제	활동 내용	준비물	비고
5	○ 담배와 건강	○ 담배와 건강의 관계 알기 ○ 간접흡연의 영향 알기 ○ 실험에 대한 소감문 작성 및 발표	그림 자료	
6	○ 중독 시의 응급처치 ○ 간질 발작 시의 응급 　처치	○ 약물 중독의 종류 알기 응급 처치하기 ○ 간질 발작 시의 응급 처치하기	상비약 물	
7	○ 열에 의한 손상 시의 　응급처치 ○ 목과 척추 손상 시 　응급처치	○ 열에 의한 손상의 종류 ○ 열이 신체에 미치는 영향 ○ 일반적 응급처치법 ○ 목과 척추 손상 시의 응급 처치하기	이온 음료 합판	
	○ 눈의 상처 시의 응급 　처치	○ 눈에 이물질이 들어갔을 때의 응급 처치하기 ○ 눈의 상처 시 응급 처치하기	크린조 거즈	
8	○ 출혈 시의 응급처치	○ 직접 압박하기 ○ 동맥점 압박하기 ○ 지혈대 사용하기	손수건 연필 펜	
	○ 환자 운반법	○ 일반적 유의 사항 ○ 운반법의 종류	담요 상의 및 나무	
9	○ 귀에 이물이 들어갔을 　때의 응급처치 ○ 동상에 걸렸을 때의 　응급처치	○ 귀에 이물질이 들어갔을 때의 응급 처치하기 ○ 동상에 걸렸을 때의 응급 처치하기	손전등	
	○ 뱀에게 물렸을 때의 　응급처치 ○ 벌에게 쏘였을 때의 　응급처치	○ 뱀에게 물렸을 경우 응급 처치하기 ○ 벌에게 쏘였을 경우 응급 처치하기	손수건 물 암모니아수 얼음	
10	○ 건강 체조 실습	○ 건강 체조 비디오 시청 ○ 건강 체조 연습하기	비디오	
11	○ 평가 및 반성	○ 건강지킴이부 활동 평가 ○ 좋았던 점, 싫었던 점 발표하기 ○ 앞으로 바라는 점 발표하기 ○ 자기 자신의 변화에 대해 발표하기	평가·반성 기록부	

3 활동안

일 시	20○○ 년 월 일	장 소		지도교사	
활동 주제	부서 결정 및 활동 계획 세우기				
활동 목표	서로에 대해 알고 활동 계획을 세울 수 있다.				

활동 과정	활동 요소	활동 내용	시 간	자료 및 유의점

준비 활동	활동 목표 확인	○ 활동 목표 확인하기
		  • 서로에 대해 알고 활동 계획을 세울 수 있다.
		○ 활동 계획 세우기
		  • 각자의 생각 이야기하기
			7′	○ 출석부

	자기소개 하기	○ 자기소개 하기
		  • 학년, 반, 이름을 윤번제로 말하기
		  • 건강지킴이부에 들어온 이유 말하기		

중심 활동	임원 선출 교사의 지도 조언	○ 민주적 방식과 절차에 따라서 선출하기 ○ 임원의 할 일 결정하기 ○ 활동 시의 올바른 태도 ○ 계발 활동의 효과적 운영 방법 ○ 계발 활동을 능률적으로 할 수 있는 약속 정하기 ○ 배우고 싶거나 하고 싶은 일 발표하기 • 자유롭게 발표하기 ○ 토의를 통해 학습할 내용 듣고 계획 세우기	26′	○ 민주적으로 진행할 수 있도록 지도한다.

	연간 활동 계획
	활동 과정
	지도 조언
		○ 매 시간의 일반적인 활동 과정
		  • 인사 나누기
		  • 출석 확인
		  • 최선을 다하여 배우는 시간 갖기
		  • 정리 정돈 잘하기
		  • 협동하며 활동하기
		○ 다음 시간에 배울 내용 확인하기
				○ 이론을 토대로 신중하게 실습에 임할 수 있도록 한다.

정리 활동	차시 예고 정리하기	○ 정리 활동 하기 ○ 준비물 예고 ○ 뒷정리하기	7′	○ 정리 정돈을 토의로 진행한다.

무용부

1 활동 목표

○ 무용의 기초 기능을 익혀 여러 가지 무용을 할 수 있다.

○ 여러 종류의 에어로빅 운동으로 건강하고 활기찬 생활을 할 수 있다.

○ 창작 에어로빅을 통해 창의력과 표현력을 키울 수 있다.

2 연간 지도 계획

순	주 제	활동 내용	준비물	비고
1	○ 계발 활동 기초 조사	○ 분야별 예정 부서 안내 ○ 하고 싶은 일 발표하기 ○ 희망 부서 조사하기	설문지	
	○ 희망 예정 부서 선정	○ 부서별 하는 일 알기 ○ 희망 부서 인원수 조사하기	계발 활동 부서 안내	
	○ 입부 지도	○ 나의 특기 및 취미 알기 ○ 장래 진로 생각하기 ○ 희망하는 부서 결정하기	내가 본 나의 모습 (질문지) 입부 신청서	
	○ 임원 선출 ○ 연간 계획 수립	○ 부원끼리 인사하기 ○ 임원 선출하기 ○ 연간 활동 계획 세우기	출석부 연간 지도 계획	
2	○ 에어로빅의 뜻 과 기본 동작	○ 에어로빅의 뜻 알기 ○ 효과적인 운동 방법을 알기 ○ 기본 동작 익히기	녹음기 음악테이프	
	○ 민속 에어로빅	○ 민속 에어로빅의 기본 동작을 익혀 음악에 맞추어 운동하기	녹음기 음악테이프	
3	○ 탈춤	○ 타령장단에 맞추어 탈춤 추기	녹음기 음악테이프	
	○ 에어로빅(Fame)	○ 부분 동작을 익히고, 동작을 연결하여 운동하기	녹음기 음악테이프	
4	○ 에어로빅(Fame)	○ 음악에 맞추어 운동하기	녹음기 음악테이프	
	○ 에어로빅(디스코 Ⅰ)	○ 주 운동 동작을 정확하게 하여, 음악에 맞추어 운동하기	녹음기 음악테이프	
	○ 창작 에어로빅	○ 그룹별로 각자의 음악에 동작을 연결한 작품을 발표하기	녹음기 음악테이프	

순	주 제	활동 내용	준비물	비고
5	○ 1학기 반성	○ 1학기 내용을 한 번씩 해 보기 ○ 1학기 활동을 반성하기 ○ 2학기 각오하기	녹음기 음악테이프	
6	○ 즐거운 에어로빅	○ 기본 동작 익히기 ○ '즐거운 에어로빅' 음악에 맞추어 흥겹게 운동 하기	녹음기 음악테이프	
7	○ 민속 에어로빅	○ 민속 에어로빅의 기본 동작 익히기 ○ 음악에 맞추어 운동하기 ○ 평가하기	녹음기 음악테이프	
8	○ 아침 기차	○ 기본 동작 익히기 ○ 음악에 맞추어 에어로빅 운동하기 ○ 평가하기	녹음기 음악테이프	
	○ 로봇 에어로빅	○ 로봇 에어로빅 기본 동작 익히기 ○ 음악에 맞추어 운동하기 ○ 평가하기	녹음기 음악테이프	
	○ 에어로빅(White)	○ 부분 동작을 익히기 ○ 동작을 연결하여 운동하기 ○ 평가하기	녹음기 음악테이프	
9	○ 에어로빅(디스코 Ⅱ)	○ 주 운동 동작을 정확하게 하기 ○ 음악에 맞추어 운동하기 ○ 평가하기	녹음기 음악테이프	
	○ 민속 에어로빅	○ 민속 에어로빅 춤사위를 익히기 ○ 전신운동 하기 ○ 평가하기	녹음기 음악테이프	
10	○ 창작 에어로빅	○ 그룹별로 각자의 음악에 동작을 연결한 작품을 발표하기 ○ 평가하기	녹음기 음악테이프	
11	○ 반성	○ 1년간 계발 활동을 한 소감 및 반성의 시간 갖기 ○ 다음 학년 계획 세우기	녹음기 음악테이프	

③ 활동안

일 시	20○○년 월 일	장 소		지도교사	
활동 주제	그룹 에어로빅				
활동 목표	기본적인 움직임 및 주 운동 동작을 익혀 조화 있게 운동을 할 수 있다.				

활동 과정	활동 요소	활동 내용	시 간	자료 및 유의점
준비 활동	출석 확인	○ 출석 확인하기 　• 부원의 출석 확인하기	10′	○ 본운동에 들어 　가기 전에 몸 　전체의 관절을 　부드럽게 풀어 　준다.
	준비 운동	○ 준비 운동하기 　• 준비물을 확인하고, 비디오를 보며 준비 운 　동으로 몸을 풀어 주기 　• 근육과 관절을 충분히 풀어 주기		
	활동 목표 확인	○ 기본적인 움직임 및 주 운동 동작을 익혀 조 　화 있게 운동을 할 수 있다.		
중심 활동	전체 활동	○ 그룹 에어로빅의 기본 동작 익히기 　• 제자리에서 걷기와 뛰기 　• 앞으로 뒤로 돌면서 걷기와 뛰기 　• 발 옆으로 엇걸어 걷기 　• 몸통 좌우로 돌리며 걷기 　• 발끝 대고 찍기 　• 발뒤꿈치 대고 찍기 ○ 휴식 시간 　• 물 마시기 　• 화장실 다녀오기 　• 편한 자세로 휴식 취하기 ○ 혼자 또는 짝 지어 에어로빅 하기 　• 기본적인 움직임을 익히기 　• 기본적인 움직임을 연결하여 조화 있게 운동 　하기 ○ 네 명씩 원 만들어 에어로빅 하기 　• 조원이 협동하여 에어로빅 하기	70′	○ 비디오 Tape을 　서로 협력하여 　즐겁게 에어로 　빅을 할 수 있 　도록 한다. ○ 기본 스텝을 정 　확하게 하고 서 　로 간에 호흡이 　잘 맞도록 지도 　한다. ○ 다 같이 협동 　하여 정리한다.
정리 활동	준비물 확인 정리하기	○ 준비물 확인하기 　－간편한 복장, 실내화, 한삼 ○ 뒷정리 활동 하기	10′	

민속놀이부

① 활동 목표

○ 즐거운 마음으로 여러 가지 민속놀이를 즐길 수 있다.

○ 여러 가지 민속놀이의 규칙과 방법을 알 수 있다.

○ 서로 협력하여 사이좋게 놀이하는 태도를 가진다.

② 연간 지도 계획

순	주 제	활동 내용	준비물	비고
1	○ 계발 활동 기초 조사	○ 분야별 예정 부서 안내 ○ 하고 싶은 일 발표하기 ○ 희망 부서 조사하기	설문지	
	○ 희망 예정 부서 선정	○ 부서별 하는 일 알기 ○ 희망 부서 인원수 조사	계발 활동 부서 안내	
	○ 입부 지도	○ 나의 특기 및 취미 알기 ○ 장래 진로 생각하기 ○ 희망하는 부서 결정하기	내가 본 나의 모습 (질문지) 입부 신청서	
	○ 연간 계획 수립 ○ 임원 선출	○ 부원끼리 인사하기 ○ 연간 활동 계획 세우기 ○ 임원 선출하기	출석부 연간 지도 계획	
2	○ 고누	○ 고누 놀이 유래 ○ 고누 놀이 방법 알고 익히기 ○ 고누 발명하기	고누판, 말 자기평가표	
	○ 말 타기 놀이 및 닭싸움	○ 말 타기와 닭싸움 놀이의 유래 ○ 놀이 방법 알고 놀이하기	활동 상황표	
3	○ 구슬치기	○ 구슬치기의 유래 ○ 구슬치기 놀이 방법 알기	구슬, 활동표	
	○ 사방치기(망차기)	○ 사방치기 방법 알아보기 ○ 여러 종류의 사방치기 놀이 하기	납작한 돌 1개(망)	
4	○ 고무줄놀이	○ 노래에 맞춰 고무줄놀이 하기	2m 고무줄	
	○ 제기차기	○ 제기 만들기 ○ 여러 종류의 제기 차는 법 알고 익히기	동전이나 와셔, 비닐, 끈, 미농지, 신호총	
	○ 공기놀이	○ 공기의 유래 및 방법 익혀 놀이하기	공기 50개	

순	주 제	활동 내용	준비물	비고
5	○ 실뜨기	○ 실뜨기의 유래 ○ 실뜨기 놀이 방법 알고 익히기	실	
6	○ 수건돌리기	○ 수건돌리기 놀이 방법 알기 ○ 수건돌리기 놀이 하기	놀이 방법 안내문, 수건	
7	○ 굴렁쇠 굴리기	○ 굴렁쇠 놀이의 유래 ○ 굴렁쇠 놀이 방법 알기 ○ 굴렁쇠 놀이 하기	굴렁쇠 9개	
8	○ 자치기	○ 자치기 유래 ○ 자치기 놀이 방법 익히기	자, 막대 호각	
	○ 땅 뺏기	○ 땅 뺏기 유래 ○ 땅 뺏기 놀이 방법 알기 ○ 땅 뺏기 놀이 하기	백회, 주전자	
	○ 윷놀이	○ 윷놀이 유래 ○ 윷놀이 방법 알기 ○ 윷놀이 하기	윷 말판 말	
9	○ 딱지치기	○ 딱지치기 규칙 알기 ○ 딱지치기 놀이 하기	딱지 활동표	
	○ 팽이치기	○ 팽이치기 유래 ○ 팽이치기 방법 알기 ○ 팽이치기 놀이 하기	팽이 팽이채	
	○ 널뛰기	○ 널뛰기 유래 ○ 널뛰기 방법 이해하기 ○ 널뛰기 경기 하기	널 활동표	
10	○ 연날리기	○ 연 만들기 ○ 연 날리기	연 만들 준비물, 실 얼레	
11	○ 1년 반성	○ 1년 반성하기 ○ 잘된 점 이야기하기 ○ 잘못된 점 이해하기 ○ 새 학년 각오 발표하기	평가·반성 기록부	

③ 활동안

일 시	20○○년 월 일	장 소		지도교사	
활동 주제	사방치기(망차기)				
활동 목표	사방치기를 통해 여러 모양의 사방치기 판을 구상할 수 있고, 다리의 근력과 평형력, 조준력을 기를 수 있다.				

활동 과정	활동 요소	활동 내용	시 간	자료 및 유의점
준비 활동	동기 유발	○ 전시 학습 상기 • 구슬치기 방법 • 구슬치기를 잘할 수 있는 방법	7′	○ 출석부 사방치기 안내문
	활동 목표 확인 하기	○ 활동 목표 확인 ○ 사방치기를 통해 여러 모양의 사방치기 판을 구상할 수 있고, 다리의 근력과 평형력, 조준력을 기를 수 있다.		
중심 활동	사방치기 놀이 방법 설명하기 놀이하기	○ 사방치기 놀이 설명하기 • 놀이의 유래 알아보기 • 지방에 따른 놀이 명칭 알아보기 ○ 사방치기 하기 • 준비물 확인하기 – 납작한 돌이나 사금파리 • 여러 가지 사방치기 설명하기 • 자신이 해 봤던 놀이 이야기하기 • 규칙 설명하기 • 외발로 뛰기 연습하기 • 발등에 망 얹고 받아 보기 • 네모 안에 던져 넣기	26′	○ 망(납작한 돌 사금파리) 줄 긋기 기구 백회
정리 활동	재미있었던 점, 좋았던 점 이야기하기 차시 예고	○ 편 나눠 여러 가지 종류의 사방치기 하기 ○ 가장 재미있었던 놀이 이야기하기 • 규칙을 바꿔도 좋을 부분 이야기하기 • 가장 많이 진행된 어린이 칭찬하기 • 활동 상황표 정리하기 • 자신의 활동 상황 반성하기 ○ 차시 예고 및 준비물 안내 • 고무줄놀이 – 2m의 고무줄	7′	○ 활동 상황표

육상부

① 활동 목표

○ 운동의 태도와 습관을 길러 건전한 신체와 정신을 가질 수 있다.

○ 육상 경기에 대한 기초 기능을 익혀 생활에 필요한 기초 체력을 기른다.

○ 신체 기능을 조화롭게 발달시키고, 건강한 생활을 할 수 있다.

② 연간 지도 계획

순	주 제	활동 내용	준비물	비고
1	○ 계발 활동 기초 조사	○ 분야별 예정 부서 안내 ○ 하고 싶은 일 발표하기 ○ 희망 부서 조사하기	설문지	
	○ 희망 예정 부서 선정	○ 부서별 하는 일 알기 ○ 희망 부서 인원수 조사하기	계발 활동 부서 안내	
	○ 입부 지도	○ 나의 특기 및 취미 알기 ○ 장래 진로 생각하기 ○ 희망하는 부서 결정하기	내가 본 나의 모습 (질문지) 입부 신청서	
	○ 임원 선출 ○ 연간 계획 수립	○ 임원 선출 ○ 연간 계획 수립	출석부 연간 지도 계획	
2	○ 100m 달리기	○ 출발 자세 ○ 서서, 앉아서 하는 자세 ○ 질주법 익히기 ○ 출발, 중간, 가속하기	신호총	
	〃	○ 결승선 통과 자세 익히기 ○ 빨리 달리기(기록 측정)	결승 테이프 신호총 초시계	
3	○ 200m 달리기	○ 곡선코스에서의 출발 자세 익히기 ○ 곡선코스에서의 질주 자세 익히기	신호총 결승 테이프	
	〃	○ 직선코스에서의 질주 자세 익히기 ○ 결승선 통과 방법 익히기(기록 측정)	신호총 초시계	
4	○ 도움닫기 멀리 뛰기	○ 도움닫기를 바르게 반복 연습하기 ○ 발 구르기 바르게 반복 연습하기	뜀틀, 줄자, 삽	
	〃	○ 공중 동작 익히기	뜀틀, 줄자, 삽	
	〃	○ 착지 동작 익히기 ○ 반복 연습 및 기록 측정	줄자, 삽	

순	주 제	활동 내용	준비물	비고
5	○ 100m, 200m 달리기	○ 출발 자세 익히기 ○ 질주 요령 익히기 ○ 곡선코스 달리는 요령 익히기 ○ 결승선 통과 자세 익히기	신호총 결승 테이프	
6	○ 반성 및 평가	○ 1학기 동안의 육상부 활동 반성 ○ 2학기 활동 계획 세우기	반성 기록지	
7	○ 도움닫기 멀리뛰기	○ 도움닫기 익히기 ○ 발 구르기 익히기 ○ 공중 동작 익히기	줄자, 모래 판지우개	
	○ 이어달리기	○ 제자리에서 배턴 주고받기 ○ 천천히 달리면서 배턴 주고받기 ○ 자기편 코스 내에서 배턴 주고받기	배턴(색깔별)	
8	○ 도움닫기 높이뛰기	○ 고무줄 뛰어넘기 ○ 반복 연습 ○ 허들 뛰어넘기 ○ 반복 연습	고무줄, 허들	
	〃	○ 도움닫기, 발 구르기 익히기 ○ 공중 동작, 착지 동작 익히기	높이뛰기 대, 매트	
9	○ 오래달리기	○ 오래달리기의 특징, 질주 자세 ○ 질주 자세, 호흡법 익히기	초시계, 신호총	
	〃	○ 질주 자세와 호흡법 ○ 힘과 거리의 분배 ○ 집단 달리기의 연습(기록 측정)	〃	
10	○ 포환던지기	○ 포환 쥐는 법 ○ 던지는 자세 익히기 ○ 던지는 동작 ○ 던지는 각도 익히기	포환, 줄자, 깃대	
11	○ 평가 기록 및 반성	○ 달리기 ○ 뜀뛰기 ○ 던지기 ○ 높이뛰기	초시계, 공, 던지기 공, 높이뛰기 대	

③ 활동안

일 시	20○○년 월 일	장 소		지도교사	
활동 주제	도움닫기, 멀리뛰기				
활동 목표	멀리뛰기의 공중 자세를 바르게 익혀 멀리뛰기를 할 수 있다.				

활동 과정	활동 요소	활동 내용	시 간	자료 및 유의점
준비 활동	준비 운동	○ 출석 확인과 질서 운동하기 • 부원 출석 확인 및 준비체조 하기	5′	○ 호루라기, 삽, 줄자, 뜀틀
중심 활동	활동 목표 확인 하기	○ 활동 목표 확인 • 멀리 뛰기의 공중 자세를 바르게 익혀 멀리 뛰기를 할 수 있다.		○ 높이 뛰고 체공력을 유지시키기 위한 연습에 주안점을 둔다.
	활동방법 및 실행	○ 운동의 순서 • 도움닫기, 구르기, 공중 자세 알기 • 젖혀뛰기, 가위뛰기, 히치킥 등 3 자세 • 도움닫기의 자세 – 처음, 중간, 구름판 구르기 직전의 질주 요령 익히기	30′	
	개별 활동	○ 각자에게 알맞은 공중 자세 찾기 • 가위뛰기 연습 – 허리의 높이, 팔의 스윙 요령 • 젖혀뛰기 연습 – 구름판 반대 다리 당기기 • 허리를 젖히기 • 구름판 밟는 요령 익히기 • 착지자세 익히기 ○ 조별로 모래사장에서 뜀틀이나 구름판을 놓고 점프 연습하기 • 장애물을 놓고 뛰어넘기 • 자신에게 맞는 공중 자세 찾기 • 도움닫기→발 구르기→공중동작→착지를 반복 연습하기		○ 파울이 나지 않도록 지도 및 연습하게 한다.
정리 활동	조별 활동	○ 활동의 반성 • 점프, 젖혀뛰기, 가위뛰기의 장단점 발표하기 • 잘된 점과 어려웠던 점 발표하기	5′	
	전체 활동	○ 정리 체조 실시 • 체조와 스트레칭으로 근육과 관절을 풀어 주기 ○ 차시 예고 • 이어달리기		

축구부

1 활동 목표

○ 강인한 기초 체력과 정신력을 기를 수 있다.

○ 바람직한 사회성을 함양하고 최선을 다하는 태도를 갖는다.

○ 축구 경기를 관람할 수 있는 기초적인 기능을 높일 수 있다.

2 연간 지도 계획

순	주 제	활동 내용	준비물	비고
1	○ 계발 활동 기초 조사	○ 분야별 예정 부서 안내	설문지	
	○ 희망 예정 부서 선정	○ 부서별 하는 일 알기 ○ 부서 인원수 알기	계발 활동 부서 안내	
	○ 입부 지도	○ 특기 및 취미 알기 ○ 진로 알기 ○ 부서 알기	내가 본 나의 모습 (질문지) 입부 신청서	
	○ 임원 선출 ○ 연간 계획 수립	○ 부원끼리 인사하기 ○ 임원 선출하기 ○ 연간 활동 계획 세우기	필기도구	
2	○ 공차기의 기본 동작	○ 인사이드 킥 연습 • 오른쪽 발 연습 • 왼쪽 발 연습 • 2인 1조 연습	축구공 20개	
	○ 공차기의 기본 동작	○ 인스텝 킥 연습 • 오른쪽 발 연습 • 왼쪽 발 연습 • 2인 1조 연습	축구공 20개	
3	○ 공차기의 기본 동작	○ 인 프런트 킥 연습 • 오른쪽 발 연습 • 왼쪽 발 연습 • 인 프런트 킥 연습	축구공 20개	
	○ 공차기의 기본 동작	○ 세 가지 종류 공차기 연습 • 인사이드 킥 연습 • 인스텝 킥 연습 • 인 프런트 킥 연습	축구공 20개	
4	○ 드리블 하기	○ 인사이드 드리블 연습 • 개인 연습 • 2인 1조 연습	축구공 20개	
	○ 드리블 하기	○ 아웃사이드 드리블 연습 • 개인 연습 • 2인 1조 연습	축구공 20개	
	○ 드리블 하기	○ 인, 아웃사이드 혼합 드리블 연습 • 개인 연습 • 2인 1조 연습	축구공 20개	

순	주 제	활동 내용	준비물	비고
5	○ 볼트래핑 연습	○ 인사이드 트래핑 연습 ● 2인 1조 연습 ○ 아웃사이드 트래핑 연습 ● 2인 1조 연습	축구공 20개	
6	○ 볼트래핑	○ 가슴으로 트래핑 연습 ● 2인 1조 연습	축구공 20개	
7	○ 패스하기	○ 숏 패스 하기 ● 제자리에서 - 2인 1조(인사이드) - 3인1조(인사이드) ● 러닝 패스 - 2인 1조(인사이드) - 3인1조(인사이드)	축구공 20개	
8	○ 패스하기	○ 롱 패스 하기 ● 제자리에서 - 2인 1조(인스텝) ● 러닝 패스 - 2인 1조(인사이드) - 2인 1조(인스텝)	축구공 20개	
	○ 헤딩하기	○ 앉아서 헤딩 ○ 제자리 서서 헤딩 ○ 점프 헤딩	축구공 20개	
	○ 슈팅하기	○ 여러 가지 자세를 이용한 슈팅 ● 제자리의 공 슈팅 ● 굴러 오는 공 슈팅 ● 날아오는 공 슈팅	축구공 20개	
9	○ 슈팅	○ 여러 가지 자세를 이용한 슈팅 ● 제자리의 공 슈팅 ● 굴러 오는 공 슈팅 ● 날아오는 공 슈팅	축구공 20개	
	○ 센터링 익히기	○ 센터링 익히기 ● 센터링 자세 익히기 ● 10m, 15m 센터링 하기	축구공 20개	
10	○ 게임 하기	○ 2개 팀으로 나누어 게임 하기 ○ 경기 규칙 지키기	축구공 20개	
11	○ 게임 및 반성	○ 2개 팀으로 나누어 게임 하기 ○ 1년간의 반성	축구공 20개	

③ 활동안

일 시	20○○년 월 일	장 소		지도교사	
활동 주제	슈팅하기				
활동 목표	여러 가지 자세로 정확하게 슈팅할 수 있다.				

활동 과정	활동 요소	활동 내용	시 간	자료 및 유의점
준비 활동	준비 운동	○ 2열 횡대의 체조 대형으로 모이기 • 스트레칭 체조하기 • 몸의 근육과 관절 풀기	5′	○ 축구공 　10개,　체육복, 　축구화
중심 활동	활동 목표 확인하기 숫 익히기	○ 활동 목표 확인 • 여러 가지 자세로 정확하게 슈팅할 수 있다. ○ 제자리의 공 슈팅하기 • 인스텝 킥을 이용한 슈팅하기 • 인사이드 킥을 이용한 슈팅하기 • 아웃사이드 킥을 이용한 슈팅하기 ○ 굴러 오는 공 슈팅하기 • 인스텝 킥을 이용한 슈팅하기 • 인사이드 킥을 이용한 슈팅하기 • 아웃사이드 킥을 이용한 슈팅하기 ○ 날아오는 공 슈팅하기 • 헤딩을 이용한 슈팅하기 • 날아오는 공 발리슛 하기 • 날아오는 공 트래핑 한 다음 슈팅하기	30′	○ 반복 연습을 통 　해 바른 자세로 　슈팅하게 한다.
정리 활동	체조 및 평가 차시 예고	○ 2열 종대로 모이기 ○ 스트레칭 체조하기 ○ 평가하기 • 인스텝 킥을 이용한 슈팅하기 • 인사이드 킥을 이용한 슈팅하기 • 아웃사이드 킥을 이용한 슈팅하기 ○ 차시 예고하기 • 축구 게임의 규칙 알아보기	5′	○ 축구 규칙을 조 　사해 오게 한다.

탁구부

① 활동 목표

○ 탁구 경기에 대한 기초 기능을 익혀 초보적인 탁구 경기를 할 수 있다.

○ 신체 기능을 조화롭게 발달시키고, 건강한 생활을 할 수 있다.

○ 탁구 경기를 관람할 수 있는 기초적인 기능을 높일 수 있다.

○ 취미 활동을 통하여 정서를 함양하고, 스포츠의 즐거움을 느낄 수 있다.

② 연간 지도 계획

순	주 제	활동 내용	준비물	비고
1	○ 계발 활동 기초 조사	○ 분야별 예정 부서 안내 ○ 희망 부서 조사하기	설문지	
	○ 희망 예정 부서 선정	○ 하는 일 알기 ○ 희망 부서 인원수 조사하기	계발 활동 부서 안내	
	○ 입부 지도	○ 나의 특기 및 취미 알기 ○ 진로 생각하기 ○ 희망하는 부서 결정하기	나는 요? (질문지) 입부 신청서	
	○ 조직 및 활동 계획 세우기	○ 탁구부에서 역할 분담하기 ○ 연중 계획 세우기	출석부 계획서	
2	○ 라켓 쥐는 법과 기본 자세 알기	○ 용구의 특징 알기 ○ 라켓을 쥐는 법과 서기 자세 익히기 ○ 라켓을 쥐고 자유로이 움직이기	라켓 탁구공 네트	
	○ 라켓 위에서 공 다루는 법 익히기	○ 공 오래 튀기기 ○ 라켓의 강약 조절하기 ○ 공 튀기기의 반복 연습하기	라켓 탁구공	
3	○ 포어핸드 자세 익히기(1)	○ 탁구 시범 경기 보기 ○ 규칙 및 용어 알기 ○ 잡기와 팔의 움직임	VTR, 탁구대 라켓, 네트	
	○ 포어핸드 자세 익히기(2)	○ 라켓 잡기와 팔의 움직임 ○ 손목의 움직임 ○ 눈과 발의 방향 ○ 자세 갖추어 튀긴 볼 치기	탁구대 탁구공 라켓, 네트	
4	○ 포어핸드 자세 익히기(3)	〃	〃	
	○ 포어핸드 자세 익히기((4)	〃	〃	
	○ 서브 익히기	○ 포어핸드로 한 번 치기 ○ 서브의 종류 및 규칙 이해하기 ○ 서브의 기본 자세 알기 ○ 서브 넣기 ○ 서브 반복 연습	탁구대, 탁구공 라켓 네트	

순	주 제	활동 내용	준비물	비고
5	○ 쇼트 한 번 치기	○ 연속 치기 ○ 서브 복습 ○ 오는 공을 정확히 치기 ○ 성질에 따라 침착하게 치기 ○ 서브 넣고 받기 연습하기	탁구대, 탁구공 라켓, 네트	
6	○ 커트 익히기(1)	○ 포 대 포의 연속 치기 ○ 커트 된 공의 성질 알기 ○ 기본 동작 알기 ○ 커트서브 익히기 ○ 커트서브 받기	탁구대, 탁구공 라켓, 네트	
7	○ 커트 익히기(2)	○ 포 대 포의 연속 치기 ○ 커트 된 공의 성질 알기 ○ 커트의 기본 동작 알기 ○ 커트서브 익히기 ○ 커트서브 받기	탁구대, 탁구공 라켓, 네트	
	○ 리시브 익히기(1)	○ 포 대 포의 연속 치기 ○ 리시브의 규칙 알기 ○ 서브와 리시브의 연습 ○ 쇼트, 커트 리시브 알고 익히기	탁구대, 탁구공 라켓, 네트	
8	○ 리시브 익히기(2)	〃	탁구대, 탁구공 라켓, 네트	
	○ 서브와 리시브의 연습	○ 서브의 자세와 종류 알기 ○ 탁구대의 위치에 따라 서브 넣기 ○ 리시브의 자세와 종류 알기 ○ 숙달 연습하기	탁구대, 탁구공 라켓, 네트	
9	○ 단식 경기 방법 익히기	○ 방법 알기 ○ 득점 계산, 듀스 ○ 서브의 차례, 개수 ○ 득점을 위한 경기 방법 익히기 ○ 연습 경기 하기	탁구대, 탁구공 라켓, 네트, 점수판	
	○ 단식 경기 연습하 기(1)	○ 경기 방법 알기 ○ 서브 넣는 위치에 따라 리시브하기 ○ 득점을 위한 경기 방법 익히기 ○ 연습 경기 하기	〃	
10	○ 단식 경기 연습하기 (2)	〃	〃	
11	○ 복식 경기 방법 익 히기	○ 경기 방법 알기 ○ 선수의 위치와 협력 방법 알기 ○ 득점을 위한 경기 방법 익히기 ○ 경기하기	〃	

③ 활동안

일 시	20○○년 월 일	장 소		지도교사	
활동 주제	복식 경기 방법의 연습 및 반성하기				
활동 목표	탁구의 복식 경기 규칙을 익히고, 1년 동안의 생활을 되돌아본다.				

활동 과정	활동 요소	활동 내용	시간	자료 및 유의점
준비 활동	준비 활동	○ 제자리 뛰기 100번 하고 둥글게 모이기 • 나비 체조 • 포어핸드의 동작 100회 하기 • 발 움직임 50회 하기	7′	○ 체육복, 운동화, 네트, 라켓, 탁구공, 점수판
	활동 목표 확인하기	○ 활동 목표 확인 • 탁구의 복식 경기 규칙을 익히고, 1년 동안의 생활을 되돌아본다.		
중심 활동	복식 경기 방법	○ 복식 경기 방법 알기 • 조 편성하기 • 심판법 알기 • 서브 중 미스가 되는 경우 • 경기 중 미스가 되는 경우 • 서브권이 바뀌는 등	26′	○ 자신 있게 경기에 임하게 한다.
	복식 경기	○ 짝을 지어 즐거운 마음으로 경기하기 • 2명이 1개 조 편성 • 복식 경기 하기, 심판 보기 • 동작 교정하기 ○ 인상 깊었던 일 말하기 • 차례대로 말해 보기 ○ 어려웠던 일 말하기 • 자유스럽게 발표하기 ○ 탁구에 관심 갖고 사랑하기 • 탁구 기술 더 익히기		○ 진솔하게 1명씩 발표하게 한다.
	부서 활동 반성			
정리 활동	정리 운동	○ 정리 체조 하기 • 간단한 체조로 몸 풀기 • 물품 및 주변 정리하기	7′	
	차시 예고	○ 다음 시간 예고 • 탁구 경기 하기		

태권도부

① 활동 목표

○ 태권도를 익혀 예절 바르고 용기 있는 생활 태도를 기를 수 있다.

○ 태권도의 기본 동작을 익혀 태권도 겨루기를 할 수 있다.

○ 태권도 경기를 관람할 수 있는 기초 기능을 기를 수 있다.

② 연간 지도 계획

순	주 제	활동 내용	준비물	비고
1	○ 계발 활동 기초 조사	○ 분야별 예정 부서 안내 ○ 희망 부서 조사하기	설문지	
	○ 희망 예정 부서 선정	○ 하는 일 알기 ○ 희망 부서 인원수 조사하기	계발 활동 부서 안내	
	○ 입부 지도	○ 나의 특기 및 취미 알기 ○ 진로 생각하기 ○ 희망하는 부서 결정하기	내가 본 나의 모습 (질문지) 입부 신청서	
	○ 조직 및 활동 계획 세우기	○ 태권도부에서 역할 분담하기 ○ 연중 계획 세우기	출석부 계획서	
2	○ 태권도의 이해	○ 태권도의 유래 알기 ○ 태권도 경기 보기 ○ 태권도의 경기 방법 알기	VTR 테이프 규칙서	
	○ 예절 및 보조 보강 운동	○ 태권도 예절 익히기 ○ 준비 운동 익히기 ○ 보조 보강 운동 익히기 ○ 정리 운동 익히기	VTR 도복 테이프 띠	

3	○ 기본 동작(1)	○ 준비 자세 익히기
		○ 서기 자세 익히기
		  • 주춤서기
		  • 앞굽이
		  • 뒷굽이
			VTR
			도복
			테이프
			띠
			거울	

4	○ 기본 동작(2)	○ 지르기 익히기
		  • 주춤서기로 지르기
		  • 앞굽이로 지르기
		○ 막기 익히기
		  • 주춤서기로 지르기
		  • 앞굽이, 뒷굽이로 지르기
			〃	

순	주 제	활동 내용	준비물	비고
5	○ 기본 동작(3)	○ 발 차기 익히기 • 앞차기, 뒤차기 • 옆차기, 돌려차기 • 반달차기	VTR 도복, 띠 테이프 거울	
6	○ 품세(1)	○ 태극 1장 익히기 • 구분 동작으로 익히기 • 연속 동작으로 익히기 ○ 태극 2장 익히기 • 구분 동작으로 익히기 • 연속 동작으로 익히기	VTR 도복 테이프 거울 띠	
7	○ 품세(2)	○ 태극 3장 익히기 • 구분 동작으로 익히기 • 연속 동작으로 익히기 ○ 태극 4장 익히기 • 구분 동작으로 익히기 • 연속 동작으로 익히기	VTR 도복 테이프 거울 띠	
8	○ 품세(3)	○ 태극 5장 익히기 • 구분 동작으로 익히기 • 연속 동작으로 익히기 ○ 태극 6장 익히기 • 구분 동작으로 익히기 • 연속 동작으로 익히기	VTR 도복 테이프 거울 띠	
9	○ 약속 겨루기	○ 약속 겨루기 익히기 • 상황, 순서 정하기 • 공격, 방어 동작 정하기 • 공격, 방어 동작 익히기	VTR 도복 테이프 거울, 띠	
10	○ 겨루기	○ 경기 규칙 익히기 • 체급 • 득점과 감점 • 승부 결정 방법 ○ 겨루기	VTR, 띠 도복 거울 테이프 점수판	

3 활동안

일 시	20○○년 월 일	장 소		지도교사	
활동 주제	태권도의 발 차기 동작 익히기				
활동 목표	발 차기 동작을 응용하여 연결 동작으로 할 수 있다.				

활동 과정	활동 요소	활동 내용	시 간	자료 및 유의점
준비 활동	준비 운동	○ 2인 1조 흉내 내기 　• 30초 동안 따라 하기 ○ 스트레칭 ○ 관절 운동하기 　• 근육과 관절 충분히 풀기	5′	○ VTR, 도복, 테이프, 띠, 거울 ○ 근육과 관절을 충분히 이완시킨다.
	VTR 자료 제시	○ 태권도 경기 시청하기 　• VTR 시청하기		
	활동 목표 확인하기	○ 활동 목표 확인 　• 발 차기 동작을 응용하여 연결 동작으로 할 수 있다.		○ 정해진 시간 동안 쉬지 않고 움직이게 한다.
중심 활동	학습 집단 구성 동작 익히기	○ 수준별 집단 편성 　• 조 편성하기 ○ 개인 연습하기 　• 거울 보며 연습하기 ○ 1:1로 연습하기 　• 서로 자세 교정해 주기	30′	
	발 차기 연속하기	• 칭찬, 격려해 주기 ○ 발 차기 동작 연결하여 연속으로 하기 　• 발 차기 연결 동작 차례대로 말해 보기 　• 발 차기 연결 동작 연습하기		○ 충분한 피드백으로 목표 도달도를 높인다.
	평가	• 발 차기 연결 동작 교정하여 주기 ○ 평가하기		○ 학습자 전원이 함께 하게 한다.
정리 활동	정리 운동 차시 예고	• 발 차기 동작 평가하기 　• 발 차기 연결 동작 평가하기 ○ 정리 체조 하기 　• 간단한 체조로 관절, 근육 이완 운동 ○ 태극 1장 품세	5′	

다. 실습 노작 활동

수예부

1 활동 목표

○ 손바느질에 필요한 재료와 용구를 다룰 수 있고 기초 바느질을 할 수 있다.

○ 간단한 생활 수예품을 스스로 만들어 활용할 수 있게 한다.

○ 학생의 개성과 소질을 지속적, 집중적으로 개발할 수 있게 한다.

2 연간 지도 계획

순	주 제	활동 내용	준비물	비고
1	○ 계발 활동 기초 조사	○ 분야별 예정 부서 안내 ○ 하고 싶은 일 발표하기 ○ 희망 부서 조사하기	설문지	
	○ 희망 예정 부서 선정	○ 부서별 하는 일 알기 ○ 희망 부서 인원수 조사하기	계발 활동 부서 안내	
	○ 입부 지도	○ 나의 특기 및 취미 알기 ○ 장래 진로 생각하기 ○ 희망하는 부서 결정하기	나는요? (질문지) 입부 신청서	
	○ 임원 선출 ○ 연간 계획 수립	○ 부원끼리 인사하기 ○ 연간 활동 계획 세우기	출석부 연간 지도 계획	
2	○ 십자수	○ 십자수의 뜻 알기 ○ 꾸미는 방법 알기	십자수 재료	
	○ 십자수	○ 십자수를 놓으며 어려웠던 점 이야기하기 ○ 각 부분 아름답게 꾸미기	십자수 재료	
3	○ 십자수	○ 생활에 이용할 수 있게 꾸미기 ○ 모양대로 메우면서 아름다운 무늬 꾸미기	십자수 재료	
	○ 박음질	○ 박음질의 사용 알아보기 ○ 방법 익혀 바르게 해 보기	바느질 용구 상자, 헝겊	
4	○ 십자수	○ 어려운 부분과 주의할 점 이야기하기 ○ 모양대로 메우면서 아름다운 무늬 꾸미기	십자수 재료	
	○ 십자수	○ 어려운 부분과 주의할 점 이야기하기 ○ 모양대로 메우면서 아름다운 무늬 꾸미기	십자수 재료	
	○ 십자수	○ 마무리된 작품은 액자나 열쇠고리에 끼우기	십자수 재료	
5	○ 1학기 반성 및 전시회	○ 자기가 완성한 작품 전시하기 ○ 십자수	열쇠고리 액자	

순	주 제	활동 내용	준비물	비고
6	○ 2학기 활동 계획 세우기	○ 2학기에 하고 싶은 것 생각하기 ○ 2학기에 하고 싶은 것 이야기하기 ○ 2학기에 하고 싶은 것 계획 세우기	간단한 회고문	
7	○ 니들 포인트	○ 니들 포인트의 뜻 알기 ○ 수법 익히기 ○ 니들 포인트 꾸미는 방법 알기	니들 포인트 재료	
8	○ 니들 포인트	○ 니들 포인트의 어려운 점 이야기하기 ○ 수법 익히기 ○ 각 부분을 아름답게 꾸미기	니들 포인트 재료	
	○ 니들 포인트	○ 수와 우리 생활과의 관계 알기 ○ 작품 만들기 ○ 작품을 마무리하기	니들 포인트 재료	
	○ 단추 달기	○ 단추 달기 전 알아 둘 일 알기 ○ 단추 달기 요령 알기 ○ 여러 가지 단추 달기 ○ 옷에 직접 단추 달아보기	바느질 용구 헝겊, 단추	
9	○ 기초 바느질 '공그르기'	○ 공그르기의 용도 알기 ○ 바느질 방법 익히기 ○ 고르게 바느질하기	바느질 도구 상자, 헝겊	
	○ 머플러 뜨기	○ 머플러의 필요성 알기 ○ 대바늘뜨기의 기초 익히기	털실, 대바늘 2개	
10	○ 머플러 뜨기	○ 겉뜨기와 안뜨기 익히기 ○ 작품 마무리하여 감상하기	털실, 대바늘 2개	
11	○ 작품 전시	○ 방학 동안 있었던 이야기하기 ○ 2학기 수예부 활동 반성 ○ 작품 감상	작품	

③ 활동안

일 시	20○○년 월 일	장 소		지도교사	
활동 주제	십자수				
활동 목표	십자수를 마무리할 수 있다.				

활동 과정	활동 요소	활동 내용	시 간	자료 및 유의점
준비 활동	십자수의 좋은 점 알기	○ 출석 점검 • 부원 출석 확인하기 ○ 십자수의 좋은 점 알기 • 쉬우면서도 재미있다. ○ 십자수의 쓰이는 곳 • 벽걸이용 족자, 액자	5′	○ 출석부
중심 활동	활동 목표 확인 하기 십자수를 꾸미면서 주의할 점 알기	○ 활동 목표 확인 • 십자수를 마무리할 수 있다. ○ 십자수를 꾸미면서 어려웠던 점 이야기하기 • 색실이 끝나는 곳과 시작되는 곳 • 좁은 부분의 무늬 꾸미기 • 실이 고르게 되게 하기 • 엉키지 않도록 하기 • 색상에 주의하여 꾸미기 • 정확하게 무늬 꾸미기	30′	○ 십자수 재료 ○ 바늘에 찔리지 않도록 하게 한다.
	십자수의 각 부분 꾸미기	○ 십자수의 각 부분 아름답게 꾸미기 • 넓은 부분과 좁은 부분 번갈아 무늬가 잘 이어지도록 꾸미기 • 실이 늘어지지 않게 하기		
	부족한 점 보충 하기	○ 잘 안 되는 부분 서로 토의하기 ○ 어려운 부분과 주의할 점 이야기하기 ○ 아직 마무리 안 된 부분은 집에서 보충하기		○ 실이 엉키지 않게 한다. ○ 본시에 완성하지 못한 부분은 과제로 제시한다.
정리 활동	정리하기 차시 예고	○ 마무리하기 ○ 다음 시간에 활동할 내용 이야기하기 ○ 준비물 예고	5′	

조리부(요리부)

① 활동 목표

○ 식생활의 중요성을 알고 합리적인 식생활 태도를 갖는다.

○ 실습을 하면서 서로 협동하는 자세를 배운다.

○ 기초적인 조리법을 알고 조리할 수 있다.

○ 다양한 재료를 이용한 조리 방법을 안다.

② 연간 지도 계획

순	주 제	활동 내용	준비물	비고
1	○ 계발 활동 기초 조사	○ 분야별 예정 부서 안내 ○ 하고 싶은 일 발표하기 ○ 희망 부서 조사하기	설문지	
	○ 희망 예정 부서 선정	○ 부서별 하는 일 알기 ○ 희망 부서 인원수 조사하기	계발 활동 부서 안내	
	○ 입부 지도	○ 나의 특기 및 취미 알기 ○ 장래 진로 생각하기 ○ 희망하는 부서 결정하기	질문지 입부 신청서	
	○ 임원 선출 ○ 연간 계획 수립	○ 부원끼리 인사하기 ○ 임원 선출하기 ○ 연간 활동 계획 세우기	출석부 연간 지도 계획	
2	○ 영양과 건강	○ 음식물의 역할과 영양소에 대해 알기 ○ 어린이를 위한 식사 지침 알기	교사 – 학습지 학생 – 개인파일, 필기도구 등	
	○ 과일 깎기	○ 조리의 의미와 종류 알기 ○ 과일 깎기를 통한 조리의 실습	교사 – 저울, 계량컵, 조리 기구 등 학생 – 개인파일, 사과, 키위 등	
3	○ 밥 짓기, 찌개 끓이기	○ 밥 짓기에 적당한 물의 양 알기 ○ 참치와 김치를 이용한 찌개 끓이기	교사 – 학습지, 조리 기구 학생 – 식빵, 마요네즈, 떡볶이 떡, 고추장, 콩나물 등	
4	○ 샌드위치	○ 야채를 다져 마요네즈에 버무리기 ○ 야채를 빵에 넣어 샌드위치 만들기	교사 – 학습지, 조리 기구 등 학생 – 식빵, 계란, 마요네즈, 감자, 오이, 사과, 당근 등	
	○ 김밥	○ 김밥 재료를 섞어 볶아 놓기 ○ 김에 밥과 재료를 넣어 말아 썰기	교사 – 학습지, 조리 기구 등 학생 – 김, 햄, 당근, 계란 등	
	○ 햄버거, 샌드위치	○ 소고기로 패티를 만들어 지져 내기 ○ 야채와 패티, 케첩으로 햄버거 완성하기	교사 – 학습지, 조리 기구 학생 – 빵, 케첩, 쇠고기 등	

순	주제	활동 내용	준비물	비고
5	○ 토스트 피자	○ 피망, 양파, 햄 등을 썰어 볶기 ○ 식빵에 재료를 얹어 치즈 뿌리기 ○ 팬에 치즈가 녹을 때까지 익히기	교사 - 학습지, 조리 기구 등 학생 - 식빵, 피 망, 양파, 토마토, 피자치즈, 케첩 등	
6	○ 화채	○ 모양 커터기를 이용해 수박 자르기 ○ 자른 수박을 넣고 주스를 부어 완성 하기	교사 - 학습지, 조리 기구 등 학생 - 수박, 커터기, 오렌지주스, 그릇, 참외, 탄산음료 등	
7	○ 도넛	○ 도넛 가루를 반죽하여 모양내기 ○ 기름에 튀겨 설탕 뿌려 완성하기	교사 - 학습지, 조리 기구 등 학생 - 도넛 가루, 설탕, 식용유, 계 피가루, 부탄가스 등	
	○ 송편	○ 쌀가루 반죽에 재료 넣고 모양 빚기 ○ 찜 솥에 쪄내어 참기름 발라 완성하기	교사 - 학습지, 조리 기구 등 학생 - 쌀가루, 참깨, 흑설탕, 삶은 콩, 참기름, 솔잎 등	
8	○ 돈육 커 틀릿	○ 돼지고기를 밑간 하여 재우기 ○ 기름에 튀겨 케첩과 함께 담아내기	교사 - 학습지, 조리 기구 등 학생 - 돼지고 기, 밀가루, 빵가루, 계란, 케첩, 오렌지, 사과 등	
	○ 스파게티	○ 야채 재료를 썰어 볶기 ○ 스파게티면 삶아 기름에 볶기 ○ 야채 넣고 소스 만들어 담아내기	교사 - 학습지, 조리 기구 등 학생 - 스파게티면, 토마토, 퓌레, 소고기, 양파, 양송이, 피망, 케첩 등	
9	○ 김장김치 담그기	○ 무채, 파 등을 버무려 배추 속 만들기 ○ 절인 배추에 속을 넣어 완성하기	교사 - 학습지, 조리 기구 등 학생 - 무, 파, 갓, 액젓, 고춧가루 등	
	○ 녹두 빈대떡	○ 녹두가루에 재료 넣어 반죽하기 ○ 팬에 노릇하게 지져 내기	교사 - 학습지, 조리 기구 등 학생 - 녹두가루, 고사리, 숙주나물, 돼지고기, 쌀가루, 김치 등	
10	○ 떡국	○ 쇠고기로 국물 우려 내기 ○ 지단, 고기 등 고명 준비하기 ○ 떡을 넣고 끓여 담아내기	교사 - 학습지, 조리 기구 등 학생 - 소고기, 떡국 떡, 계란 등	
11	○ 겨울 다 과상 ○ 총정리 및 평가	○ 코코아차와 쿠키로 다과상 차리기 ○ 1년 동안의 활동에 대한 반성과 평가	교사 - 학습지 학생 - 개인파일, 필기도구, 코코아, 쿠키 등	

③ 활동안

일 시	20○○년 월 일	장 소		지도교사	
활동 주제	토스트 피자 만들기				
활동 목표	식빵에 야채와 피자치즈를 얹어 간단한 미니 피자를 만들 수 있다.				

활동 과정	활동 요소	활동 내용	시간	자료 및 유의점
준비 활동	동기 유발 준비물 확인 활동 목표 확인하기	○ 가족과 함께 피자를 먹어 본 경험과 어떤 재료를 넣은 피자를 좋아하는지 이야기하기 ○ 햄, 양송이버섯, 당근, 양파, 청피망, 옥수수 캔, 케첩, 콜라, 식용유, 피자치즈, 부탄가스, 물엿, 소금, 프라이팬, 파일, 필기도구 등 ○ 활동 목표 확인 • 식빵에 야채와 피자치즈를 얹어 간단한 미니 피자를 만들 수 있다.	5′	○ 가스레인지를 사용하므로 불에 의한 사고 가 발생하지 않도록 지도한다. ○ 야채 등을 다 질 때 손을 다치지 않도록 지도한다.
중심 활동	만드는 방법	○ 토스트 피자 만들기 • 둥근 햄은 0.2㎝ 두께로 동그랗게 썰어 놓는다. • 야채는 씻고 옥수수는 채에 받쳐 물기를 제거한다. • 햄, 당근, 양파, 청피망, 양송이버섯은 1㎝ 정도로 깍둑썰기 하여 약간의 소금 간으로 볶는다. • 야채와 옥수수에 케첩과 물엿 등을 넣고 버무린다. • 식빵에 버터를 바르고 둥근 햄을 3조각 정도 깐 후 야채 버무린 것을 얹고 피자치즈를 뿌린다. • 프라이팬에 버터를 바르고 준비한 식빵을 약한 불로 가열하여 피자치즈가 녹으면 접시에 담아낸다.	30′	○ 피자치즈를 너무 많이 뿌리면 녹아내리므로 약간 안쪽으로 골고루 뿌리도록 지도한다.
정리 활동	실습 결과 토의 다음 시간 논의 뒷정리 차시 예고	○ 피자와 음료수로 상을 차려 평가해 보고 시식하기 ○ 각자 준비물을 챙기고 식탁을 깨끗이 닦기 ○ 실습에 대해 재미있었던 점에 대해 의견을 발표하기 ○ 결과 일지를 작성하고 파일을 정리하기 ○ 다음 실습 주제와 준비물에 대해 이야기하기 ○ 테이블 위를 치우고 뒷정리한 후 인사하기 ○ 다음 시간 예고	5′	

재배부

① 활동 목표

○ 재배 활동을 통하여 일의 보람과 즐거움을 느낄 수 있다.

○ 농기구의 사용법을 알고 바르게 사용할 수 있다.

○ 화단, 화분, 교재원을 일구어 꽃과 채소를 가꿀 수 있다.

② 연간 지도 계획

순	주 제	활동 내용	준비물	비고
1	○ 아동 희망 조사	○ 분야별 예정 부서 안내 ○ 하고 싶은 일 발표하기 ○ 희망 부서 조사하기	설문지	
	○ 희망 예정 부서 선정	○ 부서별 하는 일 알기 ○ 희망 부서 인원수 조사하기	계발 활동 부서 안내	
	○ 입부 지도	○ 나의 특기 및 취미 알기 ○ 장래 진로 생각하기 ○ 희망하는 부서 결정하기	질문지 입부 신청서	
	○ 활동 계획 세우기	○ 부원끼리 인사하기 ○ 부장 선출하기 ○ 활동 계획 세우기	출석부 연간 지도 계획서	
2	○ 식목일의 뜻 알고 모종 이식하기	○ 식목의 시기와 방법 알기 ○ 꽃의 종류와 잡초 구분하기 ○ 꽃밭 정리하기	삽화 농기구	
	○ 식물의 번식 방법 알기	○ 나무의 번식 방법 알기 ○ 꽃과 채소류의 번식 방법 알기 ○ 구근류 번식 방법 알기	칼 농기구 구근류	
3	○ 꽃밭 만들기 및 채소 심기	○ 꽃밭 모형도 그리기 ○ 꽃밭 관리하기 ○ 채소의 종류와 건사 방법 알기	화첩 농기구 화분	
	○ 국화 재배	○ 삽수 선정하기 ○ 삽수 자르고 심기	국화 삽수	
4	○ 꽃밭 가꾸기	○ 잡초 제거하기 ○ 꽃모 보식하기 ○ 물 주기 및 정리하기	농기구 물뿌리개	
	○ 국화 심기	○ 부엽토 준비하기 ○ 화분에 부엽토 넣고 국화 심기 ○ 물 주기 및 정리	부엽토 화분 국화	

순	주 제	활동 내용	준비물	비고
5	○ 잔디밭 관리	○ 잔디가 잘 자라는 토질 알기 ○ 평 잔디 붙이기와 줄 잔디 재배법 ○ 잔디밭 잡초 뽑기	농기구	
	○ 화단 건사하기	○ 화초와 비료의 작용 관계 알기 ○ 잡초 뽑아 주기 ○ 뿌리에 닿지 않게 비료 주기	농기구 비료	
6	○ 화단 관리하기	○ 잡초 뽑아 주기 ○ 거름 주기 ○ 일찍 지는 꽃씨 받기	봉투 농기구	
7	○ 꽃씨 받기 및 화단 관리	○ 일찍 지는 꽃씨 받기 ○ 잡초 제거하기 ○ 씨앗 봉투 만들기	봉투 농기구	
	○ 국화 화분 관리	○ 지주목 세우기 ○ 지주목 묶어 주기 ○ 곁순 손질하기	지주목 비닐 철사	
8	○ 구근류 거두기	○ 가을에 캐는 알뿌리 화초 알기(튤립, 수선화, 달리아, 칸나 등) ○ 알뿌리 저장법 알기	농기구	
	○ 씨앗 받기	○ 씨앗 봉투 만들기(이름, 꽃 색깔, 꽃 피는 시기 등) ○ 과제 학습으로 말려 봉투에 넣기	봉투	
9	○ 분갈이하기	○ 화분 크기 정하기 ○ 부엽토와 흙 알맞게 섞기 ○ 분갈이하기	화분 부엽토	
	○ 월동준비	○ 월동준비하는 방법 알기 ○ 볏짚으로 월동준비 하기(장미, 목련, 영산홍 등)	볏짚	
10	○ 화분 관리하기	○ 교실의 화분 수집하기 ○ 식물의 자라는 특성에 따라 구분하기 ○ 화분 관리하기	각 교실 화분	
11	○ 연중 활동 반성	○ 연중 활동 반성하기 ○ 재배부에서 익힌 것을 발표하기 ○ 새 학기 재배 계획 세우기	활동 기록부	

③ 활동안

일 시	20○○년 월 일	장 소			지도교사	
활동 주제	국화 화분에 정식하기					
활동 목표	부엽토를 사용하여 화분에 국화 묘를 심을 수 있다.					
활동 과정	활동 요소	활동 내용			시 간	자료 및 유의점
준비 활동	준비물 확인하기	○ 출석 확인 　• 부원 출석 확인하기 ○ 준비물 확인 ○ 실습 과정 알아보기 ○ 화분에 부엽토 넣을 때 유의점 알기 ○ 화분에 꽃 심는 방법 알기			7′	○ 출석부
중심 활동	부엽토 만들기	○ 활동 목표 확인 　• 부엽토를 사용하여 화분에 국화 묘를 심을 　　수 있다. ○ 부엽토 준비하기 　• 알맞은 크기의 철망을 이용하여 부엽토를 　　만든다.				○ 화분, 부엽토 ○ 물 빠짐이 좋 　도록 흙과 부 　엽토를 알맞게 　섞는다.
	부엽토 넣기	○ 부엽토 화분에 넣기 　• 화분 밑구멍에 알맞은 크기의 돌로 구멍을 　　막는다. 　• 화분에 적당량의 부엽토를 넣는다.			26′	
정리 활동	국화 심기	○ 국화 묘 관찰 　• 뿌리가 잘 나고 튼튼한 묘를 고른다. ○ 묘 심기 　• 화분에 묘를 심는다.				○ 뿌리의 수가 많 　은 것을 고른 다.
	물 주기 및 화분 정리 농구 정리 반성 및 차기 예 고	○ 물 주기 　• 화분이 흠뻑 적시도록 물을 준다. ○ 그늘진 곳에 화분 놓기 ○ 사용한 농구를 깨끗이 씻어 정리 ○ 국화 심은 화분 비교하기 ○ 준비물 예고 　• 월동준비 하기 예고			7′	○ 수압을 조절하 　여 흙이 패이 　지 않도록 한다.

라. 여가 문화 활동

꽃꽂이부

① 활동 목표

○ 꽃꽂이를 통해 눈과 손의 협응 운동으로 정서 발달, 집중력과 심미감을 갖는다.

○ 꽃꽂이를 해 보면서 친구들과 협동하여 작품을 완성할 수 있다.

② 연간 지도 계획

순	주 제	활동 내용	준비물	비고
1	○ 희망 부서 선정 ○ 임원 선출 ○ 연간 계획 수립	○ 희망 부서 정하기 ○ 임원 선출하기 ○ 연간 활동 계획 세우기	계발 활동 부서 안내	
	○ 기본 재료 알기 ○ 골지 자르기 ○ 기본 감기	○ 기본 감기 　● 원 감기 　● 타원형 감기 　● 눈물방울 감기 　● 튤립 감기 　● 토끼 귀 감기 　● 이어 감기	골판지 각색 가위 실리콘 메모지 펜	
2	○ 튤립 티슈 커버 제작	○ 튤립 커버 구상하기 ○ 화사하게 피어나는 튤립 티슈 커버 만들기	〃	
	○ 해바라기 꽃 만들기	○ 만들 해바라기 꽃 구상하기 ○ 집 안을 장식하는 해바라기 만들기	〃	
3	○ 국화꽃 만들기	○ 국화꽃 만들기 ○ 머리핀 만들기	〃	
	○ 튤립 장화 만들기	○ 튤립과 장화 만들기 ○ 튤립 장화 장식해 보기	〃	
4	○ 개구리 인형 만들기	○ 개굴개굴 노래하기 ○ 개구리 모빌 만들기	〃	
	○ 곰돌이 모빌 만들기	○ 둥실둥실 떠다니는 곰돌이 모빌 만들기	〃	
5	○ 액자 만들기	○ 행복한 웃음이 가득한 가족사진 액자 만들기	가족사진	

순	주 제	활동 내용	준비물	비고
6	○ 개별 활동 기초 조사	○ 분야별 예정 부서 안내 ○ 하고 싶은 부서 정하기 ○ 하고 싶은 일 발표하기	출석부 필기도구	
7	○ 해바라기 화분	○ 구상하기 ○ 해바라기꽃 만들기 ○ 우유갑 화분 만들어 구성하기	주름지 우유 갑, 색지 풀, 철사	
8	○ 소국 바구니	○ 구산하기 ○ 소국 만들기 ○ 바구니에 꽂기	주름지 스티로폼 바구니	
	○ 코스모스 바구니	○ 구산하기 ○ 코스모스 만들기 ○ 빈 통에 꽂기	주름지 빈 통 스티로폼	
	○ 장미꽃 바구니	○ 구상하기 ○ 장미꽃 만들기 ○ 유리병에 꽂기	주름지 유리병 스티로폼	
9	○ 칼라 꽃	○ 구상하기 ○ 칼라 꽃 만들기 ○ 빈 병에 꽂기	주름지 빈 병 스티로폼	
	○ 매화꽃 바구니	○ 구상하기 ○ 매화꽃 만들기	주름지 빈 병 스티로폼	
10	○ 무궁화	○ 구상하기 ○ 무궁화 꽃 만들기 ○ 빈 병에 꽂기	주름지 빈 병 스티로폼	
11	○ 여러 가지 꽃	○ 구상하기 ○ 여러 가지 꽃 만들기 ○ 바구니에 꽂기	주름지 바구니 빈 병	

3 활동안

일 시	20○○년 월 일	장 소		지도교사	
활동 주제			코스모스 만들기		
활동 목표			주름지의 원리를 이용하여 코스모스를 만들고, 성취감을 갖고, 바구니 혹은 빈 병에 꽃을 꽂아 보면서 즐거움을 느낄 수 있다.		

활동 과정	활동 요소	활동 내용	시 간	자료 및 유의점
준비 과정	동기 유발	○ 즐겁게 노래 부르기 • 꽃에 관한 노래 즐겁게 부르기 ○ 가을 꽃 중에 가장 예쁜 꽃은 무엇일까? • 소국의 사진, 생화를 보여 주며 느낌을 이야기 해 본다.	7´	○ 즐거운 마음으로 참여하도록 동기를 유발한다.
	활동 목표확인하기	○ 활동 목표 확인 • 준비된 자료를 보고 코스모스를 만들고 바구니에 꽂아 보기를 말해 보자. ○ 기본적인 재료를 소개해 준다.		
중심 활동	코스모스 만들기	○ 코스모스를 만들어 본다. • 주름지의 두 칸 높이에 2.5㎝ 크기로 8장을 자른다. • 자른 종이의 위를 뾰족하게 오린 뒤 가위로 굴려 준다. • 밤색 주름지로 속을 만든다. • 8장의 꽃잎을 철사에 감아 꽃 모양으로 만들며 초록색 테이프로 감는다.	26´	○ 주름지, 철사, 스티로폼, 꽃 테이프, 바구니
정리 활동	꽃바구니 구성 작품 감상하기	○ 코스모스를 만들어 보고 바구니에 함께 만든 소국을 바구니에 꽂아 본다. ○ 서로의 작품을 감상하고, 잘된 점을 칭찬해 주고, 더 보완하면 좋은 점을 서로에게 이야기해 준다.	7´	
	차시 예고	○ 다음 주 준비물을 이야기해 준다. • 다음 주 준비물: 빨간색, 노란색 철사, 우유갑, 색지, 스티로폼, 꽃 테이프		○ 완성된 작품 ○ 장미꽃 준비물
	정리 정돈	○ 주변을 깨끗이 정리한다. • 교사에게 인사를 한 뒤 귀가한다.		○ 주변정리 깨끗이 하기

바둑부

① 활동 목표

○ 바둑을 두면서 집중력을 높이고 인내심을 기르게 한다.

○ 바른 자세로 규칙에 따라 바둑을 두고, 복기할 수 있다.

○ 바둑의 이론과 정석을 이해하고, 상황에 맞는 수를 생각해 낼 수 있다.

② 연간 지도 계획

순	주 제	활동 내용	준비물	비고
1	○ 희망 예정 부서 선정 ○ 임원 선출 ○ 연간 계획 수립	○ 부원끼리 인사하기 ○ 임원 선출하기 ○ 연간 활동 계획 세우기	출석부 연간 지도 계획	
	○ 바둑의 역사	○ 바둑의 역사 ○ 바둑의 기본 규칙 ○ 바둑의 기능 알기	바둑판 바둑알	
2	○ 바둑의 기본 기술	○ 돌을 잡는 방법 ○ 돌을 놓는 곳 ○ 돌을 연결하는 방법	바둑알 바둑 서적	
	○ 바둑의 기본 기술	○ 수 싸움 ○ 집 싸움 ○ 집 지키기	바둑판 바둑알	
3	○ 바둑의 기본 기술	○ 패를 하는 법 ○ 패를 방어하는 법 ○ 마무리와 계산법	바둑판 바둑알	
	○ 바둑의 기본 원리	○ 포석의 기본 ○ 패를 하는 방법 ○ 굳힘 수와 걸침 수	바둑판 바둑알	
4	○ 바둑의 기본 원리	○ 포석의 기본 ○ 패를 하는 방법 ○ 굳힘 수와 걸침 수	바둑판 바둑알	
	○ 바둑의 기본 원리	○ 걸침 ○ 벌림	바둑판 바둑알	
5	○ 1학기 반성	○ 1학기 과정 복습 ○ 1학기 과정 반성 복습	1학기 회고문	

순	주 제	활동 내용	준비물	비고
6	○ 행마	○ 날일(日) 자 행마 ○ 한 칸, 두 칸 행마 ○ 쌍립과 마늘모 ○ 밭전(田) 자 행마	바둑알 바둑 서적	
7	○ 바둑의 기본 수법	○ 침입과 삭감 ○ 공격하는 법 ○ 먹여치기	바둑판 바둑알	
	○ 바둑의 기본 수법	○ 수비하는 법 ○ 수상전의 요령 ○ 수 줄이기 ○ 수 늘이기	바둑판 바둑알	
8	○ 바둑의 기본 수법	○ 바둑의 집 만들기 ○ 바둑의 사는 모양의 집 ○ 바둑의 죽는 모양의 집	바둑판 바둑알	
	○ 바둑의 기본 수법	○ 접근전의 요령 ○ 따내기 ○ 장문과 축 ○ 끝내기를 하는 법	바둑판 바둑알	
9	○ 실전의 상식	○ 맞바둑과 접바둑 ○ 실전의 마음가짐 ○ 전투, 사활 ○ 끝내기의 급소 알기	바둑판 바둑알	
	○ 실전의 상식	○ 실전에 임하는 자세 ○ 실전의 요령 ○ 묘수풀이	바둑판 바둑알	
10	○ 실전의 감상	○ 초반전 ○ 중반전 ○ 종반전	바둑판 바둑알	
11	○ 실전	○ 9점 접바둑의 실전 ○ 3점 접바둑의 실전 ○ 맞바둑의 실전 ○ 끝내기	바둑판 바둑알	

3 활동안

일 시	20○○년 월 일	장 소		지도교사	
활동 주제	돌을 연결하는 방법				
활동 목표	돌을 연결하는 방법을 안다.				
활동 과정	활동 요소	활동 내용		시 간	자료 및 유의점
준비 활동	전시 학습 상기	○ 지난 시간에 배운 것 복습 • 바둑의 기본 규칙과 기능 • 돌을 잡는 법		7′	○ 바둑판 바둑알 바둑 서적
	준비물 갖추기	○ 활동 준비물 배치하기 • 바둑판, 바둑알 바르게 놓기 • 예의 바르게 앉기			
중심 활동	활동 목표 확인 하기 바둑돌의 연결	○ 활동 목표 확인 • 돌을 연결하는 방법을 안다. ○ 바둑돌의 연결에 대하여 알아본다. • 귀에서의 연결 • 중앙과 귀의 연결 • 변과 중앙의 연결 • 돌의 끊어짐 방지하기 • 돌을 끊는 방법		26′	
	실전 바둑 두기	• 돌의 착점 이해하기 ○ 급수가 비슷한, 상대방과 대국하여 본다. • 바른 자세로 앉기			○ 대국 중 에는 조용히 한다.
정리 활동	바둑을 두고 난 후의 감상 끝마무리	• 예의 갖추어 인사하기 • 실전 바둑 두기 ○ 대국이 끝난 후에 복기하며 바둑 내용 감상 하기 • 대국 중 느낌 이야기하기 • 승, 패의 원인 분석하기 ○ 바둑알 담기 ○ 바둑판 제자리에 놓기		7′	○ 사용한 용구를 제 자리에 놓는다.
	차시 예고	○ 다음 시간 예고하기 • 수 싸움			

서예부

1 활동 목표

○ 현완법, 쌍구법을 익혀 선 긋기를 할 수 있다.

○ 수평 획과 수직 획을 알맞게 쓸 수 있다.

○ 궁체의 특징을 살려 글씨를 바르게 쓸 수 있다.

2 연간 지도 계획

순	주 제	활동 내용	준비물	비고
1	○ 계발 활동 기초 조사	○ 분야별 예정 부서 안내 ○ 하고 싶은 일 발표하기 ○ 희망 부서 조사하기	설문지	
	○ 희망 예정 부서 선정	○ 부서별 하는 일 알기 ○ 희망 부서 인원수 조사	계발 활동 부서 안내	
	○ 입부 지도	○ 나의 특기 및 취미 알기 ○ 장래 진로 생각하기 ○ 희망하는 부서 결정하기	질문지 입부 신청서	
	○ 임원 선출	○ 부원끼리 인사하기 ○ 임원 선출하기 ○ 연간 활동 계획 세우기	출석부 연간 지도 계획	
2	○ 운필법에 맞추어 기초 서선 긋기	○ 여러 방법으로 선이나 점으로 나타내기 ○ 팔 전체로 운필하여 가로선, 세로선 긋기	서예 용구 서예본	
	○ 중봉으로 기본 점획 쓰기	○ 서제를 이해하고 서제 분석하기 ○ 상위점, 수평점, 사점 쓰기	서예 용구 서예본	
3	○ 기필 부분 유의하여 기본 점획 쓰기	○ 수평획, 수직획이 들어가는 낱말을 찾아보기 ○ 수평획, 수직획 쓰기	서예 용구 서예본	
	○ 입필 부분에 유의하여 원획 쓰기	○ 원획 쓰는 방법 알아보기 ○ 원획 쓰기	서예 용구 서예본	
4	○ 홀소리 '오, 아' 쓰기	○ 홀소리 '오, 아'를 운필법에 맞추어 쓰기 ○ '아기', '고가' 쓰기	서예 용구 서예본	
	○ 닿소리 'ㄱ, ㅋ' 쓰기	○ 닿소리가 들어가는 낱말 쓰기 ○ 모음이 달라짐에 따라 글씨체가 변화하는 것을 알기	서예 용구 서예본	
	○ 닿소리 'ㅇ, ㅎ' 쓰기	○ 닿소리 'ㅇ, ㅎ' 쓰기 ○ 'ㅇ'의 중심을 잃지 않게 쓰기	서예 용구 서예본	

순	주 제	활동 내용	준비물	비고
5	○ 1학기 반성 및 작품 제작	○ 쓰고 싶은 서제를 선택하여서 작품을 써 보기 ○ 작품을 비교 감상하기 ○ 1학기를 반성하고 계획 세우기	서예 용구 화선지	
6	○ 닿소리와 홀소리 합쳐 연습하기	○ 'ㅇ' 정자 가로 쓰기 ○ 자형 맞춰 쓰기 ○ 서제 – '나', '너', '가자'	서예 용구 화선지 서예본	
7	○ '나무' 쓰기	○ 궁체의 특징 ○ 'ㄴ'의 필법 ○ 'ㅁ'의 필법	서예 용구 서예본	
8	○ '어버이' 쓰기	○ 세로획의 특징 ○ 'ㅇ'의 운필 방법 ○ 'ㅂ'의 운필 방법	서예 용구 서예본	
	○ '우리나라' 쓰기	○ 'ㅇ'과 'ㄱ'의 알맞은 위치 ○ 'ㄹ'의 간가와 굵기의 변화 ○ 'ㅏ'의 점과 위치	서예 용구 서예본	
	○ '하늘바다' 쓰기	○ 'ㅎ'의 운필 방법 ○ 'ㄴ'의 변화: '늘'과 '나'의 비교 ○ 'ㄹ'의 변화: '를'과 '라'의 비교	서예 용구 서예본	
9	○ '부모공경' 쓰기	○ 'ㄱ'의 변화: 'ㅗ'의 위에 쓰일 때 ○ 'ㄱ'의 변화: 'ㅜ'의 위에 쓰일 때 ○ 'ㄱ'의 변화: 'ㅕ'의 위에 쓰일 때	서예 용구 서예본	
	○ '무궁화나라꽃' 쓰기	○ '궁' 자의 결구와 간가 ○ '화' 자의 결구와 간가 ○ '꽃' 자의 결구와 간가	서예 용구 서예본	
10	○ '세종대왕' 쓰기	○ 정자와 흘림의 차이 ○ 획과 획 자음과 자음의 연결 방법 ○ 운필의 속도	서예 용구 서예본	
11	○ 2학기 반성 및 작품 감상	○ 2학기를 반성해 보고 고칠 점을 이야기하기 ○ 그동안 쓴 작품을 전시하고 감상하기	서예 용구 서예본	

③ 활동안

일 시	20○○년 월 일	장 소		지도교사	
활동 주제			'세종대왕' 쓰기		
활동 목표	정자와 흘림의 차이점을 알고 '세종대왕'을 바르게 쓸 수 있다.				

활동 과정	활동 요소	활동 내용	시 간	자료 및 유의점
준비 활동	세종대왕에 대해 알아보기	○ 서제 알아보기 ○ 세종대왕은 누구이며 무엇을 하신 분인가요? ○ 그분을 존경하는 까닭은 무엇 때문인가요? ○ 그분의 뜻을 이으려면 우리는 어떤 생각을 갖고 행동하여야 할까요?	5'	○ 서예 용구
	활동 목표 확인하기	○ 활동 목표 확인 ● 정자와 흘림의 차이점을 알고 '세종대왕'을 바르게 쓸 수 있다.		
중심 활동	서제 분석	○ 서제 분석하기 ○ 서제의 특징 ● 획과 획의 연결 방법 ● 자음과 자음의 연결 방법 ● 운필의 속도 ● 자음과 모음의 필법 ○ 흘림 쓰기의 아름다움 ● 붓을 둥글게 굴려 이어 쓰기 ● 전체의 조화미	30'	○ 임서할 때 도와준다.
	서제 쓰기	○ 서제 쓰기 ○ '대'의 접필 ○ '왕'의 접필 ○ '종'은 흘림체로 쓸 때 붓을 떼지 않고 한 번에 쓰기		○ 흘림이라 해도 처음부터 필속을 내지 않게 한다.
정리 활동	정서하기 감상 반성	○ 정서하기 ○ 서로의 작품 감상하기 ● 게시된 작품과 쓴 작품(아동)의 차이점 ○ 용구 정리하기 ● 2학기 반성 및 작품 감상하기	5'	

라. 정보 통신 활동

인터넷 여행부

① 활동 목표
  ○ 인터넷을 활용하여 필요한 자료를 찾는 방법을 익힌다.
  ○ 찾은 자료를 학습에 활용할 수 있도록 필요한 부분을 저장할 수 있다.
  ○ 인터넷의 편리한 점을 알고 바르게 사용할 수 있다.

② 연간 지도 계획

순	주 제	활동 내용	준비물	비고
1	○ 계발 활동 기초 조사	○ 분야별 예정 부서 안내 ○ 하고 싶은 일 발표하기 ○ 희망 부서 조사하기	설문지	
	○ 희망 예정 부서 선정	○ 부서별 하는 일 알기 ○ 희망 부서 인원수 조사하기	계발 활동 부서 안내	
	○ 입부 지도	○ 나의 특기 및 취미 알기 ○ 장래 진로 생각하기 ○ 희망하는 부서 결정하기	내가 본 나의 모습 (질문지) 입부 신청서	
	○ 임원 선출 ○ 연간 계획 수립	○ 부원끼리 인사하기 ○ 임원 선출하기 ○ 연간 활동 계획 세우기	출석부 연간 지도 계획	
2	○ 파일 폴더 ○ 인터넷 이해	○ 탐색기 활용 복사와 저장하기 ○ 인터넷 정의, 에듀넷 이해	USB PPT 자료	
	○ 다운받기 ○ 인터넷 여행	○ 웹 브라우저 사용법 ○ 각종 교육 관련 사이트 찾기	USB PPT 자료	
3	○ 가상 박물관	○ 가상 박물관 사이트 검색 (www.kordic.re.kr/～museum) ○ 가상 공룡 박물관 VR dino (www.vrdino.co.kr/index.asp)	USB PPT 자료	
	○ 과학관	○ 국립중앙과학관 '사이버 과학관' ○ 야후백과사전 (http://kr.encycl.yahoo.com)	USB PPT 자료	
4	○ 북한 관련 사이트	○ 통일부(www.unikorea.go.kr) ○ 남북 통합 문화관(www.mct.go.kr/arirang) ○ 북한 언론 시민 연합 (www.nkhumanrights.or.kr)	USB PPT 자료	

순	주 제	활동 내용	준비물	비고
5	○ 엑스포 과학 공원 ○ 국보 탐방	○ 엑스포 과학 공원(www.expopark.co.kr) ○ 국보 탐방(galaxy.channeli.net/pztorona)	USB PPT 자료	
6	○ 영어공부	○ 영어공부 와삭(www.wasac.com) ○ 프리 잉글리시(www.freeenglish.com) ○ 에듀박스(www.edubox.com)	USB PPT 자료	
7	○ 꽃과 물고기 기르기	○ 드림스디(www.dreamseed.co.kr) ○ 아쿠아 스페이스(www.aquaspace.co.kr)	USB PPT 자료	
8	○ 학습 자료 사이트	○ 디그(www.dig.co.kr) ○ 풀(www.pull.co.kr)	USB PPT 자료	
9	○ 사이버 서당	○ 사이버 서당(www.cybersodang.co.kr) 기초 과정, 고사 성어, 시조 등	USB PPT 자료	
	○ 한국의 산	○ 한국의 산(www.mkormt.co.kr)	USB PPT 자료	

10	○ 남북 어린이 어깨
	  동무
		○ 남북 어린이 어깨동무
		  (http://www.okedongmu.or.kr)
			USB
			PPT 자료	

	○ 가나다 한글 맞춤법	○ 가나다 한글 맞춤법(www.ganada.org)	USB PPT 자료	
11	○ 발명 꿈나무	○ 발명 꿈나무(idea.kipo.go.kr)	USB PPT 자료	
	○ 사이버 과학 교실	○ 사이버 과학 교실(www.nsm.go.kr)	USB PPT 자료	
12	○ 야후! 코리아 애완동물	○ 야후! 코리아 애완동물(kr.pets.yahoo.com)	USB PPT 자료	
13	○ 에듀포 아이	○ 에듀포 아이(www.edu4i.com)	USB PPT 자료	

③ 활동안

일 시	20○○년 월 일	장 소	컴퓨터실	지도교사	
활동 주제	다운받기와 인터넷 여행하기				
활동 목표	인터넷에서 찾은 자료를 디스켓에 다운받을 수 있다.				

활동 과정	활동 요소	활동 내용	시 간	자료 및 유의점
준비 활동	동기 유발 활동 목표 확인 하기	○ 에듀넷의 좋은 점 말하기 찾은 자료 저장하는 　방법은? ○ 활동 목표 확인 　● 인터넷에서 찾은 자료를 디스켓에 저장해 　　보자	5'	○ 에듀넷 사용 경 　험을 토의하게 　한다.
중심 활동	웹 브라우저 인터넷 여행 검색 엔진	○ 웹 브라우저 사용법 익히기 　● 익스플로러 실행하기 　● 익스플로러 화면 구성 알기 　● 메뉴 　● 상태 표시줄 　● 도구 모음 　● 익스플로러의 화면 설정 ○ 검색 엔진 이용 인터넷 정보 사냥 ○ 한글 검색 엔진 　● 심마니(simmany.chollian) 　● 까치네(kachi.com) 　● 미스다찾니(mochanni.com) ○ 영문 검색 엔진 　● 야후(http://www.yahoo.com) 　● 원하는 사이트를 찾아가기 　● 청와대 홈페이지 찾아가기 ○ 필요한 자료 다운받기 ○ 정보사냥대회 예상 문제 해결하기 　● 제한된 시간에 찾을 수 있는 방법 이해시키 　　고 실행하기	30'	○ 정보검색 서비 　스인 웹브라우 　저를 정확하게 　알게 한다. ○ 검색 엔진의 기 　능을 정확하게 　알게 한다.
정리 활동	반성 및 차시 예고	○ 가상 박물관 홈페이지 활용 확인 ○ 다음 시간 활동 내용 정하기 ○ 디스켓 준비(학습 내용 정리용)	5'	○ 컴퓨터 끄기, 　정리 정돈

한글 워드부

① 활동 목표

○ 워드프로세서의 편리함을 알고 생활에 활용하는 태도를 가진다.

○ 필요한 문서를 컴퓨터를 이용하여 작성할 수 있다.

○ 워드프로세서의 편리한 기능을 알고 문서 작성에 활용할 수 있다.

② 연간 지도 계획

순	주 제	활동 내용	준비물	비고
1	○ 학생 희망 조사	○ 분야별 예정 부서 안내 ○ 하고 싶은 일 발표하기 ○ 희망 부서 조사하기	설문지	
	○ 희망 부서 조직	○ 부서별 하는 일 알기 ○ 희망 부서 인원수 조사하기	계발 활동 부서 안내	
	○ 입부 지도	○ 나의 특기 및 취미 알기 ○ 장래 진로 생각하기 ○ 희망하는 부서 결정하기	질문지 입부 신청서	
	○ 연간 계획 수립	○ 부원끼리 인사하기 ○ 임원 선출하기 ○ 연간 활동 계획 세우기	출석부 연간 지도 계획	
2	○ 컴퓨터 입문	○ 컴퓨터의 구성 및 주변 기기 ○ 컴퓨터 들어가고 나오기 ○ 한글 자판 익히기	공책 연필	
	○ 한글 타자 연습	○ 한글 자리 연습(손가락 연습) ○ 낱말 및 문장, 글 연습 ○ CAI프로그램 들어가 공부하기	공책 연필	
3	○ 흔글 기초 공부	○ 한글 문서 메뉴 표시줄의 항목 익히기 ○ 글(애국가) 입력하기, 저장하기, 나오기 ○ 불러오기, 새 글 들어가기 ○ 한글 타자 능력 검사하기	USB 공책 연필	
	○ 상장 만들기	○ 각종 키의 기능 알기 ○ 상장 내용 쓰고, 글자에 모양내기 ○ 미리보기, 용지의 여백 보기 ○ 한글 타자 능력 검사	USB 공책 연필	
4	○ 주소록 만들기	○ 주소 입력하기 ○ 특수문자 입력하기 ○ 복사, 붙이기, 지우기, 저장 ○ 한글 타자 능력 검사	USB 공책 친구 주소	

순	주 제	활동 내용	준비물	비고
5	○ 표 만들기 및 표 모양 바꾸기	○ 표 만들기 ○ 표의 모양 바꾸기 ○ 표 안에 글자 정열하기	디스켓, 공책	
6	○ 흔글로 달력 만들기	○ 한글로 표를 만들어 달력을 꾸미기 ○ 수정하기, 글자 꾸미기 ○ 저장하고 인쇄해 보기	디스켓, 공책, 6월 달력	
7	○ 워드 급수 증 도전하기	○ 한글 타자 치기 테스트 ○ 워드 4급 문제에 도전하기 ○ CAI 해당 학년 내용 공부하기	디스켓, 워드 4급 문제	
8	○ 시간표 만들기	○ 용지 모양과 여백 맞추기 ○ 표 그리고 내용 넣기 ○ 칸 조절하고 그림 넣기	디스켓, 공책, 그림판 보기	
9	○ 만능 이름표 만들기	○ 그림판과 이름표 만들기 ○ 그리기 마당을 이용하여 이름표 만들기	디스켓, 공책, 안내할 내용	
10	○ 안내물 만들기	○ 공문 형식의 글 만들기 ○ 들여쓰기 ○ 내어 쓰기	디스켓, 공책, 생일 초대 내용	
	○ 초대장 만들기	○ 메일 머지란 무엇인가 알기 ○ 초대장 만들어 표시 달기 ○ 원고지로 보기	디스켓, 공책, 용돈 기입장	
	○ 용돈 기입장 만들기	○ 표 만들기 및 블록 계산하기 ○ 셀 합치기와 나누기 ○ 용돈 기입장 만들어 계산하기	디스켓, 공책, 그림판에서 그림 그려 보기	
11	○ 그림판 이용하기	○ 그림판 이용 방법 알기 ○ 그림판 저장 ○ 한글에서 그림판 불러오기	디스켓, 공책, 그림판에서 그림 그려 보기	
	○ 보고서 만들기	○ 머리말, 꼬리말 넣기 ○ 줄 간격 맞추기 ○ 차트 만들기	디스켓, 공책, 실험 보고서 준비하기	
12	○ 학교 신문 만들기	○ 한글 97의 종합적인 기능 ○ 다단 활용하기 ○ 글상자 활용하기	디스켓, 공책, 신문에 실을 내용 준비	
13	○ 인터넷 구경하기	○ 익스플로러의 사용법 알기 ○ 웹사이트 알고 들어가기 ○ 학교 홈페이지 찾아보기	디스켓, 공책, 궁금한 점 생각해 오기	

③ 활동안

일 시	20○○년 월 일	장 소	컴퓨터실	지도교사	
활동 주제			용돈 관리장 만들기		
활동 목표		컴퓨터를 이용하여 용돈 관리장을 만들어 사용할 수 있다.			

활동 과정	활동 요소	활동 내용	시 간	자료 및 유의점

준비 활동	타자 연습하기
	
	활동 목표 확인 하기
		○ 한메타자 교사를 열어 글쓰기 타자 능력 확인 하기
		○ 활동 목표 확인
		   ● '한글2008(한글과 컴퓨터 08)'을 이용하여 용돈 관리장을 만들어 사용할 수 있다.
			5'	○ 출석부
				  타자 능력 확인 기록부

중심 활동	용돈 관리장 만들기
	
	인터넷 여행
	검색 엔진
	
	선택 학습하기
		○ 순서에 따라 용돈 관리장 만들기
		   ● 표 만들기
		    - 8×5로 표를 만들어 칸 넓이를 조절하기
		   ● 셀 모양과 선 모양 바꾸기
		    - 대각선, 음영, 선의 굵기 바꾸기
		   ● 내용 입력하기
		    - 날짜와 일주일 동안의 용돈 사용 내역 입력
		   ● 합계 구하기
		    - 표-쉬운 계산식-세로 합계
		   ● 남은 돈 구하기
		    - 표 계산식으로 구하기
		    -공식: 오늘 남은 돈=어제 남은 돈+오늘 받은 돈-오늘 쓴 돈
		   ● 표 복사하기 / 붙이기 / 인쇄하기
		    - 다음 주에 쓸 것을 복사해 둔다.
		○ 선택1: 셀 나누기와 합치기
		○ 선택2: 줄 칸 삽입과 지우기
		○ 선택3: 표 그리기와 표 지우기
			30'	○ 1주일 합계란은 빠른 메뉴로 합치기를 한다.
				
				○ 숫자가 틀렸을 때 다시 입력하 면 숫자는 자동 으로 계산된다.
				
				○ 부족한 점을 찾 아 보충한다.
				
				○ 과제: 각종 표 만들기 기능 익 히기

정리 활동	학습 활동
	마무리하기
	
	차시 안내하기
		○ 인쇄한 내용 받아 수정하기
		   ● 인쇄하고 잘못된 내용 수정하기
		   ● 컴퓨터 닫기
		○ 차시 학습 안내하기
		   ● 준비물: 그림판 열어 보기
			5'	

제4장 | 봉사 활동

1. 봉사 활동의 개요

가. 봉사 활동의 성격

봉사 활동은 자발적인 의도에서 개인과 집단이 타인이나 타 집단을 돕고 사회에 기여하는 계획적이고 지속적인 활동이다. 희생 정신과 밀접하게 관련된 활동이다.

봉사 활동은 자발성, 공익성, 무상성, 지속성 등의 특성이 있다. 봉사 활동은 자원 봉사라고 하여 자발성을 강조하고 있으나, 학생 봉사 활동은 일반적인 자원 봉사와는 달리 봉사 활동을 교육적으로 지도하고 내면화하는 과정으로서 봉사 학습의 개념이다. 봉사 활동은 원만한 인간 관계와 인간의 존엄성을 깨닫게 하고 지역 사회에 대한 이해를 넓혀 준다. 이러한 봉사 활동의 성격을 요약하면 다음과 같다.

첫째, 봉사 활동의 활성화는 시민들의 사회적 책임성을 회복하자는 시각에서 출발하였다.

둘째, 현대인은 자원 봉사 활동에서 사회적 생산성을 발견하고 이를 학교 교육과정에 적용하게 되었다.

셋째, 자원 봉사 활동은 인간성 회복과 더불어 살아가는 사회 건설을 위한 노력이라고 볼 수 있다.

나. 봉사 활동의 특징

봉사 활동은 자원 봉사 활동, 자원 활동, 자원 복지 활동, 지역 사회 봉사 활동 등 다양한 형태로도 부르는데, 자원과 자발성이 바탕이 된다.

봉사 활동은 기본적으로 자발적인 활동에 근거하여 타인을 돕는 배려의 정신으로 이루어진다. 일반적으로 봉사 활동은 다음과 같은 특징이 있다.

첫째, 봉사 활동은 자발적으로 하는 활동이다. 즉 봉사 활동은 자발성을 갖고 있으며 스스로의 판단과 마음에서 자율적으로 하는 활동이다.

둘째, 봉사 활동은 타인 및 사회를 위한 활동이다. 즉 봉사 활동은 공익성을 갖고 있으며 타인, 사회, 국가, 인류를 위한 아름다운 활동이다.

셋째, 봉사 활동은 일정한 보수나 대가를 바라지 않고 자신의 시간과 노력을 들여 베푸는 활동이다. 즉 봉사 활동은 무상성의 관점에서 물질적 보상과 대가를 전혀 기대하지 않고 타인을 위해 봉사한다는 데 보람과 만족을 기대하는 활동이다.

넷째, 봉사 활동은 계획적, 지속적으로 이루어지는 활동이다. 즉 봉사 활동은 지속성을 갖고 꾸준히 이루어지는 활동이다. 봉사 활동이란 일시적, 일회적으로 이루어지는 선행 활동과는 구분되며, 일정한 계획하에 지속적으로 이루어지는 활동이다

다. 봉사 활동의 지도 원리

봉사 활동은 학생들이 계획적, 의도적, 지속적, 적극적으로 타인과 사회를 위해 봉사하는 활동이다. 따라서 교사는 학생들이 자율적으로 보람을 느끼며 즐거운 마음으로 봉사 활동에 참여할 수 있도록 동기를 유발하고 지도하여야 한다. 이러한 봉사 활동의 지도 원리를 요약하면 다음과 같다.

첫째, 봉사 활동은 참된 의미와 가치를 인식시키고, 학생들이 자발적으로 참여할 수 있도록 지도한다. 봉사 활동은 개인이 타인을 도우려는 순수한 동기에서 자발적으로 참여하는 활동이다. 교사는 참여의 조언자라는 점을 염두에 두어야 한다.

둘째, 봉사 활동은 진정한 봉사 활동이 될 수 있도록 사전 교육을 실시하며, 충분한 정보를 수집하고 주도면밀한 계획을 세워서 지도한다. 이를 위해 사전 사후에 충분한 교육적 지도와 접근이 반드시 수행되어야 한다.

셋째, 봉사 활동은 활동의 전 과정이 교육적 의미를 가질 수 있도록 활동 과정 및 결과에 대한 사후 평가를 실시하고 이를 적극적으로 반영해야 한다. 따라서 봉사 활동에서는 계획, 과정, 결과, 평가 등 일련의 과정(process)이 함께 중시되어야 한다.

넷째, 지역 사회 유관 기관 및 봉사 단체와 긴밀한 협조 체제를 유지하며, 효율적인 봉사 활동이 이루어지도록 지도한다. 봉사 활동에서는 동료 교사, 지역 사회 인사, 유관 단체 등과 유기적 협조 체제가 이루어져야 소기의 목적을 달성할 수 있다.

라. 봉사 활동 지도상의 유의점

봉사 활동이 소기의 성과를 거두기 위해서는 학교와 지역 사회, 유관 기관의 유기적 연대가 필수적이다. 특히 학교 단위에서 봉사 학습과 연계하여 충실한 계획과 운영 및 지도가 있어야

한다. 학교와 교사들은 다음과 같은 점에 유의하여 지도하여야 한다.

첫째, 프로그램, 봉사 대상 기관 등의 정보는 관련 유관 기관의 지원을 받아 운영, 지도한다.

둘째, 학교운영위원회, 학부모회, 자모회 등의 후원을 받아 운영하되 학생들이 즐거운 마음으로 참여하도록 지도한다.

셋째, 봉사 활동의 성격에 따라 동일한 과정의 집중 봉사 활동, 다양한 과정의 연속 봉사 활동 등을 확정하여 적절하게 운영, 지도한다.

넷째, 봉사 활동의 평가 시 봉사 대상 기관의 인사를 참여시킬 경우, 평가자에게 충분한 사전 교육과 정보를 제공하여 교육적 접근을 모색하여야 한다.

2. 봉사 활동 지도의 실제

가. 지도 중점

〈표 23〉 봉사 활동 지도 중점

학교 급 소영역	초등학교	중학교	고등학교
일손 돕기 활동	• 애향심과 애교심 가지기	• 일손이 부족한 곳 알아보기	• 일손이 부족한 곳을 찾아 돕기 • 지역 주민과 협동적 활동하기
위문 활동	• 불우한 이웃을 돕는 마음 가지기	• 고마운 분들을 찾아 고마움 표시하기	• 어려운 분들을 찾아 위문 활동 하기 • 근로 봉사 활동 함께 하기
캠페인 활동	• 교통질서를 지키려는 태도 가지기	• 학교 주변 환경 정화 캠페인에 참여	• 환경 보전 및 자연 보호 캠페인에 참여 • 주변 문화재 청소 봉사 활동하기
자선 구호 활동	• 주변의 어려운 사람 돕기	• 갑자기 어려움에 처한 사람 돕기	• 다른 나라 사람들의 어려움 돕기(기금 등)
환경·시설 보전 활동	• 자연이 인간에 주는 혜택 알기	• 자연을 보호하는 방법 알기	• 자연 보호 활동에 직접 참여하기(나무 심기 등)
지역 문화·예술 활동	• 우리 고장의 문화재, 문화 시설 알기	• 문화재를 보존하고 아끼는 태도 가지기	• 고장의 문화 행사에 참여(향토문화제 등) • 향토 문화제(축제) 예술 공연하기

나. 지도 시간 배당

〈표 24〉 봉사 활동 지도 시간 배당

소영역 \ 학교급·학년	초등학교					
	1	2	3	4	5	6
일손 돕기 활동	(1)	(1)	1(2)	1(2)	2(4)	2(6)
위문 활동	1	1(1)	1(2)	1(2)	1(2)	1(4)
캠페인 활동	1	1	1(2)	1(2)	1(4)	1(4)
자선 구호 활동	1(1)	1(1)	(4)	(4)	1(2)	1(4)
환경·시설 보전 활동	1(2)	1(2)	1(4)	1(4)	1(4)	1(6)
지역 문화·예술 활동	1	1	1(2)	1(2)	1(4)	1(6)
계	5(4)	5(5)	5(16)	5(16)	7(20)	7(30)

소영역 \ 학교급·학년	중학교			고등학교		
	1	2	3	1		
일손 돕기 활동	1(1)	1(1)	1(2)	1(2)		
위문 활동	1	1(1)	1(2)	1(2)		
캠페인 활동	1	1	1(2)	1(2)		
자선 구호 활동	1(1)	1(1)	1(4)	1(4)		
환경·시설 보전 활동	1(2)	1(2)	1(4)	1(4)		
지역 문화·예술 활동	1	1	1(2)	1(2)		
계	6(4)	6(5)	6(16)	6(16)		

다. 연간 운영 계획(안)

<표 25> 봉사 활동 연간 운영 계획

월 \ 활동	일손 돕기 활동	위문 활동	캠페인 활동	자선 구호 활동	환경·시설 보전 활동	지역 문화·예술 활동
3	즐거운 우리 학급	·	교통 지도	·	교내 청소 봉사 활동	담장이 무너졌 어요.
4	우리 학교를 깨 끗이	너와 나는 다정 한 친구야	학교 주변 정화	작은 정성 큰 도움	·	이것이 불편해요
5	할아버지·할머 니의 친구가 되어	경로당 위문 및 경로잔치	·	·	주변 봉사 활동	·
6	·	·	거리 질서	전염병 예방	·	·
7	아기야, 나랑 놀 자	병약자 돕기	·	·	학교 주변 환경 정화 운동	힘 모아 깨끗이
8	·	·	행락 질서	수해 복구 활동	환경 보존 운동	함께 찾아봐요
9	가고 싶은 화장 실	·	산업 단지 주변 정화	·	자원 재활용	우리 고장의 문 화·예술 활동 참여
10	농부와 한마음 되어	·	·	·	자연 보호	우리 고장의 문화 행사 관람하기
11	·	외로운 친구를 위하여	·	재해 구호 활동	·	문화 행사 시 우 리가 할 일
12	·	자매 부대 위문	·	10원짜리 동전 을 모아서	·	·
2	·	·	주택가 정화	·	폐품 수집	이렇게 보존해요

3. 봉사 활동 지도안

할아버지 · 할머니의 친구가 되어

◎ 활동 목표: 노인들에 대한 봉사 활동을 통하여, 노인들을 공경하는 태도를 기를 수 있다.

활동 과정	활동 내용	자료 및 유의점
노인문제 인식	○ 노인문제에 대한 생각 발표하기 • 텔레비전에서 보았던 노인들의 모습을 발표한다. ○ 노인들이 끼리끼리 어울리는 이유 발표하기 • 서로가 어려운 처지에 있다는 공통점 때문에 • 자식들이 돌보지 않아서	○ 공원에서 휴식하는 노인들 사진, VTR 자료
노인들의 생활 모습	○ 혼자 살아가는 노인들에 대한 생각 발표하기 ○ 노인들의 여러 가지 생활 모습을 VTR이나 사진 자료로 만들기 • 혼자 살아가는 노인들 모습 • 가족들과 단란하게 보내는 노인들 모습	○ VTR 자료, 사진 자료
봉사 활동의 종류	○ 봉사 활동의 종류 알아보기 • 의생활: 다림질해 드리기, 옷장 정리해 드리기 등 • 식생활: 밥해 드리기, 설거지해 드리기 등 • 가사: 심부름해 드리기, 집 안 청소해 드리기 등 • 기타: 책 읽어 드리기, 편지 써 드리기, 전화 문안 드리기, 말벗 되어 드리기, 산책 도와 드리기 등	○ 어린이들이 할 수 있는 봉사 활동의 종류에 국한하도록 한다.
봉사 활동 하기	○ 봉사 활동 하기 • 자신을 소개한다. • 노인들에게 선물을 드린다. • 노인들의 상태에 따라 도와 드리는 방법을 선택하여 봉사 활동을 전개한다. • 일이 끝나면 정리 · 정돈을 한다. • 노인들과 대화를 나눈다. • 자신의 봉사 활동 내용을 요약하여 보고서를 쓴다.	○ 봉사 대상자의 상황에 따라 봉사 방법이 달라질 수 있음을 인식시킨다.
정리 및 반성, 평가	○ 봉사 활동을 정리하며 반성하기 • 자신의 봉사 활동을 반성하면서, 보람이 있었던 일을 발표한다. • 봉사 활동을 마치면서 아쉬웠던 점을 반성한다.	

너와 나는 다정한 친구야

◎ 활동 목표: 장애인의 처지를 이해하고, 그들의 자립 의지가 실현될 수 있도록 도와줄 수 있다.

활동 과정	활동 내용	자료 및 유의점
장애인을 보았던 경험 및 장애인의 종류 장애인을 도울 수 있는 방법	○ 장애인을 만났거나 보았던 경험 말하기 ○ 장애인의 종류 알아보기 • 시각 장애인, 청각 장애인, 지체 장애인, 정서 장애인 등 ○ 장애인을 도울 수 있는 방법 알아보기 • 계단을 오르내리는 것을 도와준다. • 길을 안내해 준다. • 상대방의 이야기를 잘 들어서 전해 준다. • 무거운 짐을 들어 준다. • 따뜻한 말로 이야기해 준다.	○ 장난스러운 표정이나 행동을 지양하도록 한다.
장애 체험 활동	○ 장애 체험 활동: 시각 장애인 • 2인 1조로 짝을 이룬 다음 한 사람은 눈을 가리고 상대방의 손을 잡고 가고 싶은 곳을 다녀온다. • 자신의 짝에게 도착했을 때 역할을 교대한다. • 체험 활동이 끝나면 시각 장애인이 겪는 불편한 점에 대해 이야기해 본다.	○ 체험 활동이 장난스러운 행동으로 흐르지 않도록 한다.
봉사 활동	○ 장애인 찾아 봉사 활동 하기 • 길 안내하기 • 책 읽어 주기 • 편지 대신 써 주기 • 심부름해 주기 • 청소해 주기 • 집 안 정리·정돈해 주기 • 빨래해 주기 • 부축해 주기 • 산책 도와주기	○ 장애인의 불편함을 이해하고, 장애인 체험을 통해 이해의 폭을 넓힌다. ○ 봉사 활동이 지속적으로 이루어질 수 있도록 지도한다.
정리 및 반성	○ 정리 및 반성하기 • 자신의 봉사 활동을 돌아보고, 느낀 점을 이야기한다. • 다른 사람의 봉사 활동 경험을 들어 보고, 자신의 체험 내용과 비교해 본다.	

농부와 한마음 되어

◎ 활동 목표: 농촌 봉사 활동을 통하여 노동의 즐거움과 보람을 느낄 수 있다.

활동 과정	활동 내용	자료 및 유의점
농촌 체험 발표하기	○ 농촌에서 일하는 광경을 본 경험 발표하기 • 논에서 모내기를 하는 것을 보았다. • 어른, 아이 모두 열심히 일하는 것을 보았다. • 작은댁에 가서 모내기를 구경하였다. • 경운기를 타 보았다.	○ 자유롭게 발표하게 한다.
계획 세우기	○ 일손 돕기 활동 계획 세우기 • 대상 농촌 선정하기 - 친척집이 시골인 경우 - 친척이 시골에 아무도 살지 않는 경우 • 일손이 필요한 일감 알아보기 - 병 조각, 돌멩이 조심하기 - 뱀이나 벌레에게 물리지 않기 - 농기구 사용 시 주의하기	○ 농촌의 일손을 도울 때, 안전사고에 유의하도록 한다.
일손 돕기	○ 일손 돕기 활동 • 논밭에서 심부름하기 • 작은 아버지(외삼촌) 어깨 주물러 드리기 • 친척집 집 안 청소해 주기	○ 농촌 사람들의 노고에 감사하는 마음을 가지도록 한다.
정리 및 반성	○ 정리 및 반성하기 • 자신의 농촌 체험 결과를 반성해 본다. • 활동 보고서를 기록한다. • 다른 사람의 체험 내용을 듣고, 자신의 경험과 다른 내용을 비교한다.	○ 농촌의 부족한 일손을 돕는 일이 일회적인 활동에 그치지 않도록 한다.

아기야, 나랑 놀자

◎ 활동 목표: 탁아 시설의 실태를 알아보고, 어린이들을 돌보는 일에 보람을 가지고 참여할
수 있다.

활동 과정	활동 내용	자료 및 유의점
경험 나누기	○ 탁아 시설이 필요한 이유 알아보기 • 맞벌이 부부가 늘어나면서 • 어린이의 바른 교육을 위해서 • 또래 집단을 형성해 주기 위해서	
탁아 시설 알아보기	○ 탁아 시설에 수용되었던 경험 발표하기 ○ 탁아 시설의 종류 알아보기 • 놀이방 • 어린이집 • 유아원 • 탁아소 • 방과 후 수용 시설	○ PPT 자료 ○ VTR 자료, 사진 자료
탁아소에서 할 일	○ 탁아 시설에 수용된 어린이들을 위해 내가 할 수 있는 일 찾아 보기 • 동화책 읽어 주기 • 노래 불러 주기 • 함께 놀아 주기 • 청소 도와주기 • 이 닦기, 용변 보는 것 도와주기 • 옷 입혀 주기 • 귀가 도와주기	
시간표 작성	○ 봉사 활동 시간표 작성하기 • 모둠별로 놀이방의 봉사 활동 시간표를 작성한다.	○ 놀이하는 동안 안전사 고에 유의 한다.
봉사하기	○ 봉사 대상 탁아 시설 선정하기 • 놀이방 • 어린이집 • 유아원	○ 어린이를 친동생처럼 돌보아 주도 록 한다.
봉사 활동	○ 봉사 활동 전개하기 • 대상자에 따른 계획 수립	
정리 및 반성	○ 자신의 봉사 활동을 반성해 본다. ○ 동생을 잘 돌보아 주어야겠다는 다짐을 해 본다.	

우리 학교를 깨끗이

◎ 활동 목표: 교내·외 청소하는 방법을 알고, 바른 태도로 청소할 수 있다.

활동 과정	활동 내용	자료 및 유의점
청소의 필요성 알기	○ 주변 환경이 깨끗하고 잘 정돈되었을 때의 좋은 점 발표하기 ● 기분이 상쾌하다. ● 위생적이고 청결하다. ○ 학교 놀이터가 깨끗하지 못한 까닭 발표하기 ● 휴지를 함부로 버린다. ● 쓰레기를 치우지 않고 방치한다. ● 청소를 자주 하지 않는다. ○ 청소 도구의 쓰임 알아보기	○ VTR 자료, 사진 자료 ○ 경험을 발표하는 동안 청소의 필요성을 자연스럽게 깨닫도록 한다.
실내 청소	○ 실내 청소 하는 방법 발표하기 ● 창문을 활짝 열어 환기시킨다. ● 깨끗하게 비로 쓸어 내고 걸레질을 한다. ● 물건을 제자리에 정리 정돈한다. ● 화분의 먼지를 닦아 내고 물을 준다. ● 청소 용구를 제자리에 정리 정돈을 한다. ● 바닥에 떨어진 휴지는 보는 대로 줍는다.	○ 청소 용구: 청소할 장소에 따라서 청소하는 방법이나 청소 용구가 달라짐을 알도록 한다.
실외 청소	○ 실외 청소 하는 방법 ● 휴지나 쓰레기를 보는 대로 줍는다. ● 운동 기구 주변의 돌이나 유리 조각을 줍는다. ● 낙엽이나 화단 안의 휴지를 줍는다. ● 담당 구역을 정하여 청소한다.	
역할 분담 및 청소하기	○ 청소 구역 나누어 역할 분담하기 ○ 자기가 맡은 구역을 청소한다. ● 자기가 맡은 청소가 끝나면 다른 사람의 청소를 도와준다. ● 쓰레기 분리수거하기	○ 자원 재활용과 안전 교육이 동시에 이루어지도록 한다.
정리하기	○ 자신이 사용한 청소 용구를 제자리에 가지런하게 정리한다. ● 활동 반성하기	

가고 싶은 화장실

◎ 활동 목표: 학급 친구들을 위해 봉사하는 마음으로 화장실을 청소할 수 있다.

활동 과정	활동 내용	자료 및 유의점
동기 유발	○ 화장실 모습을 촬영한 VTR 자료 시청하기 • 더러워진 화장실을 보고 난 느낌 발표하기 - 기분이 불쾌하다. • 화장실이 더러워지는 이유를 알아본다. - 청소를 안 해서 - 잘못 사용해서 - 수도 시설이 고장 나서 • 깨끗한 화장실을 사용해 본 경험을 이야기하기	○ VTR 자료 ○ 화장실은 더러운 곳이 아니라, 학교생활에 꼭 필요한 시설물임을 알도록 한다.
협의하기	○ 깨끗한 화장실 꾸미기 • 휴지가 있는지 확인하기 • 세면대에 수건 걸기 • 세면대에 세숫비누 놓아두기 • 청소 잘 하기 • 휴지통 비우기	
화장실 사용법 익히기	○ 화장실 사용법 알아보기 • 노크하기 → 들어가서 문 잠그기 → 변기 뚜껑 열기 → 용변 보기 → 휴지로 닦기 → 휴지통에 휴지 버리기 → 물 내리기 → 변기 뚜껑 닫기 → 나와서 문 닫기 → 비누로 손 씻기 • 소변보기 • 대변보기 ○ 화장실에서 지켜야 할 예절 알아보기	○ 실제 화장실에서 임장 지도가 이루어지도록 한다.
역할 분담 및 청소하기	○ 화장실 청소하기 • 역할 분담하기 • 필요한 청소 용구 준비하기 • 담당 구역 청소하기	○ 남이 싫어하는 활동을 자발적으로 찾아서 봉사하는 태도를 기르도록 한다.
정리 및 반성	○ 정리 및 반성하기 • 자신의 활동을 정리하고 반성한다. • 깨끗한 화장실을 만들기 위해 노력해야 할 일 발표	

즐거운 우리 학급

◎ 활동 목표: 깨끗한 학급 환경을 꾸미기 위하여 맡은 일을 열심히 할 수 있다.

활동 과정	활동 내용	자료 및 유의점
내가 할 수 있는 일 찾아보기	○ 학급을 위해서 내가 할 수 있는 일 찾아보기 ● 음료수 준비하기 ● 학급 도서 정리하기 ● 화분 물 갈아 주기 ● 어항 물 갈아 주기 ● 어항 물고기 먹이 주기 ● 필요한 것을 나누어 주거나 걷기 ● 학급 놀이기구 정리 · 정돈하기 ● 학급 비품 관리하기 ● 교실의 창문 여닫기 ● 공부 시간에 필요한 물건을 준비하기 ● 칠판 닦기, 분필 준비하기 ● 우유 나누어 주기 ● 우산 정리하기 ● 선생님 심부름하기	○ 학급일지 　청소 용구 　물고기 먹이 　칠판지우개 　정리 상자
역할 분담	○ 역할 분담 조직하기 ● 자신이 하고 싶거나 능력에 알맞은 일을 찾아 자발적으로 담당한다.	○ 역할 분담 조직 표
교실 환경 꾸미기	○ 교실 환경 꾸미기 ● 교실 환경을 아름답게 꾸미는 방법에 대해 알아본다. 　－스스로 계획을 세워 꾸미기 　－모든 학생이 참가하기 　－분단별, 개인별로 역할 분담하기 ○ 학습 환경 꾸미기 ● 교실은 언제나 생동감 있게 표현한다. ● 학생들 스스로 수시로 작품을 갱신한다.	○ 모든 학생이 고루 참여하여 학급 구성원으로서의 소속감을 느낄 수 있도록 한다.
정리 및 반성하기	○ 정리 및 반성하기 ● 학급을 아름답게 꾸미는 데 성실히 참여했는지 반성한다.	○ 학생들이 상호 협동하는 자세를 기를 수 있도록 한다.

외로운 친구를 위하여

◎ 활동 목표: 위문 활동을 통해 고아원 어린이들에게 이웃의 따뜻한 사랑을 느끼게 하여, 자라서 이웃을 도울 수 있는 마음을 가지게 한다.

활동 과정	활동 내용	자료 및 유의점
위문 활동 사전 준비에 대한 협의 위문 활동	○ 위문 방법 및 준비물 협의 • 위문 대상 • 위문 일시 • 위문품의 종류 • 위문단 조직 • 위안회의 프로그램 준비 • 준비 위원회 구성 ○ 출발 전 • 위문 내용, 활동 내용 파악 및 일정 협의 ○ 학생 대표 인사 • 위문 목적 및 학교 소개 ○ 위문품 전달 및 위안회 • 위로문 또는 위문 카드 전달 ○ 위안회 • 종류: 독창, 합창, 독주, 합주, 무용, 콩트, 동극, 시 낭송 등 준비한 프로그램에 의해 진행한다. • 공동 오락은 단체 오락을 중심으로 전 학생과 원생들이 참여한다. • 단체 운동경기도 함께 어울려 한다.	○ 위문품은 일용필수품, 완구, 학용품, 도서, 의류 등 위문편지도 동봉한다. ○ 위문품의 내용을 소개하고 자연스럽게 전달한다. ○ 단체 운동 시에는 위문 학생과 고아원생들이 함께 어울려 실시한다. ○ 원생들이 위화감이 생기지 않도록 진지하게 견학한다. ○ 견학 시 시설물에 손대지 않도록 한다.
시설 견학 및 귀교 준비 반성하기	○ 시설물 둘러보며 관찰하기 ○ 주변 청소 • 실내외 청소 활동을 실시하며, 쓰레기는 학교로 가져오도록 한다. ○ 귀교 • 인원 점검 및 소지품 확인 • 원생 어린이와 작별인사 하기 ○ 위문 활동의 반성 및 토의 • 칭찬할 만한 활동, 고쳐야 할 행동 • 위문 활동 후의 느낌	

경로당 위문 및 경로잔치

◎ 활동 목표: 동네(마을)의 어른들을 공경하는 마음을 가지게 한다.

활동 과정	활동 내용	자료 및 유의점
경로잔치 계획 세우기	○ 경로잔치 계획 세우기 • 초청 대상 및 잔치 일시 정하기 • 선물의 종류 선정 및 수합하기 • 경로잔치 진행 역할 분담하기 • 학예 프로그램 선정하기 • 첫인사, 끝 인사 원고 작성하기 • 다과와 음식 준비하기	○ 가능하면 학급 어린이 회에서 위문 활동 전반에 관한 협의와 결정을 하고, 세부적인 계획을 수립하도록 한다.
경로잔치 역할 분담	○ 경로잔치를 위한 역할을 분담하기 • 첫인사와 끝 인사: 어린이 회장 • 사회 및 진행: 어린이회 남·여 부회장 • 학예 프로그램 선정 및 연습: 학예반 반장 • 다과 및 음식 준비: 어린이회 각부 부장 • 초대장 문안 작성: 학예부장 • 초청장 배부: 할머니 또는 할아버지를 한집에 모시고 사는 학생에게 배부 • 안내판 세우기: 미화부장	○ 위안 프로그램은 민속적인 것이나 어린이들의 재롱이 잘 나타나는 것으로 한다. ○ 업무 분담표 ○ 활동 계획표
경로잔치 하기	○ 노인 위안을 위한 경로잔치 하기 • 학교에 오신 노인 안내하기(교문에서 부축하거나 안내하여 잔치 장소까지 모시기) • 노인을 모시는 인사말을 정중히 한다. • 음식을 드시는 사이에 학예 프로그램을 진행한다.(독창, 독주, 합주, 무용, 콩트, 동극, 시 낭송 등) • 할아버지·할머니와 함께 노래하고 춤추는 시간도 마련한다. • 할아버지·할머니 말씀 듣기 • 할아버지·할머니 장기 자랑 • 끝 인사 및 선물 증정 • 행사 장소 뒤처리하기	○ 음식은 딱딱하거나 질긴 것은 피하고, 잡수실 때 어려움이 없는 것으로 한다.
활동 반성	○ 경로잔치의 반성 및 토의 • 활동 후의 느낌 이야기하기	

병약자 돕기

◎ 활동 목표: 병고로 시달리며 어려움을 겪고 있는 병약자들을 돌보아 줌으로써 이웃을 도울
수 있는 마음을 길러 준다.

활동 과정	활동 내용	자료 및 유의점
정신적 위문 활동	○ 활동 계획 세우기 　• 대상자와 참가 인원 정하기 　• 시기와 장소 정하기 　• 준비물 챙기기 ○ 사전 연습하기 　• 모의 대상자를 선정하여 연습한다. ○ 활동 내용: 다음의 내용을 대상자에 따라 선정하여 활동하게 　한다. 　• 말벗 해 주기 　• 동화책, 신문 등 읽어 주기 　• 노래 함께 부르기, 악기 연주하기 　• 인형극 보여 주기 　• 게임이나 놀이 함께 하기 　• 만화책 함께 보기 　• 음악 또는 이야기 테이프 함께 듣기	○ 자기소개를 자세히 하고, 　일상적인 대화를 하되 　자존심을 건드리지 말 　며, 즐거운 대화가 이 　루어지도록 한다. ○ '나'보다 '병약자'를 　위주로 하며, 가능하 　면 함께 할 수 있도 　록 한다.
가사 돕기 활동	○ 하고 싶은 일, 가고 싶은 곳, 해야 할 일을 함께 계획 세우기 　• 식사하는 것 도와주기 　• 침구 소독하기 　　– 먼지 떨고, 햇볕에 말려 주기 　• 옷 갈아입히기 　• 팔, 다리, 목, 허리, 어깨, 무릎 등 움직임 돕기 　• 걷기 운동 도와주기	○ 상대편을 중심으로 도 　울 일을 생각하되 동 　정이 아닌 진정한 도 　우미가 되도록 한다. ○ 무리하게 돕기보다 상 　대가 최대한 스스로 　할 수 있도록 친절하 　게 돕는다.

거리 질서 지키기

◎ 활동 목표: 질서의 중요성을 알고 실천하는 태도를 가진다.

활동 과정	활동 내용	자료 및 유의점
거리에서 예절, 질서, 공중도덕을 지켜야 하는 까닭을 알아보기	○ 거리에서 지켜야 할 일이 무엇인지 알아보자. ● 예절 ● 질서 ● 공중도덕 ○ 거리에서 예절, 질서, 공중도덕을 지키지 않으면 어떻게 될까? ● 거리가 지저분해진다. ● 사람들끼리 사이가 나빠진다. ● 다툼(싸움)이 생긴다. ● 이용하는 사람들이 불편을 겪게 된다. ● 남에게 폐를 끼치게 된다.	○ 거리 질서가 잘 지켜지지 않는 이유를 찾아보고, 그 해결 방법을 알도록 한다. ○ 구체적 사례를 발표하게 한다. 공중도덕이 강조되도록 발문한다.
거리에서 지켜야 할 질서	○ 거리에서 지켜야 할 질서를 소집단별로 토의해 보자. ● 시설물을 애용한다. ● 나무나 꽃을 꺾지 않는다. ● 시끄럽게 떠들지 않는다. ● 놀던 장소를 깨끗이 치운다. ● 쓰레기는 지정된 곳에 버린다. ● 쓰레기통이 없거나 버릴 장소가 정해져 있지 않은 곳에서는 봉지에 담아서 가지고 온다. ● 차도와 인도를 구분한다. ● 위험한 놀이를 하지 않는다. ● 통행인들에게 방해가 없도록 한다.	○ VTR(공원, 차도, 인도의 모습)
공공시설물 애용하기	○ 공공시설의 이용 예절 토의하기 ● 공중전화는 용건만 간단히 말하고 끊는다. ● 거리에 있는 공공시설물을 아껴 쓴다(낙서 금지). ● 대·소변은 공중 화장실을 이용한다. ● 나는 지금까지 거리에서 질서를 어떻게 지켜 왔는지 각자 이야기해 보도록 한다. ● 앞으로 거리에서 지켜야 할 질서에 대하여 나의 다짐을 써 보도록 한다.	○ 거리를 다닐 때 각자의 질서 생활을 솔직하게 반성시킨다.

행락 질서 지키기

◎ 활동 목표: 여러 사람이 이용하는 장소에서 질서를 지킬 수 있다.

활동 과정	활동 내용	자료 및 유의점
공공장소에서 지켜야 할 질서	○ 공공장소에서 다른 사람들이 질서를 지키지 않아 내가 불편했던 일을 이야기해 보자. ○ 공공장소에서 우리들이 지켜야 할 질서 알아보기 • 조용해야 한다. • 차례를 지킨다. • 공공시설물을 아껴 쓴다. • 자기가 있던 곳은 깨끗이 한다.	○ 여러 사람이 모 이는 곳에는 질서가 필요함을 인식하게 한다.
공공시설을 이용할 때 지켜야 할 질서 알아보기	○ 실습을 통해 교통질서를 바르게 지켜 보자. • 보행 질서 - 인도로 걷는다. - 좌측통행을 한다. - 횡단보도로 건넌다. - 육교나 지하 차도를 이용한다. - 뛰지 않는다. • 승·하차 질서 - 줄을 서서 차례로 타고 내린다. - 차내에서 조용히 한다. - 차 내에서 걸어 다니지 않는다. - 장난을 하지 않는다. ○ 공공시설을 이용할 때 지켜야 할 질서에 대해 이야기해 보자. • 시설물을 소중하게 다룬다.	○ 교통질서 지키기는 자신의 생명과 다른 사람의 안전을 위한 것임을 깨닫게 한다. ○ 학년 수준에 따라 공중도덕과 질서를 구별하게 한다. ○ 질서는 차례 지키기와 줄 서기임을 인식시킨다.
질서를 생활화하기	○ 모든 사람들이 질서를 잘 지키려면 어떻게 해야 할까? 그 방법을 알아보자. • 어려서부터 약속을 잘 지킨다. • 합리적인 준법정신을 함양한다. - 이기주의를 버리고 합리적으로 생각하고 행동한다. - 편의주의, 요령주의를 버린다. • 자유를 누리자면 그만큼 책임 의식이 뒤따라야 한다.	○ 규칙 준수와 약 속 이행이 질서 생활의 기초가 됨을 안다.

교통 지도

◎ 활동 목표: 안전한 통행을 위해 운전자와 보행자가 지킬 일을 알고 실천할 수 있다.

활동 과정	활동 내용	자료 및 유의점

사전 활동	○ 학습 분위기 조성
	  • 노래와 율동으로 학습 분위기 조성하기
	  • 교통 기관을 이용해 여행해 본 경험 발표하기
		○ VTR
		
		○ 우리 마을의 교통 기관, 교통 시설의 이용 방법과 지킬 일을 학교 실정에 맞게 지역화하여 지도한다.

학습 순서 안내	○ 학습 안내
	  • 길을 안전하게 건너는 실습 하기
	  • 학습 장소 선정 및 조 편성하기
	  • 여러 가지 도로 표지판의 뜻 조사하기
	  • 교통안전에 대한 VTR 시청하기
	  • 신체 표현하며 '길조심' 노래 부르기	

길 건너기
실습하기
	○ 교통사고를 당했거나 사고 나는 장면을 본 경험 이야기하기
	○ 길을 안전하게 건너는 방법 발표하기
	○ 도로 표지판 익히기
	○ 활동조 편성하기
	○ 도로 질서를 지키며 활동 장소로 이동하기
	  • 버스 정류장 앞 신호등이 있는 횡단보도
	○ 신호등이 있는 도로를 건너는 방법 이야기해 보기
	  • 횡단보도 앞에 선다.
	  • 녹색 신호등을 확인한다.
	  • 차가 완전하게 정지선에 섰나 확인한다.
	  • 운전자와 눈을 맞추고 한 손을 들어 건너겠다는 의사 표시를 한다.
	  • 횡단보도를 우측으로 건넌다.
	○ 6명씩 1조가 되어 길 건너기 실습하기(왕복)
	○ 신호등이 없는 횡단보도를 건너는 방법 이야기해 보기
	○ 길을 안전하게 건너기 위해 지켜야 할 일 알아보기
	○ 학습지 작성
		○ 아동들이 꼭 알아야 할 중요한 도로 표지판을 중점적으로 익히도록 한다.
		
		○ 녹색등이 들어왔을 때는 좌우를 살피고 건넌다.
		
		○ 특히 자주 이용하는 교통 기관의 이용 방법과 안전을 강조한다.

사후활동	○ 귀가 시의 안전 지도	

주택가 정화 활동

◎ 활동 목표: 마을에서 해결해야 할 문제들을 조사하여 토의한 후 우리들이 해야 할 일을 알 수 있다.

활동 과정	활동 내용	자료 및 유의점
학습 준비	○ 예화 자료 VTR 시청, 문제의식 찾기 • 마을의 문제점 조사 계획 세우기 • 조사 현장에서 지킬 일과 태도 알아보기	○ 프로그램 ○ 소집단별로 우리 고장과 마을의 문제점을 사전 조사한다.
학습 목표 확인	○ 조사 학습 문제 제시 • 모의 마을 발전 위원회를 개최한다. • 우리 마을의 불편한 점을 찾아본다. 　- 교통편 　- 문화 시설 • 자율적인 시민 생활을 위한 기본 생활 습관 등	○ VTR
준비 활동 모의 마을 발전 위원회 개최	○ 우리 고장의 문제점 조사와 그 해결 방법 ○ 마을회관에 도착해서 할 일 • 모의 마을 발전 위원회를 개최한다. ○ 환경오염 실태에 대하여 이장님(통장님)으로부터 간단한 안내 말씀을 듣는다. • 중요한 내용은 적어 가면서 듣는다. • 의문 사항이 있으면 말씀을 다 들은 후 질문한다.	○ 이장님(통장님)께서 사전 학습 내용을 발송하여 효율적인 학습이 되도록 한다. ○ 학습지, 필기구
우리 고장의 문제점과 해결 방안	○ 우리 마을의 문제점이 무엇인지 알아본다. ○ 그 밖의 공익 생활에 대한 문제점 토의 • 쓰레기에 의한 오염 • 수질오염 • 토양오염 ○ 해결 방안 토의 ○ 질의응답 • 우리 마을의 자랑거리를 조별로 발표한다. • 우리 마을 주변 환경 상태를 발표한다. • 조사 보고서를 작성한다. • 조별로 발표한다.	○ 소집단별로 과제 내용을 달리하여 다양한 문제점 조사가 이루어지도록 한다. ○ 조사 보고서 용지, 메모 용지 ○ 소집단별 조사 내용을 발표한다.
반성, 평가	○ 견학 활동의 반성	

학교 주변 정화 활동

◎ 활동 목표: 학교 환경 정화의 필요성을 알고 실천할 수 있다.

활동 과정	활동 내용	자료 및 유의점
학교 주변 환경 정화에 대하여 알아보기	○ 우리 교실은 지금 청결 상태가 어떠한가? • 더럽다면 그 이유는 무엇인지 알아보기 ○ 교실에서 나오는 쓰레기를 확인해 보자. ○ 학교 주변에 있는 쓰레기는 어떤 것들이 있는가? • 쓰레기의 종류 발표하기	○ 학교 쓰레기 소각장을 찾아가서 살펴본다.
쓰레기 처리 문제점 알아보기	○ 쓰레기 처리장의 문제점 알아보기 • 냄새, 병균, 불결, 쓰레기의 양 등 ○ 버려진 쓰레기의 종류를 살펴보자. • 음식물 쓰레기, 비닐, 종이, 병, 깡통 등	○ VTR 테이프
쓰레기 분리수거의 좋은 점 알아보기	○ 쓰레기 처리 방법 및 문제점 찾기 ○ 분리수거의 좋은 점 생각하여 발표하기 • 자원, 에너지 절약 • 쓰레기 양의 감소 및 쓰레기장 감소 ○ 쓰레기 종량제 봉투에 넣을 수 있는 것과 없는 것 알아보기 ○ 다시 쓸 수 있는 쓰레기 처리 방법 • 분리수거, 재활용, 비료 만들어 쓰기 등	
쓰레기를 줄이기 위해서 우리들이 할 일	○ 다시 쓸 수 없는 쓰레기 처리 방법 • 음식 찌꺼기: 동물 먹이, 거름으로 활용 • 나무 종류: 태우기(열에너지) ○ 쓰레기 처리 시의 문제점 • 물, 공기, 토양오염 • 악취, 전염병 발생 ○ 학생들이 할 수 있는 일 알아보기 • 분리수거, 재활용하기 • 물건 아껴 쓰고 재생용품 사서 쓰기 ○ 활동 내용 반성하기 • 가정에서 실천 다짐하기 • 쓰레기 분리수거하기	○ 종량제 봉투 ○ 각종 쓰레기 ○ 쓰레기를 만질 때 장갑과 마스크를 착용하고, 집게를 사용한다. ○ 쓰레기를 분리해서 버리는 습관을 기르도록 한다.

산업 단지 주변 정화 활동

◎ 활동 목표: 물, 공기, 토양이 오염되는 원인을 알고, 오염 방지를 위해 과학적으로 실천하려는 태도를 가진다.

활동 과정	활동 내용	자료 및 유의점
환경오염의 실태 알아보기	○ 우리 고장의 오염 실태 소개 • 환경오염에 대한 VTR 보기 • 우리 주변의 공기, 물, 토양이 오염된 곳 조사 • 환경오염에 대한 그림, 사진 수집 ○ 안전사고 생활 지도 ○ 우리 고장의 환경오염 실태와 원인을 조사하고 오염 방지를 위해 할 일을 알아보기	○ 환경오염 VTR 테이프 ○ 개인 준비물: 필기도구, 장갑, 원고지, 보고서 용지, 학습, 환경오염 사진, 그림
활동 내용 알기 환경오염 실태 조사하기	○ 활동 팀별 환경오염 조사 내용 • 공기 오염 • 물 오염 • 토양오염 ○ 공기 오염의 원인 조사: 자동차 매연, 공장 굴뚝, 소각장, 공장의 분진 등 ○ 공기가 오염된 곳의 오염원 촬영하기 ○ 공기 오염 줄이는 방법 조사 ○ 오염된 물과 깨끗한 물 비교하기 • 색깔, 냄새, 리트머스지의 반응 조사 • 생태계 조사 • 물의 오염 실태 촬영 • 오염된 물의 정화 방법 조사 ○ 토양오염 조사 • 오염된 흙의 특징 조사: 색, 냄새, 미생물 • 식물의 자람 비교 • 오염된 흙의 정화 방법 조사 • 토양오염을 줄이는 방법 조사	○ 소집단 준비물: 집게, 모눈종이, 가위, 매직, 돗자리, 모조지, 수조, 비커 ○ 황을 태울 때 냄새를 직접 맡지 않도록 한다. 수조, 비커, 돋보기, 뜰그물, 채집통, 리트머스지, 유리판, 플라스틱 원통 ○ 보고 후 전시 장소에 전시
자연 보호 활동 전개	○ 환경오염의 현장 확인 • 물, 공기, 토양오염 실태와 원인 조사 ○ 소집단별 답사 보고서 작성 ○ 스크랩북 만들기 ○ 반성 및 종합 정리 ○ 소집단별, 각 반별 발표회 및 보고서 전시회	

자매 부대 위문

◎ 활동 목표: 나라를 지키는 데 수고하시는 분들을 위로하고, 애국하는 마음을 가진다.

활동 과정	활동 내용	자료 및 유의점
준비	○ 부대 선정 ○ 위문 활동 내용 선정(위문품, 위문편지, 위안회) ○ 준비물 구입 및 연습 ○ 역할 분담 ○ 위문편지 쓰기	○ 위문 계획표
계획	○ 도착 ⇒ 안내받기 ⇒ 상견례 ⇒ 당일 계획 협의 ⇒ 기념 촬영 ○ 인사말 하기 　• 부대 대표 환영사와 위문의 인사 조사	○ 계획표
활동	○ 위문품 증정 　• 단체 품목일 경우 대표가 증정한다. 　• 개인 생활 용품의 경우 1:1로 증정한다. ○ 막사 둘러보기 ⇒ 부대 주요 임무에 따른 시설 견학하기 ○ 막사에 들어와 군인 아저씨께 위문편지 읽어 드리기 ○ 자매 부대나 학교에서 점심을 제공할 경우 어린이와 군인 아저씨가 함께 앉아서 즐겁게 식사하며 대화를 나눈다. ○ 놀이와 게임 하기 　• 다양하게 준비된 내용으로 같이 즐긴다. ○ 함께 운동경기 하기 　• 축구, 발야구, 족구, 배구 등 ○ 계획된 내용에 따라 위안회 진행하기	○ 위문품은 다양하게 자발적으로 준비하도록 하되 비슷한 금액의 것으로 하거나, 손수 제작한 것을 주도록 한다. ○ 위문편지 ○ 점심 ○ 오락 준비물 ○ 운동경기는 승부에 집착하지 않고 즐긴다는 마음으로 한다.
정리, 반성	○ 위문 활동 반성회	

자연 보호(환경 보전) 활동

◎ 활동 목표: 자연을 보호하는 방법을 알고 실천하려는 태도를 갖는다.

활동 과정	활동 내용	자료 및 유의점
자연 보호 활동을 위한 사전 지도	○ 자연과 인간과의 관계 • 자연은 인간에게 여러 가지 도움을 주며 인간은 자연을 떠나 살 수 없다. • 의식주에 필요한 자원, 물, 공기 제공 • 석탄, 석유, 전기 등의 에너지 공급	○ 환경 교육 자료 ○ PPT 자료
자연 보호 방법 토의	○ 자연이 훼손되었을 때 일어나는 현상 알아보기 ○ 자연을 보호하는 방법 토의 • 쓰레기를 줄이고 분리수거하기 • 공장 폐수, 가정 하수의 정화 처리 • 합성세제 사용 줄이기 • 농약 사용 줄이기 • 무분별한 개발 활동 금지 • 자동차의 매연 줄이기	○ 자연의 고마움을 스스로 깨닫도록 돕고, 가정→학교→주위 환경의 순으로 보호하도록 한다. ○ 단순한 휴지 줍기 행사로 끝나지 말고 공해, 오염 문제의 심각성을 지도한다.
자연 보호 활동 방법 협의	○ 자연 보호 활동 방법 안내 • 휴지 및 오물 줍기 • 학교 앞 꽃길 가꾸기 • 가로수에 물 주기, 시비하기 • 교내의 수목에 물 주기, 손질하기 ○ 모둠별로 담당 구역 분담 • 정문에서 동쪽 통학로 • 정문에서 서쪽 통학로 • 후문 주위의 통학로	○ 집게, 비닐주머니
자연 보호 실시	○ 자연 보호 활동 실시 • 모둠별 담당 구역 청소 • 쓰레기 분리수거	
자연 보호 활동 반성	○ 자연 보호 활동에 대한 반성 및 의견 교환 • 보람 있었던 점 • 부족했던 점 • 계속적인 활동을 위한 계획 수정하기	

재해 구호 활동

◎ 활동 목표: 화재의 원인, 연소와 소화의 조건, 소방 시설 및 장비에 대하여 알고 소방관 아저씨들이 하는 일을 이해할 수 있다.

활동 과정	활동 내용	자료 및 유의점
활동 준비	○ 소방 훈련 계획 세우기 • 11월 3주 토요일 본교 운동장 • 소방서에 협조 공문 발송(○○ 소방서)	○ 프로그램 검토
소방 교육	○ 연소와 소화의 조건 • 연소: 탈 물질, 발화점 이상의 온도, 공기 • 소화: 탈 물질 제거, 온도를 발화점 이하로 낮추기, 공기 차단 ○ 화재의 원인과 예방법 알기 • 불장난 안 하기 • 규격에 맞는 전열기 사용 및 가스 조심하기 • 소방기, 소화기 설치 ○ 소화기의 특성과 종류 알기 • 포말 소화기: 이산화탄소 발생으로 소화 • 분말 소화기: 중탄산나트륨 분사 • 탄산가스 소화기: 이산화탄소 분사 • 소화기 관리법 알기 − 눈에 잘 띄고 햇빛을 받지 않는 곳 − 습하지 않은 곳 − 일정한 시간이 지나면 액체 교환하기	○ PPT, VTR 자료, 불조심에 대한 그림, 사진 ○ PPT 자료 ○ 소화기
119 신고 요령	○ 119 신고 요령과 구급차 이용법 알기 • 신고: 지역국 − 0119(예, 615 − 0119) • 화재 발생 위치와 주요 건물과 도로 • 구급차 이용: 응급환자, 긴급사고 발생 시 ○ 모의 불끄기(운동장) • 어린이 소방대 조직표에 따른 역할 분담 • 소화기, 소방 기구 등 장비 사용 • 응급 환자 구급 실연	○ 허위 신고로 인해 다른 사람이 피해를 볼 수 있음을 이해시킨다. ○ 소방대 조직표 안전사고에 유의하도록 지도한다.
소방 훈련 실습	○ 실습 장비 및 기구 정리하기	

전염병 예방 활동

◎ 활동 목표: 여러 가지 전염병과 예방법 및 건강 생활의 필요성을 알고, 이를 잘 지킨다.

활동 과정	활동 내용	자료 및 유의점
학습 동기 유발	○ 전염병에 걸린 경험에 대하여 이야기하기 • 언제, 어떤 전염병에 걸렸는가? • 전염병의 증세는 어떠하였는가? • 어떤 방법으로 치료하였고, 치료 후에 느낀 점은? ○ 예방 접종의 경험에 대하여 이야기하기 • 언제, 어떤 전염병에 대한 예방 접종인가? • 접종 후의 상태와 효과는 어떠하였는가?	○ 전염병 이외에 여러 가지 질병, 특히 감기 등에 대해서도 경험을 발표하도록 한다.
전염병의 종류 알아보기	○ 전염병의 종류에 대하여 알아보기 • 백일해, 유행성 감기, 홍역, 풍진, 수두, 소아마비, 디프테리아, 뇌염 등	○ 전염병 괘도, 사진, VTR 자료
전염병의 증세 알아보기	○ 전염병의 증세에 대하여 알아보기 • 수두 – 환부에 발진이 생기고 가슴, 배에서 시작하여 얼굴, 팔, 다리로 퍼진다. • 홍역 – 초기에는 두통, 고열, 근육통이 있다. 입 안에 흰 반점이 생기며 팔, 다리까지 내려오기도 한다. • 일본뇌염 – 갑자기 고열이 나고 정신이 몽롱해지며 목이 뻣뻣해진다. • 독감 – 환절기에 많이 걸리며, 열이 나고 두통이 심하며, 콧물, 재채기, 코가 막히는 수도 있다. • 소아마비 – 감기 증상, 위장 장애 등과 비스하며, 수일간 계속되다가 열이 나고 5세 미만 아동은 한쪽 다리에 마비가 온다. • 장티푸스 – 초기에는 식욕 감퇴, 두통, 악취가 나는 설사 등을 하지만 2주가 되면 고열이 나고 3주가 되면 합병증이 올 수 있다. • 디프테리아 – 디프테리아는 편도선 부분에 황색 반점이 생기고 열이나며 호흡이 곤란하다.	○ PPT 자료 ○ 수두는 초등학교 저학년, 특히, 1학년에서 걸리기 쉬운 것으로 심하게 가렵지만 긁지 않도록 한다. ○ 장티푸스는 수인성 전염병이므로 음식물 등을 특히 조심하여야 한다.

수해 복구 활동

◎ 활동 목표: 어려운 처지에 있는 사람을 위해 봉사하는 마음을 가진다.

활동 과정	활동 내용	자료 및 유의점

준비
 	
활동
실천
 	
정리
	○ 수재를 입은 이웃에 대해 알아보기
	   ● 어느 지역에서 수해를 입었고, 피해 상황은 어떠한가?
	○ 수재민을 돕는 방법에 대하여 토의하기
	   ● 노력 봉사를 통한 수재민 돕기
	   ● 금품 모아 돕기
	○ 수재민 일손 돕기
	   ● 수재를 입은 가정 알아보기
	   ● 수재민들의 가장 시급한 일손이 무엇인지 알아보기
	○ 수해 지역을 찾아가 봉사하기
	   ● 도와줄 농가 선정
	    - 우리 학급, 학교의 가정을 우선적으로 돕는다.
	   ● 조 편성하기
	    - 마을, 학급, 학교 단위로 조 편성하기
	   ● 침수 농작물 세우기 작업
	   ● 가재도구 씻어 드리기
	    - 물이 빠진 침수 가옥을 찾아 청소하기(방 청소, 마당 청소, 거
	     리 청소, 쓰레기 치우기)
	    - 그릇 씻기(물에 젖은 가재도구 씻어 드리기)
	    - 빨래하기(물에 젖은 옷 빨래하기)
	   ● 수해 지역 환경 가꾸기
	    - 수해로 피해를 입은 지역 청소하기
	    - 수해 지역 꽃길 조성하기 등
	○ 수해 의연 금품 모으기
	   ● 수재민 구호 물품 모으기
	○ 수해 의연금 모으기
	   ● 전교 어린이회 개최
	   ● 수재 의연금 모금 결과 처리
	    - 방송국, 신문사, 시청, 군청, 동사무소에 전달
	    - 직접 방문하여 전달
		○ 수재민을 돕는 일은
		   바로 자신을 돕는 일
		   과 같음을 알게 한다.
		
		○ 수해 지역에서는 노력
		   봉사를 중심으로 한다.
		
		○ 수해 지역이 아닌 곳
		   에서는 금품을 모금하
		   여 돕도록 한다.
		
		○ 바가지, 비 등
		
		○ 갑자기 당한 슬픔을
		   위로하고, 앞으로 살
		   아가는데 도움이 되도
		   록 봉사 활동을 한다.

사랑의 동전 모으기

◎ 활동 목표: 세계 도처에서는 기아와 질병에 허덕이는 어린이들이 많다는 것을 알고 도우려
는 마음가짐을 가진다.

활동 과정	활동 내용	자료 및 유의점
준비	○ 기아와 질병에 시달리는 나라에 대한 기사 모으기 　• 어떤 나라에서 어린이들이 질병과 기아로 죽어 가는가? 　• 기아와 질병의 원인은 무엇인가? ○ 우리나라의 옛날 사정 알아보기 　• 6·25전쟁 후의 우리나라 실정 알아보기 　• 우리나라가 어려웠을 때 다른 나라에서는 어떻게 우리 나라를 　　도왔는지 조사해 보기	○ 기아와 질병에 시달리 　는 나라들 　- 아프리카 여러 나라 　- 아시아의 일부 나라
실천	○ 유니세프 한국 위원회에서 보내온 공문 소개하기 　• 목적 　• 방법 　• 유니세프 한국 위원회에서 하는 일 　• 포스터, 팸플릿을 통해 홍보하기 ○ 전교 어린이회 개최 　• 유니세프 '사랑의 10원짜리 동전 모으기' 운동의 취지 설명 　• 우리 학교 실천 방안 마련 　　- 방법 　　- 장소 　　- 모금함 만들기 　　- 통신문 발송 준비 ○ 전교 어린이회 개최 　• 학교 어린이회에서 결정된 사항 안내 　• 학급 모금함 설치	○ 공문 참조 ○ 6·25 후 우리나라도 　유니세프의　도움을 　받은 적이 있었음을 　상기시킨다. ○ 학생들이　자발적으로 　10원짜리 동전을 모으 　도록 지도한다.
정리	○ 모금함 수거 및 모금액 결과 처리 　• 각반 대표가 모금함 수거 　• 유니세프 한국위원회로 송금	○ 모금함 ○ 활동 평가 기록부

작은 정성 큰 도움

◎ 활동 목표: 우리 주변에 어려움을 겪고 있는 급우(선생님)의 사정을 알고, 도와줄 수 있는
  방법을 찾도록 한다.

활동 과정	활동 내용	자료 및 유의점
준비	○ 급우(선생님) ○○○의 어려운 사정 알아보기 • 가장 필요로 하는 것은 무엇인가? • 가정생활 형편은 어떠한가? • 시급히 해결해야 할 문제는 무엇인가? ○ 급우(선생님) ○○○를 돕는 방법 찾아보기 • 전교 어린이회를 통한 돕기 운동 • 학급 어린이회를 통한 돕기 운동 • 다른 학교의 어린이회 도움 받기 • 자선 바자회를 통한 모금 ○ 호소문 만들기 • 전교 어린이에게 보내는 호소문 만들기 • 학부모에게 보내는 호소문 만들기 • 다른 학교의 어린이회에 보내는 호소문 만들기	○ 불치병 또는 거액의 수술비를 필요로 하는 이웃에 대해 알아보게 한다.(급우, 선생님 포함) ○ 호소문을 만들 때는 대상에 대한 어려운 사정이 잘 드러나도록 한다.
실천	○ 모금함 만들기 • 모금함 만들기 • 어깨띠 만들기 ○ 모금하기 • 어린이회장단이 교실을 순회하며 모금하는 방법 • 등굣길에 교문 앞, 현관 앞에서 모금하는 방법 ○ 성금 전달하기 • 어린이회장단이 직접 전달하기 • 언론 기관을 통하여 전달하기 ○ 모금이 끝나면 감사의 편지 보내기 • 모금 후 모금 결과에 대하여 감사의 편지 쓰기 • 도움을 받은 사람의 그 후의 동정 알려 주기	○ 호소문, 모금함, 어깨띠 등 ○ 모금 결과를 반드시 여러 통신을 이용하여 모든 사람들에게 알려 준다.

교내 청소 봉사 활동

◎ 활동 목표: 봉사 활동을 통하여 교내·외의 깨끗한 환경을 유지하여 명랑한 학교 분위기를 조성한다.

활동 과정	활동 내용	자료 및 유의점

준비	○ 담당 교사의 연간 운영 계획서 수립 발표하기
	  • 목적, 방침
	  • 세부 실천 계획
	   – 활동 시간, 활동 구역, 활동 학년 배당, 준비물 구입
	   – 봉사 활동 일지 제작
	○ 봉사 활동 해당 학급의 활동 준비
	  • 봉사 활동 할 코스와 준비물을 미리 점검하기
	  • 학생들에게 봉사 활동 안내
	  • 학부모에게 협조하는 가정 통신문 발송하기
	○ 봉사 활동 할 학생들 점검
	  • 봉사 활동에 필요한 준비물과 인수 물품 확인
	  • 학생들의 등교 상황과 준비물 점검
	  • 학생들의 활동을 분담시키기
	   – 조별 활동이 필요한지 확인하기
	   – 전체가 함께 움직일 경우도 대비하기
	  • 어깨띠 착용하기
		○ 활동 계획서
		
		○ 어깨띠, 또는 피켓, 양동이, 비닐봉지, 집게 등
		
		○ 운동장 주변의 시설물을 점검하여 위험물이 발견되면 즉시 행정실에 보고하여 수리하도록 한다.

활동	○ 학생들의 역할을 확인하고 봉사 활동 실시
	  • 활동 코스를 따라 봉사 활동 하기
	   – 코스를 따라 휴지 줍기
	   – 담배꽁초, 잡초 제거, 기타 쓰레기 줍기
	  • 주워 온 쓰레기를 한데 모은 후 쓰레기 분류
	  • 공용 준비물을 깨끗이 씻어서 말리기
	  • 다음 반으로 준비물 함 보내기
		
		○ 쓰레기 분류하기
		
		○ 봉사 활동 일지

정리	○ 봉사 활동에 참가한 학생을 확인
	○ 봉사 활동 일지를 기록
	  • 활동한 일
	  • 활동 내용
	  • 학교 시설물 점검 결과
	  • 준비물 인수, 인계 현황, 특기 사항
		○ 활동 평가 기록부

학교 주변 봉사 활동

◎ 활동 목표: 주변 활동을 통하여 교내·외의 깨끗한 환경 및 시설물을 점검하고, 안전을 유지하여 명랑한 학교 분위기를 조성한다.

활동 과정	활동 내용	자료 및 유의점
준비	○ 담당 교사의 연간 운영 계획서 수립하여 발표하기 ○ 금주 당번과 다음 주 주번은 매주 토요일 다음 사항을 인수, 인계 　• 당번 활동 장소에 대한 인수, 인계 　• 특별히 인계할 사항 　• 당번 완장 및 주번 일지 등	○ 당번 완장, 교통 깃발, 주번 일지 ○ 당번 인수, 인계를 통해서 주번 활동의 의의와 임무를 전달한다.
활동	○ 담당 교사의 주번 활동 내용 안내 　• 활동 시간, 활동 장소, 활동할 내용 ○ 주번 학생의 임무 　• 당번 조장 　－ 당번 활동을 자율적으로 지도 감독 　－ 당번 일지 쓰기, 주훈 발표 및 반성 　－ 아침, 점심시간 학교 순회 활동 　• 교통 봉사 주번 　－ 등·하교 시 건널목 교통 지도 　－ 모든 통행 시 좌측통행 지도 　－ 등굣길 청소 봉사 및 학원 폭력 예방 및 단속 　• 학교 시설물 감시 주번 　－ 학교 시설물 점검 및 학생 놀이 안전 지도 　－ 학원 폭력 예방 및 감시 　• 실내 순환 주번 　－ 아침 자습 지도 및 실내 청결 유지 지도 　－ 학생 지도 안전 지도 및 학원 폭력 예방 지도	○ 당번 학생들이 자신의 임무를 바르게 알고 활동하도록 지도한다.
정리	○ 당번 학생의 자세 　• 복장을 단정히 한다. 　• 항상 상냥한 미소와 고운 말을 쓴다. 　• 생활 지도를 할 때는 좋은 인상을 남기도록 한다. 　• 학생들의 안전을 최우선 목표로 한다. 　• 솔선수범하는 자세를 가진다.	○ 당번 학생 스스로 예의가 바르도록 지도하여 다른 학생들의 모범이 되도록 한다.

학교 주변 환경 정화 운동

◎ 활동 목표: 학교 주변의 교육 유해 환경을 정비하고, 폭력배 추방, 법질서 준수의 생활화 등으로 건전한 교육 풍토를 조성한다.

활동 과정	활동 내용	자료 및 유의점
준비	○ 담당 부서에서 활동 구역 및 내용 안내 • 대상 학년 지정, 구역 배당, 활동 시간 및 내용 안내 ○ 담당 학급에서 할 일 • 학생 준비물 안내 • 학생들에게 활동 목적을 안내하고 역할 분담시키기 • 알림장 예시 <학교 주변 정화의 날 활동 안내> 　1. 일시: ○월 ○일 토요일 12:10~50분 　2. 장소: 교문 앞 통학로 　3. 활동 내용: 가로등 불법 광고 제거 　4. 준비물: 물걸레, 칼 등	○ 학교 주변 정화의 날 운영 계획서 ○ 어깨띠, 알림장
활동	○ 활동 내용 분담 • 조 편성하기 　-1조-○○○, ○○○, ○○○ 　-2조-○○○, ○○○, ○○○ 　-3조-○○○, ○○○, ○○○ • 각 조에서 할 일 　-1조-교문 오른쪽 통학로 불법 광고 제거 　-2조-교문 왼쪽 통학로 불법 광고 제거 　-3조-교문 오른쪽 인도의 껌 제거하기 　-4조-교문 왼쪽 인도의 껌 제거하기	○ 각 조가 할 일을 자세히 알려 준다.
정리	○ 활동하기 • 통학로 주변 청소 활동 • 학교 주변 시설물 청소 활동 • 통학로 교통질서 캠페인 　-교문 앞에서 차 세우지 않기 　-차도로 통행하지 않기	○ 양동이, 집게, 분리 수거통, 비닐 봉지 등

자연 보호 활동

◎ 활동 목표: 자연 보호의 필요성을 알고, 자연 보호 활동 계획을 수립하여 실천할 수 있다.

활동 과정	활동 내용	자료 및 유의점

준비	○ 우리 고장의 생태계 조사 방법 알기
	• 식물의 현황 조사, 동물 조사
	• 토양 조사, 호수·하천 조사
	○ 야생 동식물 보전 실태 알기
	• 환경청
	  포유류, 파충류, 양서류, 곤충류, 특정 식물 등 특정 야생 동식물 179종을 보호, 관리하고 있다.
	• 문화체육관광부
	  문화재 보호법에 의거 천연 기념물인 동식물 124종을 보호, 관리하고 있다.
	• 산림청
	  조수 보호와 수렵에 관한 법률에 의거 476종의 포유류(짐승), 조류(새)를 보호하고 있다.
		○ 학년 수준에 맞게 재구성하여 지도한다.
		○ 각종 사진 자료나 비디오 자료를 최대한 활용한다.
		
		○ 동식물 도감
		○ 천연기념물 사진
		
		○ PPT 자료

계획	○ 학년 운영 계획 수립 • 목적, 방침, 활동 내용(일시, 장소, 활동 방법 등) ○ 목적: 자연의 변화와 동식물을 관찰하고, 자연 보호 운동을 실천한다. ○ 장소: ○○ ○ 일시: ○○○○년 ○월 ○일 ○요일 ○ 대상: ○학년	
일정 (계획)	○ 일정 및 내용 • 출석 점검 및 학교 출발 • 자연 관찰 및 낙엽 줍기 • 가을철의 벌레 관찰 • 주변 정리 및 자연 보호 활동 • 출발 및 학교에 도착 • 하교 지도	○ 자연 보호 활동에 필요한 준비물을 갖추도록 한다.

환경 보전 운동

◎ 활동 목표: 환경과 인간과의 관계에 대해서 알고 놀이터, 도시 공원에서의 환경 보전의 필요성을 알고 실천할 수 있다.

활동 과정	활동 내용	자료 및 유의점
준비	○ 산림 보호의 필요성 지도 　• 우리나라 산불의 발생 원인(2007년 통계) | 구 분	비 율
---	---
입산자 실화	38%
논밭두렁 소각	26%
성묘객 실화	5%
어린이 불장난	7%
기타	24% | 　• 산불 예방 대책 　－산에서 취사 행위를 하지 말자. 　－입산 통제 구역에서는 산에 들어가지 말자. 　－임산물을 운반하기 위한 통행로를 확보한다. 　－논두렁, 밭두렁 및 쓰레기를 태울 때는 각별히 조심 　－산불 화재 진화를 위한 장비 현대화 　• 산림 병충해 방제 　• 야생 동물 보호 　• 인위적인 파괴 행위 금지 　－폐기물 무단 처리, 도벌, 남벌, 채광 후 폐기물 방치, 호화 묘지, 골프장, 스키장 시설 　－산성비 ○ 맑은 물 지키기 운동의 필요성 지도 　• 생활하수 정화 처리 　• 공장, 산업 단지, 병원, 연구소 등의 폐수와 쓰레기 처리 철저 　• 축산 분뇨, 골프장, 농축산물 가공 업소의 정수 처리 　• 학교, 아파트의 물탱크 청소 철저	○ 산림 자원의 중요성을 알도록 한다. 　1. 직접적인 자원 　① 목재 이용 　② 공기 청정 　③ 열매 등 　2. 간접적인 예방 　① 홍수 예방 　② 가뭄 방지 　③ 관광 자원 　④ 쉼터 　⑤ 조류, 동물 등 ○ 산림을 해치는 병충해 방지를 위한 연구의 필요성을 인식시킨다.

활동 과정	활동 내용	자료 및 유의점

활동	○ 깨끗한 공기 지키기 운동의 필요성 지도
	 • 저유황유 및 청정원료 사용하기
	 • 집진 시설 설치
	 • 스프레이 사용 안 하기
	 • 무공해 에너지 개발
	○ 토양오염 방지의 필요성
	 • 토양을 오염시키는 물질
	  − 유기물: 분뇨, 합성세제, 축산 폐기물, 생활 오물
	  − 화공 약품: 살충제, 제초제
	  − 합성 고분자 화합물: 비닐, 플라스틱 제품
	  − 중금속: 카드뮴, 수은, 구리, 크롬, 납 등
	○ 환경 보전 운동 실천 준비
	 • 장소의 선정
	  − 학교 주변 산, 하천 등
	  − 학교 인근 유원지 및 명승지
	 • 대상의 선정
	  − 대상 학년의 선정, 대상 단체의 선정
	   스카우트, 아람단, 우주 정보 소년단 등
	 • 준비물 챙기기
	○ 청소년 단체의 전적지 자연 보호 활동
	 • 목적: 심신 단련과 단원 간의 친교를 통한 우의를 다지고, 환경 보전 운동을 통한 국토 사랑을 일깨우는 데 있다.
	 • 장소: ○○
	 • 일시: ○○○○년 ○월 ○일 일요일 14 : 00
	 • 대상: ○학년 ○○명
	 • 일정 및 내용
		○ 오염된 곳의 사진 등
		
		○ 어깨띠, 쓰레기 수거 준비물, 피켓 등

정리		
	− 출석 점검 및 학교 출발 − 자연 관찰 및 환경 보전 활동 − 주변 정리 및 쓰레기 처리 − 출발 및 학교에 도착 − 하교 지도	

폐품 수집 활동

◎ 활동 목표: 쓰레기를 분리수거해야 하는 이유를 알게 하고, 폐품 수집 활동은 환경 보전의 밑바탕임을 알게 한다.

활동 과정	활동 내용	자료 및 유의점
준비	○ 폐품 연간 계획서에 의해 폐품 수집 계획을 수립하여 학생들과 협의하기 • 폐품 수집 품목 안내 • 월별 폐품 수집 품목 안내 • 폐품 수집 결과 활용 방안 안내 • 폐품 수집 평가 방법 안내	○ 폐품 수집 계획서
활동	○ 가정에서의 폐품 수집 활동 • 신문지 수집 방법 - 한 달 동안 모은 신문지를 묶어서 학교로 가지고 온다. • 잡지 등 수집 방법 - 신문 용지를 제외한 모든 종이류는 한 박스에 넣어서 학교로 가지고 온다. • 알루미늄 캔 수집 방법 - 가정에서 사용한 캔 중에서 알루미늄 표시가 되어 있는 캔만 모은다. - 수집한 알루미늄 캔은 납작하게 눌러 모아서 부피를 줄인다. - 부피를 줄인 알루미늄 캔은 비닐 봉투 등에 담아서 가지고 온다. • 종이 팩 수집 방법 - 다 먹은 종이 팩은 물로 씻어 낸다. - 가위로 팩을 잘라 잘 편다. - 잘 말려서 묶는다.	○ 신문지를 모을 때는 다른 종이가 삽입되지 않도록 주의를 기울인다. ○ 다치지 않도록 주의한다.
정리	• 건전지 수집 방법 - 재활용품은 아니지만 환경 보전을 위하여 반드시 수집하여야 하는 물품이라는 점을 인식시킨다. - 수집 건전지의 종류 알아보기 - 수은 전지: 게임기, 시계 등 - 알칼리 건전지 - 건전지는 토양의 환경오염 물질이므로 다 쓴 건전지는 항상 학교 수집 통에 넣도록 한다.	○ 건전지 통을 마련하여 수시로 모을 수 있도록 한다.

자원 재활용(사랑의 나눔 교실)

◎ 활동 목표: 자원 재활용을 통한 물자 아껴 쓰기와 물품 교환으로 바른 경제 활동을 할 수 있도록 한다.

활동 과정	활동 내용	자료 및 유의점
계획	○ 사랑의 나눔 교실 목적 알아보기 • 과소비 심리 억제와 검소하고 알뜰한 소비 태도를 함양하여 경제 되살리기 시책에 부응하기 • '아나바다' 운동에 동참하기 • 시장경제 원리를 배우며 수익금으로 불우 이웃 돕기 • 가정과 연계하여 물건의 소중함 일깨우기 ○ 사랑의 나눔 교실 운영 방침 알아보기 • 완구, 학용품, 의류, 도서류, 중 필요 없게 되거나 바꿀 필요가 있는 물건을 대상으로 한다. • 어머니회의 협조를 받아 운영한다. • 수익금은 불우 이웃 돕기에 사용한다.	○ 나에게 필요 없는 물건도 다른 사람에게는 유용함을 인식시킨다.
준비	○ 물품의 수집 • 안내문 발송하기 • 학생에 대한 사전 지도하기 • 기증 물건 수합 및 정리하기	○ 너무 낡거나 오래된 것은 선별해서 수집한다.
활동	○ 사랑의 나눔 교실 운영의 실제 • 담당 교사의 운영 계획 수립 • 운영 내용 － 장소: 운동장 및 특별실 － 매장 운영 시기: ○월 ○일(토) 09:30 － － 대상: 전교생 및 학부모 － 물품 수합, 운반, 판매 및 정리 － 물품 수합: 어머니회 협조 － 물품 판매: 어머니 회원 및 어린이회 임원 － 철거 및 정리: 판매되지 않은 물건은 반환 또는 학교에 보관	○ 판매할 물품, 금액 등 결정
정리	○ 수익금으로 불우 이웃 돕기 • 대상자 선정하여 선물 전달하기	○ 작은 물건이라도 소중함을 알고 아껴 쓴다.

함께 찾아봐요(문화재 보호 활동)

◎ 활동 목표: 우리 지역의 문화재 및 기념물의 위치를 알고 문화재의 소중함을 안다.

활동 과정	활동 내용	자료 및 유의점

준비	○ 문화재 지도를 나타내는 방법 알아보기
	○ 문화재 관련 자료 수집하기
	○ 우리 마을에 관한 이야기 나누기
	  ● 우리 마을 모습 알아보기
	  ● 산과 들의 모습 알아보기
	  ● 강과 냇물이 흐르는 모습 알아보기
	○ 우리 마을 조사 계획 세우기
	  ● 조사할 구역 나누기
	  ● 조사할 구역 배정하기
	  ● 조사 방법 정하기
	  – 소그룹별 활동
	  – 역할을 분담하여 조사
	  – 스스로 참여하기
	  – 역할을 분담하여 조사
	  – 스스로 참여하기
	  – 다양한 자료 활용하기
		○ 평소 보아 왔던 우리 마을의 문화재에 대한 이야기를 자유롭게 나누도록 분위기를 조성한다.
		
		○ 조사하기 편리하도록 구역을 나눈 다.
		
		○ 필기 용구, 수집 자료

활동	○ 조사 활동 하기
	  ● 조별 개인 별로 조사 활동 전개하기
	  – 기념물이나 문화 유적지
	  – 노인정, 마을회관
	  – 동사무소, 면사무소
	  – 다양한 자료 수집하기
		○ 사진, 그림 자료

정리
반성
	○ 조사 결과 및 반성하기
	  ● 조별 또는 개인 별로 조사한 결과 발표하기
	  – 기념물이나 문화 유적지 등의 사진이나 그림 전시
	  – 설명 자료 발표하기
	  ● 조사활동 결과 반성
	  – 재미있었던 일
	  – 힘들었던 일
	  – 잘못된 일 등을 서로 이야기 나누기	

이것이 불편해요

◎ 활동 목표: 우리 고장의 문화재를 관람할 때 불편한 점을 알고 이를 해결하기 위해 노력해야 할 점을 말할 수 있다.

활동 과정	활동 내용	자료 및 유의점
준비 활동	○ 조사 방법에 대한 이야기 나누기 ○ 문화재 관람 시 주의할 점 알아보기 ○ 조사 방법 및 결과 보고 방법 알아보기 ○ 역할 분담을 통한 모의 활동 알아보기 ○ 문화재를 관람했던 경험 이야기 나누기 • 언제, 누구와 함께 갔나? • 무엇을 보고 왔나? • 가장 재미있었던 점은? • 불편했던 점은? ○ 우리 고장 문화재 관람 계획 세우기 • 관람할 문화재 정하기 • 활동 시간 정하기 • 조사 방법 정하기 • 그룹별로 역할 분담하기 ○ 조사 활동 전개하기 • 분담한 역할별로 조사 활동 전개하기 – 문화재 내의 불편한 점 – 교통 시설물의 불편한 점	○ 사전 과제를 제시하여 실제 경험을 바탕으로 이야기를 나눌 수 있도록 한다. ○ 조사할 구역을 빠뜨리지 않도록 한다. ○ 조사할 대상이 나타나 있는 마을 지도, 조사 학습장 등
정리 반성	○ 조사 후 보고회 가지기 • 조별 또는 개인 별로 결과 발표하기 • 조별로 토의 주제 정하기 • 조별 토의하기 • 토의 결과 발표하기 • 조사 활동 결과 반성하기 – 재미있었던 일 – 힘들었던 일	○ 조사한 것을 바탕으로 종합적으로 정리하여 발표하도록 한다.

고장의 전통문화·예술 활동 참여

◎ 활동 목표: 지역에 내려오는 전통문화를 조사하고 우리가 참여할 수 있는 문화·예술 활동과 방법을 말할 수 있다.

활동 과정	활동 내용	자료 및 유의점

준비
 	
활동
 	
정리
	○ 지역의 문화·행사 등에 대한 자료 수집하기
	○ 지역의 전통문화 행사 관람하기
	○ 우리 지역 문화제에 관한 이야기 나누기
	  ● 문화제 행사 장면을 담은 비디오테이프 보고 이야기하기
	   − 비디오를 보고 생각나는 것은?
	   − 느낀 점은?
	   − 경험했던 것은?
	○ 우리 고장의 문화·예술 활동에 대해 조사하기
	  ● 지역의 각종 경연 대회
	   − 음악, 미술, 무용, 민속놀이, 백일장 등
	   − 언제, 어디서, 어떻게 느꼈나?
	   − 힘들었던 일 등
	  ● 각종 발표회
	   − 음악, 미술, 무용, 시 낭송회 등
	   − 누가, 언제, 어디서, 무엇을 어떻게 하였나?
	  ● 지방 문화제, 종합 예술제, 일과 후 활동, 동아리 활동 등
	○ 지역 문화·예술 활동에 참여하는 방법 알아보기
	  ● 각종 경연 대회 참여하기
	  ● 각종 발표회, 예술제 참여하기, 문화제 참여하기
	  ● 방과 후 활동 참여하기
	  ● 평소에 자기 특기 신장을 위해 꾸준히 연습하기
	○ 우리 지역 문화·예술 활동 참여 계획 세우기
	  ● 소질 계발을 위한 계획 세우기
	  ● 행사 참여 및 감상하기
	   − 재미있었던 일
	   − 힘들었던 일 등
		○ 사전 과제를 제시하여 실제 경험을 바탕으로 이야기를 나눌 수 있도록 한다.
		
		○ 조사할 구역을 빠뜨리지 않도록 한다.
		
		○ 조사할 대상이 나타나 있는 마을 지도, 조사 학습장
		
		○ 조사한 것을 바탕으로 종합적으로 정리하여 발표하도록 한다.

고장의 문화 행사 관람하기

◎ 활동 목표: 지역 문화 행사 홍보 활동을 통하여 지역 문화·예술의 소중함과 자긍심을 느낄 수 있다.

활동 과정	활동 내용	자료 및 유의점

준비
 	
활동
	○ 각종 문화 행사 자료 수집하기
	○ 조사 계획 수립의 기초적인 내용 익히기
	○ 문화·예술 활동에 대한 홍보물 수집하여 스크랩하기
	○ 우리 지역의 문화 행사에 참여한 경험 이야기 나누기
	  ● 문화 행사의 모습에 대해 이야기하기
	  ● 문화 행사장에 가 본 경험을 말해 보기
	○ 우리 지역 문화 행사의 관람 계획 세우기
	  ● 문화 행사가 실시되는 시기와 장소 알아보기
	   - 시기, 장소
	  ● 문화 행사 관람을 위해 계획 세우기
	   - 출발 시각, 출발 장소, 조별 활동을 위한 조 편성
	  ● 안전에 관한 내용 생각해 보기
	   - 거리 질서, 관람 장소에서의 질서, 귀갓길의 안전
	   - 차량을 이용할 경우 안전 수칙
	○ 관람을 통해 알 수 있는 것들에 대하여 알아보기
	  ● 조별 또는 개인별로 관람한 결과 발표하기
	   - 문화 행사의 내용과 진행 방법
	   - 문화 행사가 우리에게 주는 느낌
	   - 재미있게 보았던 내용과 개선하였으면 하는 내용
		○ 관람하게 된 동기에 중점을 두어 이야기를 나누도록 한다.
		
		○ 관람에 대한 관점을 미리 찾아보도록 하여 학습 활동에 대한 적극적 태도와 목적의식을 가지도록 한다.

정리	○ 관람 후 활동
	  ● 전해 내려오는 행사 알아보기
	   - 문화 행사에 참여한 사람들이 하는 일
	   - 문화 행사의 내용과 방법, 우리에게 주는 느낌
	  ● 계속 발전시키거나 고쳤으면 하는 것들 찾아보기
	   - 계속 발전시켜 나아갈 일
	   - 개선해 나아갈 점
	  ● 우리가 도울 수 있다면 어떤 일이 있는지 찾아보기
	   - 휴지 줍기, 질서 캠페인 활동 하기
	   - 간단한 물건 나르기
		○ 고장의 문화 행사에 적극 참여하려는 마음을 갖게 한다.

문화 행사 시 우리가 할 일

◎ 활동 목표: 지역에서 이루어지는 문화·예술의 행사장 주변 지역에서 할 수 있는 일들의 실천 계획을 세울 수 있다.

활동 과정	활동 내용	자료 및 유의점

준비	○ 지역 문화 행사 시 역할 놀이를 할 수 있는 소도구
	○ 지역 문화 행사 시 실천할 수 있는 일의 구체적 계획서
	○ 우리 지역의 문화·예술 행사에 대한 이야기 나누기
	  • 우리 지역의 문화·예술 행사에 대해 경험 말하기
	○ 우리 지역의 문화·예술 행사에 관한 자료 조사하기
	  • 행사 시기 및 장소
	  • 주요 행사 내용
	  • 지역 주민의 참여 범위
		○ 문화 행사 관련 사진

활동	○ 우리가 할 수 있는 행사장 주변 일 찾아 계획 세우기
	  • 행사장 주변에서 이루어질 수 있는 일 알아보기
	    – 흩어진 휴지 줍기
	    – 간단한 물건 나르기
	  • 우리가 직접 참여할 수 있는 일 선택하기
	  • 선택한 활동을 중심으로 실천 계획 세우기
	    – 전체적인 활동 계획하기
	    – 소그룹별로 세부 계획 세우기
	    – 계획한 내용 수정·보완하기
	○ 행사장 직접 찾아가 실천에 옮겨 보기
	  • 그룹별 개인별로 실천하기
	    – 맡은 일을 성실하게 수행하기
	    – 안전에 유의하여 실천하기
	    – 서로 도와 가며 실천하기
		○ 여러 가지 활동 중 우리의 신체적 조건 등을 충분히 고려하여 결정하도록 한다.
		
		○ 활동에 필요한 준비물을 점검한다.
		
		○ 부족한 점 등을 찾아 다음 활동 시에 유의하도록 한다.

정리
반성
	○ 활동 결과 반성하기
	  • 조별 또는 개인별로 활동한 결과 발표하기
	    – 즐거웠던 점
	    – 보람 있었던 점
	    – 어려웠던 점
	    – 개선하였으면 하는 점
		○ 활동 기록부

담장이 무너졌어요

◎ 활동 목표: 오염으로 인한 문화재의 훼손 상태를 조사하고 지역 문화재 에 대한 소중함과 애착심을 느낄 수 있다.

활동 과정	활동 내용	자료 및 유의점
준비	○ 지역 문화재 보존 상태 관련 자료 수집하기 ○ 지역의 오염에 관한 일반적인 사항 ○ 오염 정도를 알아볼 수 있는 간단한 방법 찾아보기 ○ 우리 지역의 문화재에 대해 이야기하기 　● 우리 지역 문화재 관람한 경험 말해 보기 　● 우리 지역 문화재의 특징 알아보기 ○ 문화재의 보존 상태에 대한 자료를 보며 이야기 나누기 　● 지역의 문화재 관련 자료 보기 　－ 사진 자료, 녹화 자료 　－ 문화재 관련 도서 등 　● 문화재의 보존 상태를 보며 이야기 나누기	○ 문화재 모습 사진 ○ PPT 자료 ○ 조사할 문화재에 대한 사전 자료를 충분히 살펴보도록 한다.
활동	○ 우리 지역의 문화재에 대한 현장 조사 계획 세우기 　● 조사할 문화재에 관한 자료 찾기 　－ 위치, 찾아가는 방법, 특징 및 유래 알아보기 　● 조별로 역할을 분담하기 ○ 조사 후 우리가 할 일 찾아보기 　● 조별 또는 개인 별로 조사한 결과를 발표하기 　－ 전체적인 관리 상태 　－ 훼손된 것들과 훼손의 원인 찾기 　● 훼손의 원인에 따라 분류하기 　－ 강제 훼손에 의해 망가진 부분 　－ 발굴 후 방치하여 훼손된 것 　－ 함부로 다루어서 훼손된 것 　－ 문화재를 잘못 보수하여 훼손된 곳 　● 우리의 손으로 개선할 수 있는 것들 찾아보기 　－ 주변 청소, 잡초 제거, 낙서 지우기 등	○ 조사 학습장 ○ 활동이 학생 중심으로 이루어 지도록 한다. ○ 학습 전후 계획과 결과에 대한 반성이 이루어지도록 한다.
정리 반성	○ 활동 결과 정리 및 반성하기 　● 재미있었던 일, 힘들었던 일 　● 개선해야 할 점	

이렇게 보존해요

◎ 활동 목표: 지역 문화재의 훼손 상태를 알아보고 훼손하게 된 원인을 찾아 보존하는 방법을 찾아볼 수 있다.

활동 과정	활동 내용	자료 및 유의점

준비	○ 문화재에 대한 보존 상태 파악하기
	○ 일반적인 각종 보호 활동 내영 살펴보기
	○ 간단한 오염 정도를 오감을 통해 알아보는 방법 익히기
	○ 우리 지역 문화재의 보존 상태에 관한 이야기 나누기
	  • 우리 고장 문화재에 대한 관람 경험 말해 보기
	  • 우리 고장의 문화재 보존 상태에 대한 이야기 나누기
		○ 문화재 보호를 위해 할 수 있는 다양한 방법에 대한 자료를 바탕으로 탐색하게 한다.

활동	○ 문화재 보호를 위해 노력해 온 과정에 대해 알아보기
	  • 여러 가지 자료를 통해 일반적인 문화재 보호를 위한 노력에 대해 조사하기
	  - 사진, 영상, 도서 자료 등을 찾아보기
	  - 면담을 통한 조사
	○ 우리 지역 문화재에 대해 각각의 경우를 들어 보호 방법 찾아 보기
	  • 문화재에 따라 보호 방법 제시하기
	  - 유형 문화재
	  - 무형 문화재
	  - 기타 민속놀이
	○ 문화재 보호 방법에 따라 구체적인 방법 실천해 보기
	  • 조별 또는 개인별로 실천할 수 있는 과제 선정하기
	  • 모의 상황을 꾸미고 실천해 보기	

정리
반성
	○ 활동 결과 정리 및 우리 고장 문화재에 대한 소중함 깨닫기
	  • 우리 지역의 문화재별 보호 방법 정리하기
	  • 우리 고장의 문화재에 대한 소중한 마음 갖기
	  - 우리 고장 문화재의 좋은 점
	  - 활동 과정에서 즐거웠던 일과 힘들었던 점
	○ 문화재 지역 환경 정화
	  • 청소, 잡초 제거, 오물 줍기 등
	  • 안내판 보호책 바로 세우기
		○ 작고 볼품없는 문화재라도 소중히 여기는 마음 자세를 갖는다.
		
		○ 정리 과정을 통해서 우리 지역 문화재에 대한 애착심과 자부심을 느끼도록 한다.

문화재 자연 보호

◎ 활동 목표: 우리 지역 문화재 주변의 청결 상태를 확인하고, 주변을 깨끗이 정리할 수 있는 방법을 말할 수 있다.

활동 과정	활동 내용	자료 및 유의점
준비	○ 문화재 관련 시청각 자료 살펴보기 ○ 교내활동을 통해 자율적인 청소 활동 나누기 ○ 우리 지역 문화재에 관한 이야기 나누기 • 문화재를 관람한 경험을 이야기하기 • 문화재를 관람한 느낌 이야기하기 ○ 우리 지역 문화재의 관리 상태 알아보기 • 문화재 보존 상태 발표하기 • 문화재 관리 소홀의 문제점 알아보기	○ 문화재 보호를 위해 할 수 있는 다양한 방법에 대한 자료를 바탕으로 탐색하게 한다. ○ 문화재 관리의 필요성을 이해하도록 한다.
활동	○ 우리 지역 문화재 중에 주변 지역의 잡초 제거를 할 대상 선정과 계획 세우기 • 잡초 제거할 대상 선정하기 – 장소 의논하기 • 잡초 제거 계획 세우기 – 날짜, 시간 정하기 – 잡초 제거 방법 정하기 – 잡초 제거 시 필요한 용구 • 잡초 제거 시 유의할 점 알기 – 문화재 훼손하지 않기 – 바른 마음가짐으로 잡초 제거하기 ○ 잡초 제거 활동 전개하기 • 역할 분담 열심히 하기 • 문화재 소중히 여기기 • 청소 용구 잘 정리하기	○ 호미, 집게, 비닐봉지 등 ○ 상호 협력을 통하여 효율적으로 전개하도록 한다.
정리 반성	○ 활동 후 반성 · 평가하기 • 반성 · 평가하기 – 잘한 점, 부족한 점 – 자기평가, 상호 평가	○ 활동 기록부

제5장 | 행사 활동

1. 행사 활동의 개요

가. 행사 활동의 성격

행사 활동은 학교 단위로 이루어지는 의식, 학예, 보건, 체육, 수련, 안전 구호, 교류 활동 등과 같은 교육적인 활동에 적극적으로 참여하여, 학교와 지역 사회의 구성원으로서 갖추어야 할 기본 자질과 태도를 함양하는 자발적 성격의 교육 활동이다.

특히, 행사 활동은 협의, 토론, 조사, 수집, 분석, 노작, 견학, 답사, 보고 등과 같이 학생들의 직접적인 체험 활동이 많이 이루어지는 데 교육적 의의가 있다. 이를 통하여 학생들은 집단 구성원으로서의 긍지와 책임감을 지니고, 민주 시민의 기본 자질을 키우는 중요한 경험의 기회를 갖게 된다. 이러한 점에서 행사 활동은 종합적 교육 활동이며, 자발적 참여와 소속감을 지니게 하고 서로 협력하는 태도를 기르는 것이 무엇보다도 중요하다고 할 수 있다.

행사 활동은 공동 협의를 통하여 과제를 해결해 가는 실천적 활동이다. 특별 활동이 학교 교육의 목표를 달성하기 위하여 마련된 교과 학습 이외의 학교 교육 활동이라고 볼 때, 행사 활동은 가장 핵심적이고도 종합적인 활동이라고 할 수 있다.

나. 행사 활동의 특징

행사 활동은 특별 활동의 다른 영역과 마찬가지로 집단적인 성격을 갖고 있다. 하지만, 집단 속의 개인의 협동 및 봉사의 정신과 연대 의식, 극기 정신, 진취적 기상, 풍부한 감성, 학교와 지역 사회의 발전에 기여하려는 태도 등에 관심을 갖는다. 이와 같은 행사 활동의 특징을 요약하면 다음과 같다.

첫째, 행사 활동은 교과 활동과 상호 보완적인 관계 속에서 다양하게 이루어지는 활동이다. 학교에서 이루어지는 모든 교육 활동들은 교육과정 운영의 범위에 속하는 것으로 교과와 재량 활동을 제외하면, 거의 모든 특별 활동이 속하며 이는 대체로 행사 활동이 주류를 이루고 있다.

둘째, 행사 활동은 학생 스스로 참여하는 자발적이고 자율적인 활동에 바탕을 둔 교육 활동이다. 학교의 행사는 학생들이 주체가 되도록 해야 하며, 교사들은 가능한 한 학생들의 활동을 도와주는 조력자, 협력자의 역할에 충실해야 한다.

셋째, 행사 활동은 집단을 단위로 하는 활동이다. 특별 활동 대부분이 집단을 단위로 하고 있지만 그중에서도 행사 활동은 집단성이 농후하다. 구성원 모두가 참여하는 활동이다.

넷째, 행사 활동은 융통성을 가지고 운영되는 활동이다. 행사 활동은 장소, 시간, 방법 등 전반에 걸쳐서 아주 탄력적으로 이루어져야 한다.

다. 행사 활동의 지도 원리

행사 활동은 학교에서 이루어지는 다양한 의식, 학예, 보건 체육, 수련, 안전 구호, 교류 활동 등에 적극적으로 참여하는 활동으로서 집단 활동과 인간관계 형성에 초점을 맞추고 있다. 이러한 행사 활동 지도의 원리를 요약하면 다음과 같다.

첫째, 행사 활동은 학교에서 재량권을 발휘하여 보다 탄력적, 융통적으로 운영되어야 한다. 따라서 행사 활동은 정해진 일정한 틀이 없이 학교의 실정과 여건에 부합되는 다양한 활동을 전개해야 한다.

둘째, 행사 활동은 가능한 한 학생들 스스로 계획을 수립하고 참여하며, 평가해 보는 가운데 행사의 중요성을 이해하고, 학교와 지역 사회의 구성원으로서 갖추어야 할 기본적 자질과 태도를 갖게 한다.

셋째, 행사 활동은 사전, 당일, 사후 계획을 철저히 수립하여 교육적으로 접근하여야 한다. 행사가 단순히 행사 자체로 끝나서는 안 되며 교육 활동의 과정이라는 점을 염두에 두어야 한다.

넷째, 행사 활동은 학생의 발달 단계에 부합되는 내용을 선정하고, 참여하도록 배려하여야 한다. 아울러, 행사 활동에는 동원과 강요가 아니라 자발적 참여를 조장해야 한다.

라. 행사 활동 지도상의 유의점

다양한 학교행사를 대상으로 하는 행사 활동은 대규모 집단 활동이다. 아울러 행사 활동은 교육적 효과가 매우 큰 교육 활동으로서 그 의미가 있다. 이러한 행사 활동의 지도에는 다음과 같은 점을 특히 유의하여야 한다.

첫째, 행사의 계획, 준비, 시행, 반성 등에 학생들의 적극 참여를 유도하고 역할 분담을 통한 자율적 운영을 유도해야 한다.

둘째, 행사 계획을 수립할 때에는 행사명, 목적, 시기, 장소, 대상, 행사 과정, 역할 분담 등을 충분히 고려하고, 필요에 따라 사전 답사를 실시해야 한다.

셋째, 교류 활동은 문화적 차이를 사전에 충분히 주지하고 지도한다.

넷째, 학교행사를 실시할 때에는 지역 사회와의 연계성을 고려한다. 지역 사회의 요청에 의한 학교행사의 경우 교육적 가치를 우선 고려하여야 한다.

다섯째, 행사 활동 참여 시 사고 예방에 각별한 관심을 가져야 하고, 돌발적 사태에 대해서는 적절하게 대처할 수 있도록 계획을 세밀히 수립하여 지도하여야 한다.

여섯째, 행사 활동 후에는 반드시 활동 계획, 과정, 결과 등 전반에 걸친 평가회를 개최하여야 한다.

2. 행사 활동 지도의 실제

가. 지도 중점

〈표 26〉 행사 활동 지도 중점

소영역＼학교	초등학교	중학교	고등학교
의식 행사 활동	• 바른 자세로 의식에 참가하기	• 의식의 의의를 알고 참여하기	• 의식의 의의와 절차를 알고 참여하기
학예 행사 활동	• 학예 활동에 즐겁게 참여하기	• 학예 활동에 계획 세우고 참여하기	• 학예 활동의 총체적 계획 세우고, 진행 및 반성
보건 체육 행사 활동	• 건강한 생활 습관 기르기	• 건강의 중요성을 알고 실천하기	• 건강 진단의 필요성 • 전염병 예방 방법 알기 • 체육 활동 계획하여 실천하기
수련 활동	• 현장 학습 시 자연 보호 및 질서 지키기	• 자연 보호 및 질서 지키기 • 인내심 기르기	• 계획 세워 수련활동 참여하기 • 인내심 기르기
안전 구호 활동	• 교통사고 예방 • 불조심하기	• 교통사고 예방 • 화재 원인과 불조심	• 교통사고 요인 줄이기 • 화재 시 행동 요령
교류 활동	• 자매 부대에 편지 쓰기	• 장애인 돌보기 • 외국 사정 알기	• 자매 부대 방문 • 외국 학교와 편지 교환

나. 지도 시간 배당

〈표 27〉 행사 활동 지도 시간 배당

소영역＼학년	활동	초등학교					
		1학년	2학년	3학년	4학년	5학년	6학년
의식 행사 활동	경축일, 기념일, 조회, 입학식, 졸업식, 종업식	(1)	1(4)	1(4)	(9)	(9)	(9)
학예 행사 활동	전시회, 발표회, 감상회, 학예회, 경연 대회, 실기대회	(4)	1(2)	1(2)	(10)	(10)	(10)
보건 체육 행사 활동	신체검사, 건강 진단, 예방 접종, 체육대회, 친선 경기	(4)	1(4)	1(4)	(10)	(10)	(10)
수련 활동	소풍(현장 학습), 수학여행, 문화재·명승지 답사, 등산, 하이킹, 극기 훈련	(1)	1(2)	1(4)	(10)	(10)	(10)
안전 구호 활동	안전 생활 훈련, 대피 방호 훈련, 재해 구조 활동	(2)	1(4)	1(2)	(4)	(4)	(4)
교류 활동	자매결연 활동, 도시·농촌 교류 활동, 국제 교류 활동, 특수학교 교류	(8)	1(4)	1(2)	(4)	(4)	(4)
계		(20)	6(20)	6(20)	(47)	(47)	(47)
비고	융통성 있는 시간(16일)의 3/4을 확보하여 특별 활동 시간으로 배당함.						

소영역＼학년	활동	중학교			고등학교		
		1학년	2학년	3학년	1학년	2학년	3학년
의식 행사 활동	경축일, 기념일, 조회, 입학식, 졸업식, 종업식	(9)	(9)	(9)	(9)		
학예 행사 활동	전시회, 발표회, 감상회, 학예회, 경연 대회, 실기대회	(10)	(10)	(10)	(10)		
보건 체육 행사 활동	신체검사, 건강 진단, 예방 접종, 체육대회, 친선 경기	(10)	(10)	(10)	(10)		
수련 활동	소풍(현장 학습), 수학여행, 문화재·명승지 답사, 등산, 하이킹, 극기 훈련	(10)	(10)	(10)	(10)		
안전 구호 활동	안전 생활 훈련, 대피 방호 훈련, 재해 구조 활동	(4)	(4)	(4)	(4)		
교류 활동	자매결연 활동, 도시·농촌 교류 활동, 국제 교류 활동, 특수학교 교류	(4)	(4)	(4)	(4)		
계		(47)	(47)	(47)	(47)		
비고	융통성 있는 시간(16일)의 3/4을 확보하여 특별 활동 시간으로 배당함.						

☆ 시간 배당은 연간 34주를 기준으로 한 최소 시간 수임.
☆ ( ) 안의 시간 수는 융통성 있는 시간의 배당된 시간임.

다. 연간 운영 계획(안)

〈표 28〉 행사 활동 운영 계획

영역 / 월	의식 행사 활동	학예 행사 활동	보건 체육 행사 활동	수련 활동	안전 구호 활동	교류 활동	비고
3	• 3 · 1절 • 시업식 • 조세의 날 • 입학식	• 나의 자랑 발표 대회	• 보건실 이용		• 교통안전 생활 • 안전 교육	• 자매 학교 편지 쓰기	
4	• 식목일 • 보건의 날 • 4 · 19 혁명 기념일 • 장애인의 날 • 과학의 날 • 충무공 탄신일	• 발명품 만들기 대회 • 폐품을 이용한 생활 용품 대회	• 건강 진단 • 교내 육상 경기 대회	• 소풍(현장 학습) • 등산	• 등하교 시 안전 • 산불 예방 교육 • 등산 안전	• 특수학교 방문	
5	• 법의 날 • 근로자의 날 • 어린이날 • 어버이날 • 스승의 날 • 석가 탄신일 • 5 · 18 민주화 운동 기념일 • 바다의 날	• 함께 만든 작품 전시회 • 미술대회 • 미술 전시회 감상 • 음악 감상회	• 어린이날 기념 교내 체육대회 • 체격 검사 • 체질 검사	• 극기 훈련	• 오존 피해 예방	• 도시 · 농촌 교류 활동	
6	• 환경의 날 • 현충일 • 6 · 25전쟁일	• 음악경연 대회 • 글짓기 대회	• 전염병 예방 접종 • BCG 접종	• 야영 수련 활동	• 물놀이 안전 • 풍수해 예방	• 자매부대 방문	
7	• 제헌절 • 여름방학식	• 종합 전시회	• 학급 대항 친선 경기		• 야영 안전		
8	• 광복절 • 개학식	• 과제물 전시회	• 애향반 친선 경기			• 자매 학교 초청	

영역 월	의식 행사 활동	학예 행사 활동	보건 체육 행사 활동	수련 활동	안전 구호 활동	교류 활동	비고
9	• 철도의 날 • 추석	• 계발 활동 발표회 • 전통놀이 발표회	• 가을 대운동회	• 하이킹	• 교통안전		
10	• 국군의 날 • 개천절 • 한글날 • 체육의 날 • 경찰의 날 • 국제연합일 • 저축의 날	• 동화 구연 대회 • 독후감 발표회 • 율동 경연 대회	• 체력 검사	• 소풍(현장 학습) • 문화재·명승지 답사	• 가스 안전	• 도시-농촌 교류 학습	
11	• 학생의 날 • 순국선열의 날 • 무역의 날	• 인형극 • 학예회	• 학년 체육 대회	• 수학여행	• 화재 예방 교육 • 불조심 각종 대회	• 특수학교 방문	
12	• 국민 교육 헌장 선포일 • 세계 인권 선언 기념일 • 겨울방학식 • 성탄절	• 동극 발표회 • 영화, 연극 또는 무용 감상	• 기타 예방 접종			• 자매부대 방문	
1	• 신정		• 자매 학교 친선 경기			• 자매 학교 방문	
2	• 개학식 • 설날 • 졸업식 • 종업식	• 과제물 전시회	• 이웃 학교 친선 경기				

3. 행사 활동 지도안

가. 의식 행사 활동

개천절

◎ 활동 목표: 개천절의 의의와 국가의 소중함, 그리고 민족정신을 알 수 있다.

활동 과정(요소)	활동 내용	자료 및 유의점
사전 활동	○ 개국 설화에 대한 조사 발표하기 • 개국 설화와 정신 – (1분단) • 건국이념과 그 뜻 – (2분단) • 고조선 연표 만들기 – (3분단) • 단군에 대하여 조사 – (4분단)	○ 학생들이 토의하여 주제를 정하고 분담한다.
중심 활동 하기	○ 조사 내용 종합 정리하여 발표하기 • 분단별로 발표하기 – 개천절은 어떤 날인가? – 우리의 생각 발표하기 ○ 여러 가지 학급 행사 하기 • 한국 설화 구연 경연 – 시 낭송 – 시화전 – 개천절 노래 – 글짓기 – 표어 짓기 • 잡초 제거 시 유의할 점 알기 – 문화재 훼손하지 않기 – 바른 마음가짐으로 잡초 제거하기	○ 단군 신화 ○ 자연스러운 분위기에서 폭넓은 발표를 하도록 한다. ○ 분단별 조사 자료 ○ 학년, 학급 실정에 따라 다양한 활동을 운영하도록 한다.
정리 활동	○ 여러 의식 절차 알아보기 ○ 의식에 참여할 때의 마음가짐 ○ 의식 행사의 식순 알기	
사후 활동	○ 개천절 작품 제작하기 • 개천절 행사 소감문, 그리기 활동 등 • 수집, 제작된 자료 전시하기 • 기념관 고적 답사하기	○ 원고지, 필기 용구, 그리기 용구 등

한글날

◎ 활동 목표: 우리말을 바로 알고 바로 쓰려는 태도를 가진다. 한글의 우수성과 훈민정음 창제의 정신을 알 수 있다.

활동 과정(요소)	활동 내용	자료 및 유의점
사전 활동	○ 한글에 대하여 조사하기 • 조사 활동 분단 조직하기 • 조사할 내용 협의하기 • 조사할 내용 분담하기	○ 학년 수준에 따라 조정한다.
중심 활동	○ 각종 경연 대회, 놀이하기 • 한글날 기념 백일장, 웅변대회 • 한글날과 관련된 신문잡지 스크랩하기 • 사전 찾기 대회, 말 이어받기 놀이 • 고운 말 이름 짓기 • 아름다운 우리말 만들기 ○ 한글과 세종대왕에 대해 알아보기 • 한글 창제의 과정 • 한글의 우수성 • 한글 발전을 위한 노력과 과정 • 세종대왕은 어떤 분인가? • 세종대왕의 업적은? ○ 기념식 개최하기 • 식순 알기 • 식순의 진행 절차 알기	○ 한글과 우리말을 사랑하고 긍지를 높이도록 조언한다.
사후 활동	○ 문예 및 발표 활동 • 웅변 • 표어 짓기 • 글짓기 • 그리기 등 ○ 한글날 기념행사 발표 • 한글날 행사 소감문 쓰기 • 행사 우수 작품 발표 • 세종대왕 기념관, 사적지, 왕릉 등 답사하기	○ 웅변, 글짓기, 표어, 그리기 등 다양한 활동을 학년 수준에 따라 하도록 한다.

각종 기념일

◎ 활동 목표: 기념일의 의의와 행사 내용을 알 수 있다. 각종 기념일 행사에 적극 참여하려는
태도를 갖는다.

활동 과정(요소)	활동 내용	자료 및 유의점
사전 활동	○ 여러 가지 기념일에 대하여 조사하기 • 기념일의 종류 알아보기 • 기념일의 의의 알아보기 • 기념일의 행사 내용 알아보기	○ 특정 기념일에 치우치지 않도록 한다.
중심 활동(1)	○ 기념일의 종류별로 행사 내용 알기 • 설날(음 1월 1일) －설날의 의미를 생각하기 －설날의 풍속을 조사하기 －설날의 음식을 알아보기 －차례 의식에 대하여 조사하기 －모의 차례 상을 차리고 차례 의식 알기 －세배 드리는 법, 한복 입는 방법 알기 －웃어른을 찾아뵙고 세배 드릴 계획 하기 • 석가 탄신일(음 4월 8일) －석가에 대하여 조사하기 －절에서 예불 드린 경험을 발표하기 －석가 탄신일에 행하는 행사 내용 알아보기 • 어린이날(양 5월 5일) －어린이날의 유래를 알아보기 －착한 어린이를 표창하기 －어린이날 기념식에 참여하기 －식순 알기 －여러 가지 행사를 계획하여 실시하기 －체육행사, 학예 행사 등 • 어버이날(양 5월 8일) －어버이날의 유래 및 부모님의 은혜 이야기하기	○ 가문의 전통에 따라 형식의 차이가 있음에 유의한다. ○ 절하는 예법을 바르게 지도한다. ○ 특정 종교에 대하여 강조하지 않는다. ○ 기념식은 교사의 지도로 어린이회에서 계획을 세워 진행하도록 한다.

활동 과정(요소)	활동 내용	자료 및 유의점
중심 활동(2)	− 어버이날 기념식을 갖기 − 부모님께 감사의 편지 쓰기 − 효도란 어떤 것인가 서로 이야기하기 − 가정에서 실천한 일 이야기하기 − 내가 실천할 수 있는 일 발표하기 − 부모님께서 기뻐하시는 일 찾아보기 − 웃어른을 바르게 공경하는 일 알아보기 ○ 추석(음 8월 15일) • 추석의 의미 알아보기 • 추석의 유래 조사하기 • 추석의 풍속 알아보기 • 모의 추석 상차림 실습하기 • 추석날의 전통 음식 알아보기 • 추석 전통 놀이의 종류 알아보기 • 추석에 행해지는 전통 놀이 알아보기 ○ 성탄절(양 12월 25일) • 예수에 대하여 조사하기 • 지난해 성탄절의 추억 발표하기 • 크리스마스 행사 알아보기 • 교회의 예배 의식 알아보기 • 크리스마스카드를 만들어 친구들과 교환해 보기 • 조용한 성탄절 보내기에 대한 생각을 발표하기	○ 기념식은 교사의 지도로 학생이 진행한다. ○ 가문의 전통에 따라 형식에 차이가 있음에 유의한다. ○ 종교마다 특정 의식과 행사가 있음을 알도록 한다.
사후 활동	○ 각종 기념행사 발표 • 학급, 학년 전교 어린이회의에서 발표 및 반성 • 기념일의 행사 소감문 쓰기 • 행사 기념관, 사적지, 유물 등 견학하기 • 전시관, 박물관 등 답사하기	○ 애국적 열정을 봉사 활동으로 연결하는 계획이 되도록 한다.

전교 학생 조회

◎ 활동 목표: 하루 또는 한 주의 생활을 시작하면서 개인과 집단생활을 계획할 수 있다. 집단 생활에 관심을 갖고 자율적으로 협력하여 즐거운 생활을 할 수 있다.

활동 과정(요소)	활동 내용	자료 및 유의점
사전 활동	○ 집합 정렬하기 • 조회 대형으로 정렬하기 • 정해진 자리에 학급별로 서기 • 자율적으로 정렬하기 • 정렬의 바른 방법 알기	○ 학생들이 자율적으로 운영할 수 있도록 학년 초부터 지도한다.
중심 활동	○ 조회 진행하기 • 사회 및 진행(학생 대표) • 조회 진행 차례 • 개회 선언(학생 대표) • 국민의례 • 각종 표창 및 시상 • 교장 선생님 말씀 • 지난주 생활 반성(지난 주 생활 당번) • 생활 목표 발표(이번 주 생활 당번) • 선생님 말씀(생활 당번 지도교사) • 교가 제창 • 폐회 선언	○ 시사, 행사, 생활 등에서 의미있는 내용을 간결하고 짧게 구성한다. ○ 지도 기록 일지, 또는 회의록 등
사후 활동	○ 교실로 들어가기 ○ 정해진 순서에 따라 질서 있게 입실 • 각자 조회 내용 되새겨 보기 • 학습 활동 준비하기 ○ 조회의 발표 내용 되새겨 보기 ○ 조회 내용 일기, 다짐장에 쓰기 ○ 그림, 역할극 등 다양한 표현하기	○ 집단 구성원으로서의 공동체 의식을 갖는다.

학급 학생 조회

◎ 활동 목표: 학급 생활의 여러 가지 일을 민주적 절차에 따라 협의할 수 있다.

활동 과정(요소)	활동 내용	자료 및 유의점
사전 활동	○ 학급 조회에 자율적으로 참여하기 　• 학급 대표가 사회 및 진행하기 　• 학급 조회 순서 알기 　• 조회의 참여 태도 알기 　• 조회 시 주의할 점 알기 　• 다른 사람의 의견을 듣는 방법 알기 　• 발표할 때의 바른 태도 알기 　• 사회자의 바른 역할 알기	○ 학급조회는 학급 어린이회 주관으로 수업 전 10분 정도 진행하여 수업에 지장 없게 한다.
중심 활동	○ 학급 조회 순서 알기 　• 국민의례 　－국기에 대한 경례 　－애국가 제창 　－학급 생활 반성 　－오늘의 생활 계획 　－그 밖의 의논할 일 　－학급 생활 사례 발표 　－담임선생님 말씀 　－반가 제창 　－폐회 　• 폐회 선언 ○ 음악 조회 진행하기 　• 학급에서 월별 노래 선정하기 　• 월별 계획 세우기 　• 음악 조회하기 　• 생활 반성, 생활 계획을 간략하게 진행 　• 월별 노래 악보 보고 합창하기 　• 담임선생님 말씀 듣기 　• 반가 제창	○ 하루의 생활이 즐겁게 시작되도록 한다. ○ 식순은 학년, 학급 등의 특색과 다양한 프로그램을 고려하여 운영하도록 한다. ○ 학생들의 자체 프로그램을 존중해 주되 교사가 내용과 시간을 조절해 준다. ○ 주지 사항에 너무 시간을 배정하지 않는다.
사후 활동	○ 학급 조회 평가 　• 담임교사가 조회 활동을 평가하기 　• 토의 사항의 실천 강조하기	

입학식

◎ 활동 목표: 상급 학교 학생이 된 기쁨과 새로운 기대를 갖는다. 선생님과 상급생이 친절하게 맞이해 줌을 알고 안심한다.

활동 과정(요소)	활동 내용	자료 및 유의점

사전 활동	○ 예비 소집 준비하기
	  • 업무 담당 배정
	  • 접수 요령 및 절차
	  • 학교 안내, 현수막 준비
	  • 입간판, 현수막 준비
		○ 저학년 교사와 스카우트 대원이 협조한다.
		○ 식장의 장식은 입학식 전날 꾸민다.

중심 활동	○ 입학식 계획 활동
	  • 사전 활동 계획
	  • 당일 활동 계획
	  • 사후 활동 계획
	  • 업무를 분담 및 인원 배정하여 추진하기
	  • 학생 활동과 교직원 활동을 고려하여 배정하기
	  • 간결하고 미적인 식장 꾸미기
	  • 신입생, 재학생, 학부모석, 본부석 준비하기
	  • 안내, 환영 입간판, 현수막 설치
	○ 입학식 당일 활동
	  • 신입생 반별 정렬
	  • 교문에서 반 배정표 배부
	  • 반 표지판 앞에 정렬
	  • 출석 확인하기
	  • 순서에 따라 입학식을 진행하기
		○ 반 배정표 준비
		○ 축하 꽃
		
		○ 우천 시 계획도 준비한다.
		
		○ 신입생이 지루하지 않게 간결한 의식이 되도록 한다.

사후 활동	○ 담임 인솔로 신입생 퇴장
	  • 재학생은 박수로 축하해 주고 교실로 입실
	○ 하교 지도
	  • 안전 귀가 지도
	  • 교문 밖에서 작별 인사
	  • 재학생은 식장을 정리한 후, 학교의 기본 시설을 친절하게 안내하기
	○ 입학식 반성 활동
	  • 신입생과 전체 학생과 인사하기
	  • 교장 선생님 말씀 되새겨 보기
	  • 재학생 대표 환영의 말
	  • 신입생과 인사말
	○ 상급생의 할 일을 협의하기
	  • 제1학년을 도와주는 방법 및 태도
	  • 신입생을 환영하는 표어, 포스터, 글짓기 등의 활동
		○ 신입생을 지속적으로 잘 보살펴 주는 분위기를 조성한다.
		
		○ 정리 정돈하기

졸업식

◎ 활동 목표: 스승과 부모님의 은혜를 생각하고 감사하는 마음을 갖는다. 집단의식의 질서를 지키고 학교와 사회에 대한 소속감을 갖는다.

활동 과정(요소)	활동 내용	자료 및 유의점
사전 활동	○ 졸업식 준비 계획 • 졸업식 준비 업무 분담 • 학적 관리 점검 • 졸업 대장, 수상 대장, 졸업장, 상장, 상품 등의 준비	○ 조용한 실내 음악을 내보낸다.

중심 활동	○ 졸업식 진행
	• 재학생 입장
	• 학부모 및 내빈 입장
	• 졸업생 입장
	• 반 순서에 따라 입장하여 자리에 앉기
	• 재학생은 준비한 꽃을 입장하는 졸업생 가슴에 달아 주고 봉투 전해 주기
	• 입장이 끝날 때까지 장내의 참석자는 박수로 맞이하기
	○ 졸업식 의식을 거행하기
	• 사회 및 진행(교무부장)
	  - **식순**
	  - 개식 선언(교감)
	  - 국민의례 - 학사 보고(교감)
	  - 졸업장 수여 - 상장 및 상품 수여
	  - 학교장 회고사 - 내빈 축사
	  - 재학생 송사 - 졸업생 답사
	  - 졸업식 노래 및 교가 부르기
	  - 폐식사(교감)
		○ 여 → 남
		○ 남 → 여
		(남녀 공학이 아닌 학교는 별도 계획)
		○ 엄숙한 행사가 되도록 유의한다.
		
		○ 학사보고서, 졸업장, 상장, 상품, 송사, 답사

사후 활동	○ 식장 정리하기 • 재학생이 퇴장하기 • 졸업생을 환송하기 • 식장을 정리하고 주변을 청소하기 • 졸업생의 사진 촬영에 협조(현수막, 장식 등 철거 시)	○ 재학생의 환송 도열은 학생의 자율적 계획에 의한다

시업식

◎ 활동 목표: 새로운 친구들과 잘 사귀고, 즐거운 학교생활을 해 나갈 수 있다.

활동 과정(요소)	활동 내용	자료 및 유의점
사전 활동 중심 활동 사후 활동	○ 교실 정리하기 　• 자율적인 역할 분담하기 　• 청소, 게시물 정리, 비품 정리 　• 교재 교구 반환 　• 책걸상 보수, 낙서 지우기, 개인 사물 정리 등 ○ 새 교실 사용, 꾸미기에 대하여 의견 나누기 　• 운동장에 정렬하기 　• 반 표시 앞에 서기 　• 대강의 키 순서로 서기 ○ 시업식에 참여하기 　• 사회 및 진행(교무) ○ 식순 　• 개식사(교감) 　• 국민의례 　• 전입 교사 소개 및 인사 　• 담임 발표 　• 학교장 말씀 　• 교가 제창 　• 폐식사(교감) ○ 교실로 들어가기 ○ 담임교사의 자기소개 　• 학생들의 희망 사항 자유롭게 말하기 　• 학급 운영 방침 소개하기 　• 학습 활동, 생활 지도 방침 설명하기 　• 담임과 인사하고 간단한 자기소개 하기 ○ 좌석 정하기 　• 좌석 배치는 키 순서를 원칙으로 하며 약시자, 청력 장애인 등은 특별히 고려하여 배치 ○ 새 학년 학교생활 협의하기 　• 기본 생활 태도에 대하여 의견 나누기 　• 자율, 협조, 양보의 생활 다짐 등 　• 학습 활동 계획 협의하기 　• 학급 생활 규칙 정하기	○ 시업식 전에 구교실에 모여 자율적으로 깨끗하게 정리하고 물려주도록 한다. ○ 새 담임 발표가 있기 전까지는 구담임교사가 지도한다. ○ 의식은 엄숙하면서도 희망찬 분위기가 되도록 부드럽게 진행한다. ○ 교사의 일방적인 방침 제시 전에 학생들의 희망 사항을 먼저 듣는다 ○ 좌석은 학습 활동의 형태, 기타 형편에 따라 수시로 변동됨을 알린다. ○ 학급 학생회 활동과 관련을 짓는다.

종업식

◎ 활동 목표: 한 학기와 한 학년의 교육 활동을 반성할 수 있다. 과정을 마치는 즐거움 속에서 방학 생활을 알차게 보낼 수 있다.

활동 과정(요소)	활동 내용	자료 및 유의점
사전 활동	○ 학기 반성하기 • 개인 생활, 학급 공동생활, 학습 활동 등의 반성 • 방학 생활 경험을 이야기하기 – 즐거웠었던 일, 보람 있었던 일 – 어려웠던 일, 실패했던 일	○ 방학 전 1주일 동안에 활동하도록 한다.
중심 활동	○ 방학 생활 경험 이야기하기 • 즐거웠던 일, 보람 있었던 일 발표하기 • 어려웠던 일, 실패했던 일 발표하기 • 방학 동안에 할 수 있는 일 이야기하기 • 각자의 계획 발표하기 • 여행하기(친척 집, 산, 바다 등) • 취미생활 하기(그리기, 만들기, 음악 감상, 독서, 수집 등) • 운동하기(수영, 줄넘기, 달리기 등) ○ 교과 학습 보충하기 • 방학 생활 계획을 발표하기 • 분단별로 이야기 나누기 • 개인별 방학 생활 계획표 만들기 • 각자 발표하기 • 자기 계획과 비교하여 보기 ○ 종업식을 진행하기 • 식순에 따라 종업식 진행	○ 형식이나 방법을 통일시키지 않는다. ○ 학생들이 자발적으로 다양하게 활동하도록 분위기를 조성해 준다. ○ 엄숙한 자세로 의식에 참여케 한다.
사후 활동	○ 교실로 들어가기 • 친구들과 우정을 나누기 • 진급하는 소감 발표하기 • 스승과 부모님께 감사의 글 쓰기 • 선생님으로부터 생활 통지표 받기 • 선생님 말씀 듣고 인사 드리기 • 반가, 교가를 제창하기	○ 간소한 교실 행사가 되도록 한다.

나. 학예 행사 활동

작품 전시회

◎ 활동 목표: 발표 기회를 통하여 소질을 계발하는 계기가 될 수 있도록 한다.

활동 과정(요소)	활동 내용	자료 및 유의점
사전 활동	○ 어린이회를 통하여 전시회 계획 세우기 • 전시회 목적 및 취지 • 전시물의 내용 • 작품의 수량과 크기 • 전시 날짜와 장소 • 전시를 위한 역할 분담 • 전시 방법 협의	○ 작품 정리 요령을 미리 자세하게 협의하여 두면 작품을 정리 편철하는 데 체계적으로 한다.
중심 활동	○ 작품 정리 요령 협의 • 학습장: 교과별, 날짜순으로 정리하여 책으로 편철 • 일기장: 날짜순으로 묶어 1권으로 제본하기 • 그림철: 그리기, 꾸미기 등 날짜순으로 편철하기 • 서예 작품: 서예 작품은 따로 편철하기 • 시화: 작품을 시화로 꾸며 패널 작품을 만들기 • 글짓기철: 동시, 산문 등 날짜순으로 정리 편철하기 • 기타: 만들기, 각종 스크랩, 수집물, 채집물 등 ○ 전시회를 위한 역할 분담 협의하기 • 전시 작품 수합 정리하기 • 전시대 꾸미기 • 전시대 위에 작품 진열하기 ○ 전시대, 전시장 꾸미기 • 전시대 만들기 • 전시하기 • 전시 작품 배치하기 • 부분별 표시하기	○ 표지 꾸미는 것도 작품 전시에 중요한 부분을 차지하므로 일률적으로 제시하지 말고, 각자 다양하게 꾸밀 수 있도록 한다. ○ 모조지, 크레파스, 포스터 칼라 등
사후 활동	○ 전시장 정리하기 • 책걸상 정리하기 • 꽃과 화분 정리하기 • 전시 작품 철거 시 훼손되지 않도록 하기 • 작품 옮겨서 돌려주기 • 반성회 하기	

동극 발표회

◎ 활동 목표: 동극 활동을 통하여 협동의 중요성 및 단체 활동의 보람, 성취감을 갖도록 한다.

활동 과정(요소)	활동 내용	자료 및 유의점
사전 활동	○ 동극 발표회를 하기 위하여 토의하기 　• 동극 발표회의 취지 　• 시기와 장소 결정하기 　• 작품 선정하기 　• 역할 부서 정하기 　• 연습 일정표 짜기 　• 필요 경비 의논하기	○ 역할 부서, 담당자는 취미나 특기 활동 능력에 맞게 정한다. ○ 대본을 교사가 제시하는 것보다 학생 스스로 대본을 만들어 동극에 참여하는 자세가 적극적이고 보람을 느낄 수 있다
중심 활동	○ 역할 부서에 맞는 조 편성과 담당하기 　• 연출 담당 　• 의상 담당 　• 효과 담당 　• 분장 담당 　• 미술 담당 　• 소도구 담당 　• 조명 담당 ○ 배역 및 역할 담당자 선정하기 　• 목소리, 얼굴, 키에 맞게 선정하기 　• 희망 학생 순으로 배역을 정하기 ○ 연습 일정표 짜기 　• 작품 해석하기 　• 배역의 성격과 작품 내용 흐름 알기 　• 의상, 분장, 조명, 무대 장치 설명 ○ 대사 연습하기 　• 내용 파악과 배역의 특징 파악하기 　• 고저, 장단과 감정을 살려 말하기 　• 상대역과의 호흡을 맞추어 반복하여 연습하기 　• 대사와 동작을 함께 연습하기 ○ 무대 연습하기 　• 무대 장치하기 　• 의상 갖추어 입기 　• 조명 비추기 　• 출연하여 공연하기	○ 초대장을 만들 때 개별, 조별로 재료나 형식에 구애받지 않고 특색 있게 만든다. ○ 교실 바닥에 분필로 무대 도면을 표시하고 연습한다.
사후 활동	○ 반성회 갖기 　• 역할 분담에 따른 활동 　• 연습 과정에서의 어려웠던 점 　• 발표회 개최 후의 느낌 　• 내년에 발표회 개최할 때 고려할 점 등	

감상회(인형극 하기)

◎ 활동 목표: 인형극을 통하여 상상력과 창의력을 발휘할 수 있다. 인형극을 통하여 명랑한 심성을 기르고 심미성을 기른다.

활동 과정(요소)	활동 내용	자료 및 유의점
사전 활동	○ 계획 준비 활동 • 학급 어린이회를 통하여 인형극 준비 모임 갖기 • 인형극 계획 구상하기 • 개최 목적, 참여 대상, 분담, 필요 경비 정하기 • 인형극의 형태, 날짜, 장소 정하기 ○ 교과, 특별 활동 내용 중 학예 프로그램과 관련된 것 찾기 • 국어과: 시 낭송, 동극, 인형극 등 • 체육(즐거운 생활): 무용, 리듬체조 등 • 미술(즐거운 생활): 독창, 합창, 합주 등 • 특별 활동: 장기 자랑, 클럽 활동 내용 등 ○ 인형극의 종류를 알아보고 제재 정하기 • 한 손 사용 인형(손가락 인형) • 두 손 사용 인형 • 표정 인형 • 봉 인형 • 그림자 인형 • 줄 인형	○ 집단 활동 속에서 전체를 위하는 마음과 서로 협력하려는 태도를 갖도록 한다.
중심 활동(1)	○ 프로그램 정하기 • 조별 공동 협의로 프로그램 • 인형극의 형태와 역할 정하기 • 인형극을 위한 각본 구상하기 • 목적을 확실히 정하기 • 어떠한 이야기해 나갈 것인가 줄거리 정하기 • 등장인물 정하기 ○ 인형극 연습 상황 점검하기 • 연습 상황 점검 • 준비물의 준비 상태 점검	○ 인형 제작부터 각본까지 학생 스스로 할 수 있도록 한다. ○ 조원 모두가 참여할 수 있도록 역할 분담을 한다.

활동 과정(요소)	활동 내용	자료 및 유의점
중심 활동(2)	○ 인형극 발표회 준비 점검 • 종목별 인원 및 연습 상황 점검하기 • 준비물의 준비 상태 점검하기 • 발표회장 꾸미기 상황 점검하기 • 배경 및 무대 준비하기 • 초대장 꾸미기 및 발송하기 • 발표회장 꾸미기 상황 점검하기 • 배경 및 무대 준비하기 ○ 무대를 꾸미고 인형극 하기 • 인형극 형태에 알맞은 무대 만들기 • 인형 조종하기 • 관객의 맨 앞줄과 무대 사이는 충분히 떨어지게 하기 • 인형을 조종하는 자세는 서서 하는 조종, 앉아서 하는 조종을 막론하고, 아래의 몸 중심에 인형이 오도록 하기 • 조종자의 몸은 언제나 뒤로 젖혀져 있게 하기 ○ 연기할 때 지켜야 할 일 • 인형은 언제나 관객 쪽을 향하게 하기 • 시작할 때와 마칠 때만 상대를 보고 전부 관객이 있는 정면을 향하게 하기 • 말하고 있는 쪽은 움직이고, 듣고 있는 쪽은 움직이지 않기 • 인형은 표정도 없고 근육 관절도 없어 움직이지 않으므로 과장된 연기가 필요한데, 과장된 표현으로 자기가 하고 싶다고 생각하는 것을 하기 전에 반대의 움직임 취하기	○ 발표회 계획서 ○ 연기할 때의 주의할 점을 이해하고 익숙하게 할 수 있도록 많은 연습을 한다.
사후 활동	○ 정리 정돈 및 반성회 • 조별로 모여서 반성회 갖기 • 잘된 점 말하기 • 잘못된 점 말하기 • 학예 발표 종목별 준비 상황과 진행은 잘되었는가? • 관람 시 질서는 잘 지켰는가? • 맡은 역할을 잘 이행하였는가? • 학예회를 하면서 가장 어려웠던 점 말해 보기	○ 잘된 점과 부족했던 점을 서로 협의한다.

학예 발표회

◎ 활동 목표: 학예 발표회의 순서를 정하고, 발표하는 경험을 체험할 수 있다. 예술적 활동을 통하여 명랑한 심성을 갖도록 하고 창의성과 심미성 을 기른다.

활동 과정(요소)	활동 내용	자료 및 유의점
사전 활동 중심 활동(1)	○ 학예 발표회 준비 모임 갖기 • 학급, 학년, 전교 어린이회 모임 갖기 • 학예 발표회 계획 구상하기 • 개최 목적, 참여 대상, 역할 분담, 경비 정하기 • 학예 발표회 형태, 날짜, 장소 정하기 • 교과, 특별 활동에서 학예 프로그램과 관련된 것 찾아보기 • 국어과: 시 낭송, 동극, 인형극 등 • 체육(즐거운 생활): 무용, 리듬체조 등 • 음악(즐거운 생활): 독창, 합창, 합주 등 • 미술(즐거운 생활): 인형, 탈, 소도구, 배경 등 • 특별 활동: 장기자랑 클럽 활동 내용 등 • 학예 발표회에서 할 수 있는 종목 알아보기 • 연극(동극, 인형극, 즉흥극, 무언극 등) • 무용(독무, 군무, 민속무용, 표현 무용 등) • 음악(독창, 중창, 합창, 독주, 합주 등) • 태권도, 리듬체조 • 특기 및 장기자랑(개인 및 단체) ○ 프로그램 정하기 • 학년 회의: 각 반에서 의논된 프로그램 • 공동 협의로 프로그램을 확정하기 ○ 출연자 선정 조직 • 각 반의 학생들이 한자리에 모여 분야별로 출연자 선정 • 출연자 선정은 교사, 학생의 공동 협의로 배역 정하기 ○ 학예 발표회 역할 담당 구성하기 • 진행: 발표회 사회 담당 및 종목 해설할 사람, 시간 조정과 연락(4명) • 발표장 관리: 발표장 배치, 출입 관리, 안전 점검, 학생 관리, 좌석 안내, 배치(4명)	○ 학교행사는 집단 활동이며, 학습 활동의 연속이므로 집단 활동 속에서 개인보다 전체를 위하는 마음과 서로 협력하려는 태도를 갖도록 한다. ○ 학교 실정과 지역사회의 형편을 고려하여 부담이 적으면서 즐거운 축제 분위기를 연출하도록 한다.

활동 과정(요소)	활동 내용	자료 및 유의점
중심 활동(2)	• 무대 장치: 무대 정비, 준비물 배치, 막의 개폐(10명) • 방송: 녹음 및 소요 시간 측정(3명) • 게시: 안내 게시, 프로그램 게시(4명) • 기록: 사진 촬영, 반성 기록(4명) • 조명: 무대의 조명 효과 • 음악: 음향, 효과음(3명) • 입·퇴장 관리: 대기 장소 및 입·퇴장 위치 확인(3명) • 안내: 제반 안내 및 접대(5명) ○ 학예 발표회 안내 및 안내장 만들기 • 초대장 꾸미기 및 발송 ○ 진행 순서에 따라 진행하기 ○○○○ 학교 학예 발표회 ♣ 사회자: ○○○, ○○○ 1. 개회 2. 국민의례 3. 첫인사: 학생 대표 4. 발표회: 프로그램에 따라 진행하기 ． ． 27. 끝인사 28. 폐회	○ 종목은 너무 많이 잡지 않도록 하되, 참가는 많은 학생이 할수 있도록 한다. ○ 필기도구, 초대장 꾸밀 재료 등
사후 활동	○ 학예 발표회를 위한 역할 분담하기 • 진행: 사회 및 종목 해설, 시간 조정과 연락 • 발표장 관리: 발표장 배치, 출입 관리, 안전 관리, 학생 관리, 좌석 안내 및 배치 활동 • 음악: 음향, 효과음 방송 • 입·퇴장 관리: 대기 장소 및 입·퇴장 위치 확인 • 안내: 안내 및 접대 활동 • 무대 장치: 무대 정비 및 준비물 배치, 막의 개폐 ○ 정리 및 반성 • 학급별로 모여서 반성회 하기 • 잘된 점 말하기 • 잘못된 점 말하기	○ 각종 비품, 도구를 제자리에 옮긴 후 정리한다. ○ 학예 발표회를 작품 전시회와 통합 개최하면 매우 바람직하다.

전통 놀이 경연 대회

◎ 활동 목표: 전통 놀이를 통하여 협동심과 단결심을 기른다. 우리의 전통 놀이를 통하여 한 민족의 자랑스러운 얼을 느끼게 한다.

활동 과정(요소)	활동 내용	자료 및 유의점
사전 활동	○ 전통 놀이 경연 대회 준비 모임 갖기 • 경연 대회 계획, 구상하기 • 개최 목적, 참여 대상, 분담, 필요 경비 정하기 • 경연 대회 형태, 날짜, 장소 정하기 • 명예교사 배치 및 시상 계획 세우기	○ 개인보다 전체를 위하여 협력하려는 태도를 갖도록 한다.
중심 활동	○ 전통 놀이 경연 대회 종목 정하기 • 공동 협의로 종목과 프로그램을 확정하기 • 종목 정하기 • 대회 종목 선정하기 ○ 선정 종목별 팀 구성하기 • 학년, 학급, 분단, 청백 등 경기 팀 조직하기 • 균형 있는 양 팀 조직하기 • 준비물 점검 및 안전 점검하기 • 경연 대회 전 인원 확인하기 • 경기 입장 정렬하기 ○ 경연 대회 진행하기 • 참가 학생 정렬하기 • 입장 준비 및 음악에 맞추어 입장하기 • 경기에 필요한 준비물 운반 및 배치하기	○ 종목은 너무 많이 잡지 않도록 하되 참가는 많은 학생이 할 수 있도록 한다.
사후 활동	○ 경연 대회 입장 및 경기하기 ○ 정리 및 반성 • 학급별로 모여서 반성회 갖기 • 잘된 점, 잘못된 점 말하기 • 잘못된 점의 이유 말해 보기	○ 올해를 반성하고 내년에 특별히 보완해야 할 점을 토의한다.

동화 구연(발표) 대회

◎ 활동 목표: 동화의 내용을 재구성함으로써 사고력과 창의력을 기른다. 자기의 느낌과 생각을 바르게 전달하는 과정에서 바른 언어 습득을 할 수 있다.

활동 과정(요소)	활동 내용	자료 및 유의점
사전 활동	○ 동화 구연 대회 협의하기 • 동화의 주제 선택하기 • 동화 구연 대회 방법 협의하기 • 일시, 장소 정하기 • 심사 기준 정하기 • 동화 구연 내용 선정하기 • 동화 재구성하기	○ 동화책, 포스터, 원고지, 녹음기 ○ PPT 자료
중심 활동	○ 동화 구연 대회 준비 활동 • 원고 작성하기 • 동화 구연 시 자세 알기 • 평소에 이야기하듯 자연스럽게 하기 • 장소에 따라 목소리 크기 조절하기 • 대화 글은 감정을 살려 분위기에 맞는 음성으로 말하기 • 의성어, 의태어를 실감나게 하기 • 심사기준 | 내용	태도	음성	반응	시간	합계 | |---|---|---|---|---|---| | 20 | 20 | 30 | 20 | 10 | 100 |	○ 처음 몇 줄이 중요하기 때문에, 처음 듣는 사람으로 하여금 호기심과 흥미를 이끌어야 한다. ○ 심사 기준표
사후 활동	○ 정리 및 반성 • 학급별로 모여서 반성회 갖기 • 잘된 점, 잘못된 점 말해 보기 • 잘못된 점의 이유 말해 보기	○ 뒷정리 및 준비물을 잘 정리하도록 지도한다.

작품 실기 대회

◎ 활동 목표: 만든 작품을 생활에 활용하면서, 항상 개선하는 의욕과 태도를 갖는다. 재료의
특성을 살려 창의적으로 쓸모 있는 물건을 만들 수 있다.

활동 과정(요소)	활동 내용	자료 및 유의점
사전 활동	○ 만들고 싶은 물건 구상하기 • 만들 물건 정하기 • 만들 물건 스케치하기 • 만들 물건의 특징 알기 • 만들 물건의 쓰임과 실용성 알기	○ 실용성을 중시한 창의 적인 활동을 조장한다.
중심 활동	○ 여러 가지 재료를 이용하여 만들기 • 우유팩을 이용하여 만들 수 있는 것 - 연필꽂이 - 4계절 퍼즐 상자 - 다용도 서랍 • 지판을 이용하여 만들 수 있는 것 - 시계 - 탁자와 의자 - 연필꽂이 • 종이와 상자를 이용해 만들 수 있는 것 • 와이셔츠 상자를 이용한 영수증 보관함 • 사과 박스를 이용한 용품꽂이 • 라면 박스를 이용한 다용도 상자 ○ 완성품 전시하기 • 책상을 붙여 간이 전시대 만들기 • 같은 재료별로 전시하기 • 자기 작품 설명서 제작하기 • 그림, 문자, 기호 등을 사용하여 재료, 쓸모, 특징, 만드는 방법 등을 설명하기	○ 재료: 우유팩, 여러 가 지 박스, 상자, 여러 종류의 캔, 빈 병, 사 각 플라스틱 요기, PET병, 컵라면 용기, 헌 옷, 털실 헌 넥타 이, 스타킹 등 ○ 용구: 가위, 풀, 송곳, 망치, 칼, 접착제
사후 활동	○ 자기 작품 설명과 상호 평가하기	

미술 대회(그리기 대회)

◎ 활동 목표: 즐겁고 자유스러운 마음으로 자기의 느낌을 개성 있게 표현한다. 다른 사람의
　　　　　　 작품과 자기의 작품을 비교하여 특징과 잘된 점을 찾아낸다.

활동 과정(요소)	활동 내용	자료 및 유의점
사전 활동	○ 전교 어린이회에서 미술 대회 결정 　• 미술 대회 개최 협의하기 　• 일시, 장소 정하기 　• 준비물, 주제 정하기 　• 시상 및 전시회 갖기 　• 표현 기법 선택하기 ○ 교내 미술 대회 요강 발표(포스터) ○ 표현 선택을 위한 기법과 준비물 안내서 안내하고 각자 준비하기	○ 대회 호기심과 흥미를 유발할 수 있도록 포스터 등을 이용하여 사전에 알린다.
중심 활동	○ 인원 점검 및 준비물 확인하기 　• 작품을 완성하기에 알맞은 장소 정하기 　• 구상하기(생각한 것을 적기) 　• 주제에 맞게 꾸미거나 채색하기 　• 구상한 내용 보완하기 　• 전체에서 부분으로 표현하기 　• 채색하기 　• 생동감 있게 색칠하기 　• 자신 있게 창의적으로 완성하기	○ 재료의 특성에 따라 모둠 작품으로 하면 좋다. ○ 게시된 작품을 보며 서로 잘된 점을 칭찬해 주도록 한다.
사후 활동	○ 작품 전시하기 　• 자기평가 및 상호 평가하기 　• 부족한 점 찾아보기 　• 서로의 작품 감상하기 　• 심사 및 심사 결과 발표하기	○ 작품을 게시할 때는 많은 작품을 시상하여 의욕을 북돋워 준다.

다. 보건 체육 행사 활동

신체검사(체격 검사)

◎ 활동 목표: 체격 검사 내용을 알고 바르게 검사받을 수 있다. 체격 검사를 통해서 자기 자신의 체격에 대하여 바르게 안다.

활동 과정(요소)	활동 내용	자료 및 유의점
사전 활동	○ 체격 검사를 하는 목적 알기 • 체격 검사가 무엇인지 토의하기 • 체격 검사를 왜 하는지 토의하고 알아보기 ○ 체격 검사의 종목 알아보기 • 체격 검사의 종목 알기 • 남녀에 따라 측정 방법이 다른 것 알기 ○ 체격 검사 계획 세우기 및 준비물 갖추기 • 체격 검사를 할 시기와 장소를 협의하여 결정하기 • 종목별 계측 담당 결정하기 ○ 준비물 갖추기 • 검사에 필요한 준비물, 종목별 조사하기 • 검사 결과 기록 용지와 방법 토의	○ 체격 검사가 무엇이며, 왜 하는지 학생들 스스로 토의해서 알도록 한다. ○ 검사 기구를 실제로 찾아서 이상 유무를 점검한다.
중심 활동	○ 체격 검사 종목과 측정 방법 알기 • 키의 측정 • 앉은키의 측정 • 몸무게의 측정 • 가슴둘레의 측정 ○ 검사장 배정하기 • 종목별로 검사할 장소, 계측할 사람, 수검자 배정 • 배정된 장소로 측정에 필요한 도구 갖고 이동하기 ○ 종목별로 측정 방법 알기 • 검사하는 요령 알기 • 종목별로 측정하기 • 기록은 1/10㎝ 단위로 측정하기	○ 체격 검사 기구, 검사 기구를 사전에 정확히 점검한다. ○ 검사 방법을 정확히 알도록 한다. ○ 검사 방법을 정확히 알도록 한다.
사후 활동	○ 측정 결과 정리하기 • 측정값을 기록 카드에 기록하기 • 건강 기록부(또는 전산 처리부)에 정리하기 • 다음의 측정 장소로 이동하기	

건강 진단

◎ 활동 목표: 건강 진단의 결과를 자신의 건강 증진을 위해 활용할 수 있다. 건강 진단의 필요성을 알고, 건강 진단의 내용을 알 수 있다.

활동 과정(요소)	활동 내용	자료 및 유의점
사전 활동	○ 건강 진단의 필요성 토의하기 • 병을 앓았던 경험 발표하기 • 미리 막을 수 있었던 병을 막지 못해서 고생한 경험 발표하기 • 건강 진단이 무엇인지 알아보기 • 건강 진단이 왜 필요한지 토의하기 ○ 정기적 건강 진단의 필요성 토의하기 • 정기적 건강 진단을 하는 까닭 토의하기 • 정기적 건강 진단을 하는 방법 토의하기 ○ 수시 건강 진단 • 건강 진단을 받을 수 있는 곳 조사하기 • 건강 진단을 받는 바른 방법 알아보기	○ 건강 진단의 중요성에 대한 VTR 테이프를 학생들에게 보여 주고, 필요성을 토의시키면 활발한 토의가 이루어질 것이다.
중심 활동	○ 보건실 이용 • 보건실은 무엇을 하는 곳인지 알아보기 • 보건실을 이용하는 경우를 발표하기 • 보건실에서 일하는 사람 알아보기 • 보건실 이용하기 실습하기 ○ 건강 진단의 실시 • 검사 종목 알기 • 학교에서 실시하는 체질 검사 알아보기 • 가정에서 각자 병원 찾아 실시하기 • 진단 결과 학교에 알리기	○ 검사 기록을 보면서 해석하고, 활용 능력의 기초를 길러 준다.
사후 활동	○ 건강 진단의 실시와 결과 정리하기 • 정기 건강 진단의 결과 처리하기 • 건강 진단 결과 해석 토의하기 • 건강 진단 결과 활용 토의하기 • 건강 증진을 위한 일 알아보기	○ 건강 진단 결과를 학부모에게 통보한다.(유소견자)

예방 접종

◎ 활동 목표: 전염병 예방에 힘쓰려는 태도를 갖게 한다. 전염병의 예방 방법을 알고, 이를 실천할 수 있다.

활동 과정(요소)	활동 내용	자료 및 유의점
사전 활동	○ 전염병에 걸린 경험 이야기하기 • 언제, 어떤 전염병에 걸렸는지 말해 보기 • 전염병의 증세 말해 보기 ○ 전염병 치료 경험 말해 보기 • 전염병 치료 경험 이야기하기 • 치료를 한 후에 느낀 점 이야기하기	○ 경험 발표 외에 신문, 잡지, 방송 자료도 활용한다.
중심 활동	○ 예방 접종의 경험 이야기하기 • 예방 접종을 한 시기와 방법 이야기하기 • 예방 접종을 한 후의 증세 이야기하기 ○ 예방 접종의 필요성 토의하기 • 예방 주사를 맞아야 하는 까닭을 토의하기 • 예방 접종의 종류는 어떤 것이 있는지 알아보기 ○ 전염병의 종류 알아보기 • 전염병에는 어떤 것들이 있는지 알아보기 • 전염병의 예방법 알아보기 ○ 수두의 증세와 예방법 알기 • 증세: 피부에 발진 • 예방: 전염성이 강함. 발병 학생은 가정에서 쉬기 ○ 홍역의 증세와 예방법 알기 • 증세: 초기에는 두통, 고열, 근육통, 입 안에 흰 반점 발생 • 예방: 예방 접종으로 홍역 대비 ○ 일본뇌염의 증세와 예방법 알기 • 증세: 갑자기 고열, 마비 증세, 심하면 목숨을 잃음 • 예방: 모기에게 물리지 않기, 예방 주사 맞기	○ 전염병에 대한 예방 접종을 하고 있는 모습의 괘도 사진, VTR 테이프 등을 이용해서 예방 접종 모습을 보고 관심을 가지도록 한다. ○ 전염병 예방 접종의 필요성은 토의 활동을 거쳐서 학생들 스스로 찾아내도록 한다.
사후 활동	○ 예방 접종 상황 파악하기 • 예방 접종 여부 종합적으로 알아보기 • 예방 접종을 해야 할 것과 접종할 시기 알아보기 ○ 예방 접종 계획 세우기	

체육대회(운동회)

◎ 활동 목표: 학교 단위의 활동을 통하여 협동 의식과 질서 의식을 기른다. 경기에 임할 때 경기 규칙을 지키고, 결과에 승복하는 태도를 기른다.

활동 과정(요소)	활동 내용	자료 및 유의점

사전 활동	○ 운동회 실시에 대해 협의하기
	  • 직원회 또는 부장 회의 등에서 협의
	  • 운동회 개최에 대한 심의 안건 마련
	○ 학교운영위원회 심의하기
	  • 심의 과정에서 나온 의견 반영
		○ 사전 계획에 의거 학교운영위원회의 심의를 거친다.

중심 활동	○ 연습 계획 세우기
	  • 운동장 사용 계획
	○ 연습하기
	  • 개인 경기, 단체 경기
	○ 초대장 만들기
	  • 초대장의 양식, 초대장의 내용 협의하기
	○ 본부석의 설치 계획
	  • 텐트, 책상, 의자, 약품, 상품 진열 계획 등
	  • 경기장의 준비 상황 점검하기
	○ 경기 진행
	  • 진행자 및 진행 보조자 배치
	  • 경기에 필요한 준비물 점검
	○ 경기 진행
	  • 프로그램에 따라 경기 진행하기
	  • 프로그램에 따라 경기 진행, 내용 등 방송으로 알리기
		○ 역할별로 담당 교사와 학생을 짝 지어 서로 협조 체제를 이루도록 한다.
		
		○ 학생과 교사가 함께 준비 상황을 점검하여 보충한다.
		
		○ 뒷정리할 것도 분담하여 계획을 하도록 한다.

사후 활동	○ 폐회 선언 및 뒷정리하기
	  • 비품 정리하기
	  • 만국기 및 각종 물품 정리하기
	○ 청소하기
	  • 운동장에 떨어진 휴지, 쓰레기 치우기
	  • 교사 둘레에 떨어진 휴지, 쓰레기 치우기
	  • 주운 쓰레기 분리하여 정리하기
	○ 운동회에 대한 반성회 하기	

라. 수련 활동

현장 체험 학습

◎ 활동 목표: 학습의 장을 자연으로 옮겨 자연의 아름다움과 집단 활동의 즐거움을 느낀다.

활동 과정(요소)	활동 내용	자료 및 유의점

사전 활동	○ 계획 수립
	• VTR을 통해 현장 학습에 필요한 과제 제시하기
	  – 자연이 하는 일
	  – 우리나라의 자연 보호 정책
	  – 우리 지방의 희귀 동식물
	  – 자연에 대한 우리의 태도
	• 계획 협의
	  – 시기, 장소, 방법 등
	  – 현장에서 활동 계획
	  – 역할 분담
		○ 치밀한 계획, 준비물을 고려한다.

중심 활동	○ 당일 활동 • 인원 점검 및 물품 확인하기 • 현장 학습에 대한 주의 사항 알아보기 • 현장 학습의 구조, 시설, 이용 방법 알아보기 • 자연 보호 의미 알기 • 조별 학습 과제 해결하기 • 점심시간 및 휴식 시간 갖기 • 오락 시간 갖기 • 주변 환경 정리하기 • 수거한 쓰레기 분리하여 소각 또는 매립하기 • 학교 도착 후 인원 파악하고 해산하기	○ 호루라기, 구급약품, 메가폰, 도시락 및 음료수, 비닐봉지, 노래와 게임 등 ○ 학교 후 바로 집에 가서 부모님께 인사하도록 지도한다.
사후 활동	○ 반성 활동 • 현장 학습 후 느낌 발표나 소감문 쓰기 • 현장 학습에 대한 평가회 실시	

수학여행

◎ 활동 목표: 문화 유적을 답사하여 빛난 얼을 되새기고 집단 활동을 통하여 공중도덕을 생활화한다.

활동 과정(요소)	활동 내용	자료 및 유의점
사전 활동	○ 계획 수립 • 날짜와 장소 선정 및 학습 내용 • 목적지 사전 답사 • 전체 활동 프로그램 작성 • 가정 통신문 발송 • 참가비 수합 및 차량, 숙소 정하기	○ 관광안내도, 오락프로그램
중심 활동	○ 당일 활동 • 참가 학생의 건강 상태 확인하기 • 주의 사항 알려 주기 • 승차 후 좌석 배치하기 • 숙소 도착 후 짐 정리하기 • 견학 및 오락 시간 갖기 • 본 것, 느낀 것, 생각한 것 등을 요약하여 메모하기 • 취침 및 기상 시간 지키기 　- 아침 기상 후 가볍게 운동하기 • 화장실 사용 및 침구 정리하기 • 부모님께 편지 쓰기 • 숙소 정리 및 짐 정리하기	○ 경제적 부담을 고려한다. ○ 식수, 화장실, 숙소 등을 미리 알려 준다. ○ 건강 상태를 수시로 확인한다.
사후 활동	○ 반성 활동 • 수학여행 전반에 관한 평가회 시간 갖기 　- 재미있었던 일 이야기하기 　- 즐거웠던 프로그램 이야기하기 　- 전체 일정 및 학습 내용 반성하기 　- 질서와 규칙 지키기 반성하기	○ 하교 후 바로 집에 가서 부모님께 인사드린다.

문화재 답사 활동

◎ 활동 목표: 우리 고장에 있는 문화재를 답사하고 유래를 알아본다.

활동 과정(요소)	활동 내용	자료 및 유의점
사전 활동	○ 계획 수립 • 날짜 및 장소 선정 　- 답사 코스, 교통편 • 현장에 대한 사전 답사 • 답사에 대한 사전 교육 • 조사, 관찰 내용 및 요령	○ 지역 사회의 형편에 맞게 선정한다. ○ 답사 전에 관련 기관에 협조를 요청한다. ○ 견학 기록장, 필기 용구 등
중심 활동	○ 당일 활동 • 준비물 확인하기 • 조 편성을 통한 과제 제시하기 • 인원 파악 후 건강 상태 확인하기 • 교통안전 지키기 • 견학 및 오락 시간 갖기 • 주의 사항 및 안내 이야기 듣기 • 주요 내용 메모하기 • 명승지 답사(위치, 명칭)하기 　- 문화재의 유래 및 역사적 사실이나 전설 이야기 • 문화재 애호 정신 갖기 　- 우리 고장의 문화재 알아보기 　- 인상 깊은 장면 사진 촬영하기 　- 소란 피우지 않기 • 문화재 주변의 청소 및 자연 보호 활동하기	○ 질서 지도에 특히 유의한다. ○ 문화재 답사의 효과를 높이기 위해 사전 과제를 제시한다. ○ 자연보호에 힘쓰도록 한다.
사후 활동	○ 반성 활동 • 인원 점검 및 귀가 지도 　- 질서 지도 • 활동 보고서 쓰기 • 기록문 쓰기 지도	

박물관 견학

◎ 활동 목표: 조상들이 걸어온 생활의 발자취를 보고, 우리 문화의 우수성을 이해하며 보존하려는 마음을 갖는다.

활동 과정(요소)	활동 내용	자료 및 유의점
사전 활동	○ 계획 수립 • 활동 과정안 작성 • 사전 학습하기 － 박물관 유물 및 VTR 시청하기 － 관람 태도 및 유의점 알기 • 사전 학습 과제 하기: 알아보고 싶은 내용	○ 박물관 안내 팸플릿, VTR 자료
중심 활동	○ 당일 활동 • 교통안전 지키기 • 인원 파악하기 • 현장 견학 학습에 대한 주의 사항 안내하기 • 당일 학습 과제 제시하기 • 안내원 설명 듣기 － 질서 유지 및 조용히 하기 － 박물관 전시실 관람하기 • 조사 내용 메모하기 － 유물의 종류 알아보기 － 우리 조상들의 생활 모습 알아보기 • 주변 정리하기 • 인원 점검 후 귀가하기	○ 학습 과제를 통하여 관람의 효과를 높이도록 한다. ○ 메모장, 필기 용구, 등
사후 활동	○ 반성 활동 • 반성 및 종합 정리하기 • 자체 평가 및 질의응답하기 • 견학 내용 조사 발표 시간 마련하기	○ 반성회를 거쳐 내용을 정리한 후 발표회에 참여하도록 한다.

등산(등반) 대회

◎ 활동 목표: 자연을 사랑하고 신체를 단련하면서 고통을 참아 내는 인내력을 키운다.

활동 과정(요소)	활동 내용	자료 및 유의점
사전 활동	○ 계획 수립 　• 날짜와 장소 　• 교통 및 장비 수송 　• 경비 및 식사 문제 　• 불참자 교육 방법 　• 사전 답사하기 　　－ 교통편 알아보기 　　－ 등산 코스 알아보기 　　－ 등산에 걸리는 시간 알아보기 　　－ 위험 지역, 화장실, 약수터, 휴식 장소의 위치 알아보기 ○ 사전 교육 실시 　• 안전 생활 지도하기 　　－ 사고 발생 시 도움 받기 　　－ 정해진 등산로 벗어나지 않기 　　－ 혼자서 행동하지 않기 　　－ 과식 또는 상한 음식 먹지 않기 　　－ 낙석, 독충, 독초 조심하기 　• 등산 예절 지도 　　－ 서로 인사하기 　　－ 내려가는 사람이 올라가는 사람에게 양보하기 　　－ 식사나 용변은 지정된 장소에서 하기	○ 신체 허약자를 배려한다. ○ 등산과 자연 관찰을 겸하도록 한다. ○ 등산에 대한 예비 지식과 요령을 갖추어 안전사고를 예방하도록 한다.

활동 과정(요소)	활동 내용	자료 및 유의점
중심 활동	• 자연 보호하기 　– 나뭇가지, 꽃을 만지지 않기 　– 쓰레기 버리지 않고 다시 가져오기 • 조장과 조원들의 역할 분담 • 예비 훈련 하기 　– 걷기 연습하기 　– 계단 오르내리기 　– 달리기 연습하기 ○ 당일 활동 • 출발 전 점검하기 　– 환자의 유무 상태 확인 　– 장비 및 복장 상태 확인 　– 인원 점검 　– 등산 및 하산 시간 안내 • 이동하기 　– 등산 수칙 지키기 　– 자연 보호 　– 조장과 조원들의 임무 활동 전개 　– 리듬 있게 걷기 　– 오르막길은 보폭을 작게 걷기 • 산행 중의 협동심 기르기 　– 약한 사람을 앞쪽에 세우기 　– 선두와 후미 간의 연락하기 　– 보행 상태를 파악하여 속도 조절과 휴식 취하기 　– 추월이나 등산로 이탈하지 않기	○ 등산 복장, 등산 장비 등 ○ 안전 수칙
사후 활동	○ 정리 활동 • 하산 신고하기 • 인원 및 장비 확인 • 조별로 보고서 작성하기 　– 반성회 및 평가하기	○ 다짐한 내용을 실천할 수 있도록 한다. ○ 정리 정돈을 잘한다.

야영 활동

◎ 활동 목표: 자연을 정확히 배워 일상생활에 보탬이 되게 한다.

활동 과정(요소)	활동 내용	자료 및 유의점
사전 활동	○ 계획 수립 • 지도교사의 역할 분담 • 날짜와 이용 시설 • 활동 프로그램 작성 • 가정 통신문 발송 - 준비물 갖추기 - 우천 시 대비 계획 • 조별 임무 분담 및 프로그램 작성	○ 야영 계획표
중심 활동	○ 당일 활동 • 준비물 확인하기 • 인원 점검 및 건강 상태 확인하기 • 조장 중심의 조별 활동 실시하기 - 조별로 천막 치기 - 식사 예절 지키기 - 취침 및 기상 시간 지키기 - 화장실 사용 및 침구 정리하기 - 취침 전 조별 협의 시간 갖기	○ 조직적인 활동이 되도록 융통성을 발휘한다. ○ 천막, 침구, 세면도구 등
사후 활동	○ 정리 활동 • 자기 물건 챙기기 • 잘한 조 칭찬하기 • 전체 프로그램 진행에 대한 평가 • 즐거웠던 일 적어 보기 • 느낀 점 글로 써 보기	○ 하교 후 바로 집에 가서 부모님께 인사드린다.

하이킹

◎ 활동 목표: 자연을 벗 삼아 친구들과 서로 사귀며 협동하는 방법을 배운다.

활동 과정	활동 내용	자료 및 유의점
사전 활동	○ 계획 수립 • 조별 임무 정하기 • 이동 방법 결정하기 • 주제 해결 방법 결정하기 • 활동 시설 및 학습 내용 알기 • 활동 프로그램 작성하기 – 활동에 따른 조별 인원 조직하기	○ 조별로 스스로 계획을 세우도록 한다.
중심 활동	○ 당일 활동 • 건강 상태 확인하기 • 조장 중심으로 활동하기 – 하이킹 과제 해결하기 – 중간 휴식 방법 알기 – 낙오자 배려하기 – 속도 조절하기 • 목적지 도착 확인하기 • 조별 코너 지정 및 취사 활동 전개하기 – 게임 및 스포츠 활동 하기 – 주변 정리하기	○ 조별로 활동할 수 있도록 조직한다.
사후 활동	○ 반성 활동 • 느낀 점 말하기 • 잘못한 점 반성하기 – 조별로 하이킹 보고서 쓰기 • 작별 인사 하기	○ 작별 인사는 서로가 예의를 지키면서 상냥하게 한다.

극기 훈련

◎ 활동 목표: 고독과 공포를 극복하여 자아를 발견하며, 인내심을 기른다.

활동 과정	활동 내용	자료 및 유의점
사전 활동	○ 계획 수립 • 날짜와 장소 • 준비물 협의 • 훈련장 사전 답사 • 전체 활동 프로그램 작성 • 가정 통신문 발송	○ 아동의 건강 상태, 심신 상태를 정밀히 점검하여 알맞은 계획을 세운다.
중심 활동	○ 당일 활동 • 인원 점검 및 건강 상태 확인하기 • 숙소 안내 및 짐 정돈하기 • 활동 단위별로 활동 실시하기 • 활동 후 반성 시간 갖기 - 명상의 시간 갖기 • 취침 및 기상 시간 지키기 - 기상 시간 맞추어 아침 운동하기 - 화장실 사용 및 청소 상태 확인하기 - 침구 정리 상태 확인하기 • 숙소 정리 및 짐 정리하기	○ 단순한 놀이로 그치지 않고 교육적으로 다루어지도록 노력한다.
사후 활동	○ 반성 활동 • 평가회 시간 갖기 • 마음의 변화 과정 발표하기 - 자신의 느낌 말하기	○ 하교 후 바로 집에 가서 부모님께 인사드린다.

가족 캠프

◎ 활동 목표: 가족 구성원이 협동하며 생활하는 즐거움을 배운다.

활동 과정	활동 내용	자료 및 유의점
사전 활동	○ 계획 수립 • 학생 명단 및 아버지 명단 작성 • 가정 통신문 발송 • 프로그램 작성 • 인쇄물 배부 • 모닥불 놀이 활동 준비	○ 많은 가족이 참여하도록 하고 참여하지 못하는 가족을 배려한다(결손 가정 등).
중심 활동	○ 당일 활동 • 인원 파악하기 • 준비물 확인하기 • 영지 안내 및 배정하기 • 가족 단위별로 활동하기 　– 천막 치기 　– 오락 및 게임 하기 　– 취사 및 식사하기 　– 뒤처리하기 　– 친교 활동 하기 • 모닥불 놀이 하기 　– 중비된 프로그램 진행 • 대화 시간 갖기 • 주변 청소하기	○ 가급적 가족 간의 대화 시간을 많이 갖도록 한다. ○ 천막, 침구 및 취사도구 등
사후 활동	○ 반성 활동 • 기념품 증정 • 가족의 고마움 알기 • 보고서 쓰기	○ 활동 과정을 반성하고, 내년도 보완점을 협의한다.

마. 안전 구호 활동

교통안전

◎ 활동 목표: 교통사고의 위험을 알고 위험에 대처하는 능력을 키워 안전한 생활을 한다.

활동 과정	활동 내용	자료 및 유의점
사전 활동	○ 계획 수립 • 교통안전 훈련의 목적, 유의점, 준비물 알아보기 • 교통안전의 필요성 알아 두기 • 통학로의 보행 연습하기 • 준비물 제작: 신호등, 복장, 스티커 등	○ 현장의 여건을 고려한 다.
중심 활동	○ 당일 활동 • 예비 훈련 하기 - 신호 잘 지키기 - 걷기 연습하기 - 달리기 연습하기, 보행 시 지킬 일 알아보기 - 통학로로 보행 실습하기 • 교통 기관 이용 시 주의사항 알아보기 - 차창 밖으로 손 내밀지 않기 - 물건 또는 휴지 버리지 않기 - 안전벨트 사용하기 • 들은 것, 본 것, 느낀 것 기록하기 • 횡단보도, 육교, 지하도 건너 보기 • 교통 안내 해 보기 • 교통안전의 역할 놀이 하기	○ PPT 자료
사후 활동	○ 반성 활동 • 교통안전 생활에서 우리가 지켜야 할 일 말해 보기 • 자신의 활동 반성하기 • 도보로 귀가하기	○ 교통안전 지도를 한 후 보람을 서로 이야 기하게 한다.

불조심

◎ 활동 목표: 불조심을 생활화하고 화재 발생 시 신속히 대처할 수 있는 행동 요령을 익힌다.

활동 과정	활동 내용	자료 및 유의점
사전 활동	○ 계획 수립 • 일시, 장소, 대상 • 소방서와 사전 연락 취하기 • 대피 시 행동 요령 알기 • 소화기와 비상구의 위치 확인하기 • 소화기 사용법 알아 두기	○ 보통 11월을 불조심 강조의 달로 정하고, 행사도 이때 하는 것이 적당하다.

중심 활동	○ 당일 활동
	• 소방관들이 하는 일 알아보기
	• 화재 신고하는 방법 알아두기
	  - 소방서 견학의 목적, 관찰 사항, 유의점 알아보기
	• 화재 발생 시 우리가 할 일 알아보기
	  - 전기, 가스 차단하기
	  - 불이 난 반대쪽으로 대피하기
	  - 부상자 구호하기
	  - 소화기 사용하기
	• 불자동차, 소방 장비 살펴보기
	• 불조심 표어 짓기 및 포스터 그리기
	• 역할 놀이 하기
	• 어린이 소방대의 조직하기
		○ 좀 더 창의성을 발휘하도록 한다.
		
		○ 소화기

사후 활동	○ 반성 활동
	• 어린이 소방대의 하는 일 알아보기
	  - 소방대원으로서의 긍지 갖기
	• 가정 및 학교에서의 불조심하기
	  - 소방대원에게 감사 편지 쓰기
		○ 감사 편지를 소방서에 보낸다.

바. 교류 활동

자매 부대 방문

◎ 활동 목표: 국군 장병들의 애쓰는 모습을 보고 고마운 마음을 갖는다.

활동 과정	활동 내용	자료 및 유의점
사전 활동	○ 계획 수립 • 우리 고장을 지키는 군부대 알아보기 • 일시, 장소, 대상 선정하기 • 부대에서 하는 일 조사하기 • 위문품, 위문 공연 계획 세우기 　－ 위문편지 쓰기	○ 자매 부대가 없으면 인근 부대로 정한다.
중심 활동	○ 당일 활동 • 부대 현황 소개받기 • 위문단 소개하기 • 위문품 전달하기 　－ 위문 공연 하기: 독창, 합창, 독주, 촌극, 시 낭송 등 • 부대 활동 견학하기 　－ 장병들의 병영 생활 살펴보기 　－ 장병들의 수고하는 모습 살펴보기 　－ 장병들의 병영 생활에서 본받을 점 메모하기	○ 위문 계획은 충실히 세운다.
사후 활동	○ 반성 활동 • 부대 방문에서 고쳐야 할 점 알아보기 • 감사 편지 쓰기 • 나의 각오 다지기 • 우리 국군의 좋은 점 찾아보기	○ 참가자를 중심으로 반성 활동을 한다.

도농 교류 체험

◎ 활동 목표: 다른 지역의 자연 환경과 생활 모습을 이해하고, 색다른 환경의 체험을 통하여 나의 생활을 반성해 본다.

활동 과정	활동 내용	자료 및 유의점

사전 활동	○ 계획 수립
	• 대상 학교 선정
	  – 대상 학교의 여건
	  – 비용 및 후원 협의
	• 활동 시기 조정
	• 역할 분담
	• 대상 학교와 협의, 학생 명단 교환
	• 희망 학생 신청서 접수
	• 상대 학교의 짝 지어 준 학생과 사전의 서신 교환
		○ 비용이 많이 소요되므로 수익자 부담을 원칙으로 한다.

중심 활동	○ 당일 활동
	• 학교 소개 및 환영식 하기
	  – 상대 학생 소개하기
	  – 숙박 가정 안내하기
	• 수업 및 과제 해결하기
	  – 해당 학년의 지정된 반에서 수업 참가하기
	  – 학교에서 주최하는 현장 학습 참가하기
	• 학급별 환송 행사
	• 학교 전체 환송 행사
	  – 작별 인사 하기
		○ 진행 프로그램 숙식을 원만히 제공할 수 있는 학생을 선정한다.
		○ 가정에서 개별적인 프로그램을 진행할 수 있도록 안내한다.
		
		○ 하교 후 바로 집에 가서 부모님께 말씀드린다.

사후 활동	○ 반성 활동 • 활동에 대한 반성 평가회 갖기 • 반성 및 소감문 작성하기 • 배우고 느낀 점 말하기	○ 반성 및 소감문 쓰기

자매 학교 교환 방문

◎ 활동 목표: 자매 학교를 상호 방문하여 친선과 우의를 다진다. 자매 학교의 환경과 여건 교육과정을 이해한다.

활동 과정	활동 내용	자료 및 유의점
사전 활동	○ 방문 계획 수립 • 자매 학교 연락 • 방문 일정 협의 • 이동 및 준비물 구비 계획 　－차량 임대, 학부모 동행, 학교 준비물, 개인 준비물 등 • 사전 상호 답사 및 교육과정, 체류 일정 협의 　－계획서 수립, 결재, 공문 발송	○ 자매 학교 방문 계획서(자매 학교의 환경을 미리 사전 교육)
중심 활동	○ 당일 활동(○박 ○일) • 학교 출발 　－인원 점검, 준비물 점검, 건강 체크 등 　－승차 및 착석 　－차내 교육 • 자매 학교 도착 　－환영식(환영사, 답사 등 준비) • 친교의 시간 및 교육 • 교류 일정 실행 　－숙박 계획을 철저히 수립(홈스테이일 경우 사전 교육) • 기상과 취침 교육 • 환송식(환송사, 답사) • 승차(학교로 이동－귀가)	○ 차량 이동 시 안전에 각별히 유의한다. ○ 바로 귀가하여 부모님께 인사드린다.
사후 활동	○ 반성 활동 • 반성회 개최 　－사귄 친구에게 편지 쓰기 　－좋았던 점과 아쉬웠던 점 토의하기 • 내년에 고쳤으면 하는 점 발표 • 교류 방문 보고서 쓰기	○ 방문 보고서를 써서 보관한다.

국제(해외) 교류 활동

◎ 활동 목표: 세계에 관련된 여러 나라의 체험을 통하여 다른 나라의 문화를 이해한다.

활동 과정	활동 내용	자료 및 유의점
사전 활동	○ 계획 수립 • 교류 대상 학교 선정 • 교류 방법 협의 • 교육과 관련된 자료 교환 - 미술 작품(그림, 서예, 공예 작품 등) • 사전 답사 및 인솔자 선정	○ 교류 학교 방문 계획서

중심 활동	○ 당일 활동
	• 양국 학교 방문하기
	  - 스포츠, 노래, 무용 경연, 연극 등
	  - 다과회, 오락회, 견학 등
	  - 민박 체험, 상호 가정 방문
	• 다른 나라 문제에 대한 관심과 이해하기
	• 다른 나라의 풍속과 문화 이해하기
	• 인권 존중, 타인 존중 태도 갖기
	• 미술 작품 교류하기
	• 상호 가정 방문하기
	• 다른 나라의 말로 인사하기
		○ 맡은 임무를 각자가 충실히 이행하도록 지도한다.

사후 활동	○ 반성 활동
	• 스크랩북 제작
	  - 세계의 사진, 화보 등
	  - 수집품 전시회: 우표, 카드, 화폐, 인형, 토산품 등
	• 알게 된 점, 느낀 점, 생각한 점 이야기하기
	• 보고서 쓰기
		○ 하교 후 바로 집에 가서 부모님께 인사드린다.
		
		○ 교류하면서 사귄 친구에게 편지를 보내도록 지도한다.

특별 활동 교육과정

1. 성격

특별 활동은 교과와 상호 보완적 관련 속에서 학생의 심신을 조화롭게 발달시키기 위하여 실시하는 교과 이외의 활동이다. 특별 활동은 근본적으로 집단 활동의 성격을 지니고 있으나, 집단에 소속한 개인의 개성·자율성·창의성도 아울러 고양하려는 교육적 노력을 포함한다.

특별 활동은 다양한 집단 활동에 참여함으로써 학교생활에 잘 적응할 수 있게 하고, 민주 시민의 자질을 함양하게 한다. 또한, 다양한 자기표현의 기회를 제공하여 학생의 개성과 소질을 계발·신장하고, 건전한 취미 함양 및 여가 선용을 통하여 자아실현을 돕는다.

특별 활동 교육과정은 자치 활동, 적응 활동, 계발 활동, 봉사 활동, 행사 활동의 5개 영역으로 구성된다. 각 영역별 구체적인 활동 내용은 지역의 특성과 학교의 실정, 학습자의 특성 등을 고려하여 선정하고, 융통성 있게 운영할 수 있다.

초등학교의 특별 활동에서는 학생의 기본 생활 습관과 자율적인 생활 태도의 형성에 중점을 둔다. 중학교에서는 왕성한 활동력과 다양한 욕구를 건전한 방향으로 유도하고, 원만한 인간관계를 형성하는 데 중점을 둔다. 고등학교에서는 자아의 발견과 확립, 삶의 힘과 지혜, 남과 더불어 살아가는 방법 등을 체득하는 데 중점을 둔다.

특별 활동에서는 학생의 자주적인 실천 활동을 중시하여, 교사와 학생이 공동 협의하거나 학생 자신의 힘으로 활동 계획을 수립하고 역할을 분담하여 실천하게 한다. 아울러, 지역과 학교의 독특한 문화 풍토를 고려하여 특색 있고 융통성 있게 운영하는 것이 중요하다.

2. 목표

다양하고 건전한 집단 활동에 자발적으로 참여하여 개성과 소질을 계발, 신장하고, 공동체 의식과 자율적인 태도를 기름으로써 민주 시민으로서의 기본적인 자질을 함양한다.

가. 학교 및 학급 구성원으로서의 역할을 분담·협력하여 수행하고, 자치 활동에 적극 참여
함으로써 민주 시민의 기본 자질과 태도를 지닌다.

나. 변화하는 환경에 잘 적응하고 대처하는 능력을 길러, 자신의 문제를 능동적으로 해결한다.

다. 계발 활동에 자발적으로 참여하여 자신의 취미와 특기를 계발·신장함으로써 자아실현
을 위한 기초를 다진다.

라. 봉사 활동의 의미를 이해하고, 타인을 돕는 일에 적극 참여하여 공동체 의식을 함양하
며, 삶의 보람과 자신의 가치를 인식한다.

마. 각종 행사의 의미와 중요성을 이해하고, 자발적으로 참여하여 학교와 지역 사회의 일원
으로서 갖추어야 할 기본 자질과 태도를 가진다.

3. 내용

가. 내용 체계

영 역	내 용
자치 활동	○ 협의 활동 ○ 역할 분담 활동 ○ 민주 시민 활동
적응 활동	○ 기본 생활 습관 형성 활동 ○ 친교 활동 ○ 상담 활동 ○ 진로 활동 ○ 정체성 확립 활동
계발 활동	○ 학술 문예 활동 ○ 보건 체육 활동 ○ 실습 노작 활동 ○ 여가 문화 활동 ○ 정보 통신 활동 ○ 청소년 단체 활동
봉사 활동	○ 일손 돕기 활동 ○ 위문 활동 ○ 캠페인 활동 ○ 자선 구호 활동 ○ 환경·시설 보전 활동
행사 활동	○ 의식 행사 활동 ○ 학예 행사 활동 ○ 보건 체육 행사 활동 ○ 수련 활동 ○ 안전 구호 활동 ○ 교류 활동

나. 영역별 내용

이 교육과정에서 제시한 각 영역별 활동 내용은 예시적 기준이므로, 지역 특성과 학교 실정 및 학습자의 발달 단계 등을 고려하여 목표 달성에 적합한 내용을 선정하여 운영할 수 있다.

(1) 자치 활동

(가) 목표

① 학급과 학교에서 일어나는 제 문제에 대해 적극적으로 참여하고, 협의 및 실천함으로써 자주성과 사회성을 기른다.
② 다양한 협의 및 실천 경험을 통해 문제를 합리적으로 해결할 수 있으며, 민주적인 의사 결정의 기본 원리를 익힌다.
③ 역할 수행을 통하여 일의 성취 과정에 대한 기쁨을 느끼고, 학교 또는 학급 일에 주도적 으로 참여하는 태도를 기른다.

(나) 활동별 내용

① 협의 활동
  ● 학급회 조직 및 운영, 학급 전반에 필요한 사항 협의 등
  ● 학생회 조직 및 운영, 학교생활에 필요한 사항 협의 등
② 역할 분담 활동
  1인 1역 활동, 학급 부서 활동, 운영 위원 활동 등
③ 민주 시민 활동
  모의 의회, 토론회, 대화의 광장 등
④ 그 밖의 필요한 활동

(2) 적응 활동

(가) 목표

① 집단생활에 원만하게 적응할 수 있는 기본 생활 습관을 기른다.
② 친교 및 협동 활동을 통하여 원만한 교우 관계를 형성한다.

③ 자신의 문제를 상담과 대화를 통하여 해결함으로써 원만하고 즐거운 학교생활을 한다.

④ 진로와 직업 선택의 중요성을 인식하고, 자신의 적성과 소질에 맞는 진로를 탐색·설계한다.

⑤ 자신의 성격, 능력, 역할 등을 이해하고, 올바른 심성을 가진다.

(나) 활동별 내용

① 기본 생활 습관 형성 활동
  예절, 준법, 질서, 절제, 청결, 정리 정돈, 근검절약 등
② 친교 활동
  축하, 친목, 사제동행 등
③ 상담 활동
  학습, 건강, 성격, 교우, 동아리, 여가 활용, 기타 개인적인 문제 등
④ 진로 활동
  직업 세계의 이해, 진로 인식, 진로 탐색, 진로 설계 등
⑤ 정체성 확립 활동
  자기 이해, 심성 계발 등
⑥ 그 밖의 필요한 활동

(3) 계발 활동

(가) 목표

① 흥미, 취미, 적성이 비슷한 학생들로 구성된 활동 부서에 자발적으로 참여하여, 즐거움 속에서 협동심을 기르고, 원만한 인간관계를 형성한다.

② 다양한 활동에 참여하여 자신의 잠재 능력을 최대한 계발·신장하고, 자아실현의 기초를 닦는다.

③ 여가를 선용하는 생활 습관을 형성한다.

(나) 활동별 내용

① 학술 문예 활동
  문예, 연극, 방송, 현대 예술, 전통 예술, 외국어 회화, 과학 탐구, 사회 조사, 국제 문화

이해 등

② 보건 체육 활동

육상, 구기, 수영, 체조, 무용, 민속놀이, 씨름, 태권도 등

③ 실습 노작 활동

사육, 재배, 조경, 목공, 제도, 설계, 조리, 수예, 재봉 등

④ 여가 문화 활동

등산, 사진, 독서, 영화, 꽃꽂이, 원예, 기악, 서예, 바둑, 장기 등

⑤ 정보 통신 활동

컴퓨터, 인터넷, 신문 활용 활동 등

⑥ 청소년 단체 활동

스카우트연맹, 걸스카우트연맹, 청소년연맹, 청소년적십자, 우주소년단, 해양소년단연맹 등

⑦ 그 밖의 필요한 활동

(4) 봉사 활동

(가) 목표

① 지역 사회의 일들에 관심을 가지고 참여함으로써 사회적 책임을 분담하고 호혜 정신을 기른다.
② 다양한 봉사 활동의 실천으로 서로 협력하는 마음을 기르고, 지역 사회 발전에 이바지하는 태도를 가진다.
③ 타인을 배려하는 너그러운 마음과 더불어 사는 공동체 의식을 가진다.

(나) 활동별 내용

① 일손 돕기 활동

복지시설, 공공시설, 병원, 농·어촌, 학교 내 등에서의 일손 돕기

② 위문 활동

고아원, 양로원, 병원 등에서의 위문 활동, 장애인, 병약자에 대한 위문 활동, 군부대 등 위문 활동

③ 캠페인 활동

공공질서, 교통안전, 학교 주변 정화, 환경 보전, 헌혈 등에 대한 캠페인 활동

④ 자선 구호 활동

재해 구호, 불우 이웃 돕기, 국제 협력과 난민 구호 등
⑤ 환경·시설 보전 활동

　깨끗한 환경 만들기, 자연 보호, 문화재 보호, 식목 활동 등
⑥ 그 밖의 필요한 활동

(5) 행사 활동

(가) 목표

① 교내·외에서 실시되는 여러 행사의 의의와 중요성을 이해하고, 행사에 자발적으로 참여하여 학교와 지역 사회의 발전을 위해 노력하는 태도를 가진다.
② 학예와 체육 등 행사 활동을 통하여 평소의 학습 성과를 창의적으로 발표하는 기회를 가짐으로써 협동심과 연대 의식을 높인다.
③ 학교 밖의 자연과 문화를 직접 체험함으로써 견문을 넓히고, 풍부한 감성을 지닌다.
④ 각종 수련 활동에 참여하여 심신의 조화로운 발달을 이루며, 극기의 정신과 진취적 기상을 기른다.
⑤ 지역 간, 국가 간 다양한 교류를 통하여 다른 문화의 가치를 이해하고 수용한다.

(나) 활동별 내용

① 의식 행사 활동

　시업식, 입학식, 졸업식, 종업식, 기념식, 경축일 등
② 학예 행사 활동

　전시회, 발표회, 감상회, 학예회, 경연 대회, 실기 대회 등
③ 보건 체육 행사 활동

　건강 검사, 체육대회, 친선 경기 대회 등
④ 수련 활동

　● 현장 학습, 수학여행, 문화재·명승지 답사, 학술 조사, 해외 문화 체험 등

　● 등산·등반, 야영, 하이킹, 국토 순례, 탐사, 극기 훈련 등
⑤ 안전 구호 활동

　안전 생활 훈련, 대피 방호 훈련, 재해 구호 훈련 등
⑥ 교류 활동

자매결연 활동, 도시·농촌 교류, 국제 교류 활동 등

⑦ 그 밖의 필요한 활동

4. 교수·학습 방법 및 지원

가. 계획·운영 및 지원

(1) 특별 활동에 배당된 시간(단위) 수는 학생의 요구, 지역 및 학교의 특성을 고려하여 학교의 재량으로 배정하되, 학생의 발달 단계를 고려하여 학교 급별, 학년별로 활동 영역 및 내용을 선택하여 집중적으로 운영할 수 있다.

(2) 특별 활동 영역 중 자치 활동, 적응 활동, 계발 활동은 영역 간의 균형을 유지하되, 필요한 경우에는 일부 영역을 중점적으로 편성할 수 있고, 봉사 활동, 행사 활동은 별도의 시간을 확보하여 운영할 수 있다.

(3) 특별 활동의 영역은 교육과정 편성상의 구분이며, 운영에 있어서는 영역을 통합하여 운영할 수 있다.

(4) 특별 활동 운영 계획은 학생들의 흥미와 소질, 학교와 지역 사회의 실정을 고려하여 작성하되, 계획을 수립하고 운영하는 과정에서 학생들이 자신의 의사를 적극적으로 표현하도록 한다.

(5) 각 학교에서 융통성 있게 시행되는 특별 활동은 관련 법령, 특별 활동의 목표, 학생의 발달 단계 등에 부합되는 것이어야 한다.

(6) 특별 활동은 학교의 필요에 따라 기준 시간(단위)보다 더 많은 시간을 확보하여 운영할 수 있으며, 시간 운영은 통합, 집중 등 다양한 방식으로 융통성 있게 할 수 있다.

(7) 활동의 조직 단위, 장소, 시설 등 규모와 여건을 고려하여 정일제, 격주제, 전일제, 집중제 등과 같은 융통성 있는 운영을 할 수 있도록 한다.

(8) 특별 활동의 각 영역별 활동과 하위 활동은 대체로 학교를 중심으로 이루어지나, 필요에 따라 학급, 계발 활동 부서, 지역 사회 중심 집단 등으로 다양하게 구성하여 이루어질 수 있다.

(9) 지역 사회의 인적, 물적 자원을 최대한 활용하기 위하여 특별 활동 영역별로 활용 가능한 자원 인사와 시설, 기관, 자료 등의 실태를 파악하고, 다양한 활동 프로그램을 개발하여 창의적으로 운영한다.

(10) 시·도 교육청 및 지역 교육청은 특별 활동을 운영하는 데 필요한 제반 시설, 설비, 자료, 프로그램 등을 지원하고, 지도자, 보조자 등 자원 인사를 활용할 수 있도록 학교의 특별 활동 운영을 적극적으로 지원한다.

(11) 시·도 교육청 및 지역 교육청은 특별 활동 지도 자료 및 프로그램의 개발·보급, 연수 과정의 개설, 연구 학교의 운영 등을 통하여 각급 학교의 특별 활동 운영과 개선을 지원한다.

나. 영역별 지도 방법

(1) 자치 활동

(가) 학생들의 자발적이고 자율적인 활동이 되도록 해야 하며, 그 활동이 바람직한 방향으로 나아가도록 지도한다.

(나) 모든 구성원들이 골고루 참여할 수 있는 기회를 제공하고, 다양한 의견을 존중하여 참여 의식을 높이며 소속감을 가지게 한다.

(다) 연간 학급 활동 운영 계획은 담임교사와 학생들이 공동으로 협의하여 수립하고, 창의적인 활동을 전개하여 학교생활이 즐겁고 의미 있게 이루어지도록 한다.

(라) 학생 전원이 학급 생활에 필요한 한 가지 이상의 일을 분담하여 자율적으로 실천하게 하되, 필요할 경우 역할을 교체하여 다양한 경험을 가지도록 한다.

(마) 학생회는 학교의 규정에 따라 조직하고, 학급의 역할 분담과 연계하여 자율적으로 운영하게 한다.

(2) 적응 활동

(가) 교과 활동과의 유기적인 관련 속에 기본 생활 습관이 형성될 수 있도록 지속적으로 지도한다.

(나) 기본 생활 습관 형성 활동은 학교와 가정의 유기적인 연대를 통해 이루어지도록 지도한다.

(다) 학생 개개인에 대한 각종 기초 자료를 조사하여 활용하고, 개인적인 문제는 가정과 연계하여 지도한다.

(라) 상담 활동은 담임교사가 하는 것을 원칙으로 하며, 활동 내용에 따라서는 상담 교사나 전문적 소양을 가진 학부모 또는 지역 인사의 협조를 받는다.

(3) 계발 활동

(가) 학생의 흥미, 취미, 요구, 적성, 학교 실정 및 지역 특성 등에 알맞은 활동 부서를 조직하고, 모든 학생에게 자세히 안내한다.

(나) 교사는 활동 부서 조직에 있어서 학생의 희망을 존중하고, 상담 활동을 통해 활동 부서 선택에 대한 다양한 정보를 제공한다.

(다) 교사가 주도적인 역할을 하지 않도록 유의하여 학생 중심의 흥미 있는 운영을 도모하고, 저학년은 취미 활동 중심으로 운영한다.

(라) 학생의 개성과 소질을 최대한 신장하기 위하여 방과 후 프로그램이나 상설반과 연계하여 지속적·집중적으로 운영할 수 있다.

(마) 학교 및 지역 사회의 시설과 인력을 적극 활용하도록 하며, 외부 전문가, 강사 등의 초빙 및 활동에 필요한 경비는 수익자 부담으로 운영할 수 있다.

(4) 봉사 활동

(가) 봉사 활동의 내용은 학교나 지역 사회의 여건을 고려하여 학교 재량으로 선정하여 융통성 있게 운영할 수 있다.

(나) 효율적이며 진정한 봉사 활동이 될 수 있도록 사전 교육을 실시하며, 관련 정보를 충분히 수집하고 면밀한 계획을 세워 추진한다.

(다) 봉사 활동의 참된 의미와 가치를 인식시키고 미래 생활과도 연계되도록 지도한다.

(라) 활동의 전 과정이 교육적 의미를 가질 수 있도록 활동의 계획과 과정 및 결과에 대한 사후 평가를 실시하고, 이를 차후의 활동 계획 수립에 반영한다.

(마) 지역 사회 유관 기관 및 봉사 단체와 협조 체제를 유지하여 효율적인 봉사 활동이 이루어지도록 한다.

(5) 행사 활동

(가) 행사 활동의 계획 수립, 준비, 시행, 반성 등에 있어서 학생들이 적극적으로 참여하도록 지도하고, 적절한 역할 분담을 통하여 자치적인 운영이 되도록 한다.

(나) 행사 계획을 수립할 때에는 행사명, 목적, 시기, 장소, 대상, 행사 과정, 역할 분담, 유의점, 배치도, 상황 변동 시의 대책 등을 충분히 고려하고, 필요에 따라 사전 답사 및

사전 교육을 실시한다.

(다) 교류 활동에 있어서는 서로 간의 문화적인 차이점을 충분히 이해하도록 사전에 지도한다.

(라) 학교행사를 실시함에 있어서는 항상 지역 사회와의 연계성을 고려하되, 지역 사회의 요청에 의한 학교행사는 그 교육적 가치를 충분히 검토하여 선택적으로 운영할 수 있다.

(마) 안전사고 예방 교육을 철저히 하고, 돌발적 사태에 대해서는 적절한 조치를 취할 수 있도록 세밀히 배려하며, 필요한 경우 사전에 참가하는 학생의 건강 진단이나 상담을 실시하여 개개인의 건강 상태를 파악해 두어야 한다.

5. 평가

가. 특별 활동 평가는 학생이 참여한 활동 영역과 활동 상황을 고려하여 담임 또는 담당 교사가 수시로 하되, 담임교사가 종합한다.

나. 특별 활동의 평가는 학교와 지역 사회의 실정 및 교육목표에 비추어 적합하게 이루어지도록 하되, 다음과 같은 점에 유의하여 실시한다.

(1) 학생 자기평가, 학생 상호 평가, 활동 및 관찰 기록, 질문지, 작품 분석, 포트폴리오 등 다양한 방법으로 평가한다.

(2) 각 영역별로 평가 관점을 마련하여 평가 척도를 작성, 활용한다.

(3) 참여도, 협력도, 열성도 및 특별한 활동 실적 등이 골고루 반영되게 한다.

(4) 교육목표의 설정, 평가 장면의 선정, 평가 도구의 제작, 평가의 실시 및 결과 처리, 평가 결과의 해석 및 활용의 절차를 고려한다.

다. 평가의 결과는 평소의 활동 상황을 누가 기록한 자료를 토대로 활동 실적, 진보의 정도, 행동의 변화, 특기 사항 등을 종합하여 문장으로 기록하고, 평가 결과는 학생의 계속적 진보와 계발을 돕는 자료로 활용되도록 한다.

라. 특별 활동 평가에 있어서 학생 개개인의 발달, 변화, 성취를 평가함과 아울러, 학급 또는 학교 차원에서 전체 집단의 성장, 발달, 변화 등도 평가하여 지도 방법 개선 자료로 활용한다.

마. 특별 활동 평가는 프로그램에 대한 평가도 함께 실시되어야 한다. 프로그램 평가는 운영 계획의 현실성, 활동 내용의 타당성, 운영 결과 등이 포함되어야 하며, 평가 결과는 해당 학교 또는 학급의 차후 특별 활동 계획 수립 및 운영 개선에 활용한다.

참고문헌

강현석 외(2004). 현대 교육과정과 교육평가. 서울: 학지사.

교육대학교직과교재편찬위원회(1992). 통합 교과 및 특별 활동. 서울: 교육출판사.

경기도교육정보연구원(2000). 창의성 교육. 수원: 경기도교육정보연구원출판부.

교육과학기술부(2008). 고등학교 교육과정 해설. 광주: 한솔사.

교육과학기술부(2008). 초등학교 교육과정 해설. 광주: 한솔사.

교육과학기술부(2008). 중학교 교육과정 해설. 광주: 한솔사.

교육부(2000). 특별 활동·재량 활동 교육과정의 편성과 운영. 교육부 장학 자료.

교육인적자원부(2007). 고등학교 교육과정(교육인적자원부 고시 제2007-79호). 서울: 대한교과서주식회사.

교육인적자원부(2007). 중학교 교육과정(교육인적자원부 고시 제2007-79호). 서울: 대한교과서주식회사

교육인적자원부(2007). 초등학교 교육과정(교육인적자원부 고시 제2007-79호). 서울: 대한교과서주식회사.

교육인적자원부(2004). 고등학교 교사용 지도서(계발 활동). 서울: 대한교과서주식회사.

교육인적자원부(2004). 고등학교 교사용 지도서(봉사 활동). 서울: 대한교과서주식회사.

교육인적자원부(2004). 고등학교 교사용 지도서(자치 활동). 서울: 대한교과서주식회사.

교육인적자원부(2004). 고등학교 교사용 지도서(적응 활동). 서울: 대한교과서주식회사.

교육인적자원부(2004). 고등학교 교사용 지도서(행사 활동). 서울: 대한교과서주식회사.

교육인적자원부(2004). 초등학교 교육과정 해설(특별 활동). 서울: 대한교과서주식회사.

교육인적자원부(2004). 초등학교 교사용 지도서(계발 활동). 서울: 대한교과서주식회사.

교육인적자원부(2004). 초등학교 교사용 지도서(봉사 활동). 서울: 대한교과서주식회사.

교육인적자원부(2004). 초등학교 교사용 지도서(자치 활동). 서울: 대한교과서주식회사.

교육인적자원부(2004). 초등학교 교사용 지도서(적응 활동). 서울: 대한교과서주식회사.

교육인적자원부(2004). 초등학교 교사용 지도서(행사 활동). 서울: 대한교과서주식회사.

교육인적자원부(2004). 중학교 교육과정 해설(특별 활동). 서울: 대한교과서주식회사.

교육인적자원부(2004). 중학교 교사용 지도서(계발 활동). 서울: 대한교과서주식회사.

교육인적자원부(2004). 중학교 교사용 지도서(봉사 활동). 서울: 대한교과서주식회사.

교육인적자원부(2004). 중학교 교사용 지도서(자치 활동). 서울: 대한교과서주식회사.

교육인적자원부(2004). 중학교 교사용 지도서(적응 활동). 서울: 대한교과서주식회사.

교육인적자원부(2004). 중학교 교사용 지도서(행사 활동). 서울: 대한교과서주식회사.

교육인적자원부(2004). 중학교 교육과정 해설(특별 활동). 서울: 대한교과서주식회사.

교육인적자원부(2007). 중학교 재량 활동의 선택 과목 교육과정. 서울: 대한교과서주식회사.

교육인적자원부(2002). 지식 사회의 도래와 한국 교육의 대응. 교육인적자원부 홍보 자료.

교육인적자원부(1997) 특별 활동 교육과정(고시 별책 18), 서울: 대한교과서주식회사.

교육인적자원부(2007). 특별 활동 교육과정. 서울: 대한교과서주식회사.

교육인적자원부(2001). 특별 활동 교육과정 편성·운영의 실제. 서울: 대한교과서주식회사.

김기태(2003). 특별 활동 지도의 실제. 서울: 배영사.

김대현 외(2004). 교육과정 및 교육평가. 서울: 학지사.

김두정(2004). 한국 학교 교육과정의 탐구. 서울: 학지사.

김성래(2002). 중학교 창의적 재량 활동의 효율적인 운영. 부산교육 303호.부산광역시교육과학연구원.

김재복(1990). 특별 활동(국민학교). 서울: 배영사.

김재복 외(2000). 초등학교 교육과정 해설. 서울: 교육과학사.

김재춘·부재율·소경희(2008). 교육과정과 교육평가. 파주: 교육과학사.

김정규(2008). 교육과정과 교육평가. 서울: 형설출판사.

김종서(2003). 교육과정과 수업. 서울: 배영사.

김종화 외(2008). 교육과정 및 교육평가. 서울: 형설출판사.

김진곤(2001). 초등학교 재량 활동 교육과정 활성화 연구. 동아대학교교육대학원 석사학위논문.

김필식 외(2008). 현대 교육학 개론. 서울: 형설출판사.

남궁용권 외(2008). 신교육학 개론, 서울: 양서원.

대전갈마초등학교(2001). 창의적 재량 활동 교육과정. 교육부 지정 교육과정 연구학교 보고서.

대한교과서주식회사 편집부(1995). 제6차 고등학교 특별 활동 교육과정 해설. 서울: 대한교과서주식
    회사.

동상초등학교(2001). 창의적 재량 활동 학년별 프로그램 적용을 통한 자기 주도적 학습 능력 신장.
    부산광역시교육청 지정 시범학교 보고서.

문관용(1996). 특별 활동 지도론. 서울: 교육과학사.

박경묵 외(2004). 특별 활동·재량 활동 교육과정의 이해. 서울: 양서원.

박경묵 외(2008). 초등 특별 활동 운영론. 파주: 양서원.

박도순 외, 교육과정과 교육평가, 서울: 문음사, 2003.

박순경(1999). 교육과정 운영에 있어서 재량 활동의 함의. 교육학 연구. 제37집. 제4호.

박순경·소경희·차우규(1998). 초등학교 재량 활동 활성화 방안 연구. 한국교육과정평가원 연구보
    고서.

박승배(2008). 교육과정학의 이해, 서울: 양서원.

박은종 외(2003). 푸른 꿈을 그리는 재량 활동. 서울: 한국교육출판사.

박은종 외(2005). 특별 활동 길라잡이. 서울: 한국교육신문사.

박점란(2001). 자기 주도적 학습 능력 신장을 위한 주제 탐구 중심 재량 활동 프로그램 개발. 이화

여자대학교 교육대학원 석사학위논문.

박찬석(2002). 도덕과 교육과정의 재량 활동에 관한 연구. 국민윤리연구. 제49집.

박철홍(1985). 공통 교육과정의 쟁점에 관한 고찰. 서울대학교 대학원 석사학위논문,

부산광역시교육청(2003). 초등학교 재량 활동 자료집. 부산광역시교육청.

분포중학교(2003). 다양한 창의적 재량 활동 프로그램 개발·적용을 통한 자기 주도적 학습 능력 신장. 부산광역시교육청 지정 시범학교보고서.

송민영(2008). 초등학교 특별 활동·재량 활동. 파주: 학지사.

송인섭 외(2008). 교육과정 및 교육평가. 서울: 양서원.

신동로(2008). 교육과정과 교육평가. 서울: 형설출판사.

양경순(2001). 제7차 교육과정의 재량 활동에 관한 초등학교 교사의 인식 연구. 홍익대학교 교육경영관리대학원 석사학위논문.

양미경(2008). 교육과정 및 교수 방법. 파주: 교육과학사.

연정호(1997). 열린 특별 활동. 서울: 교육과학사.

오성삼 외(2008). 교육과정 평가의 이해. 서울: 양서원.

운현초등학교(1996). 교육과정 구성의 이론적 배경과 실제. 운현초등학교 열린교육 자료집.

유광찬(2008). 특별 활동과 재량 활동의 탐구. 파주: 교육과학사.

유광찬(2004). 특별 활동의 이해. 서울: 교육과학사.

유광찬·장미옥(2002). 재량 활동 운영 실태 및 개선 방안에 관한 연구. 초등교육연구. 제15집. 제1호.

윤병희(2002). 미래 사회와 교육과정의 연구 과제. 교육과정연구. 19(1). 한국교육과정학회.

이규은(2003). 초등학교 재량 활동 교육과정에 관한 실태 조사 연구. 초등교육연구. 제16집. 제2호.

이규은(2004). 특별 활동 교육과정의 이론과 실제. 서울: 동문사.

이성호(2008). 교육과정. 서울: 문음사.

이순옥(1990). 특별 활동 가이드. 서울: 청문출판사.

이영만(2008). 통합교육과정. 파주: 학지사.

이해명 외(2008). 현대 교육과정 및 교육평가. 서울: 교육아카데미.

이향숙(2002). 초등학생들의 정보 윤리 의식 실태에 관한 연구. 광주교육대학교 교육대학원 석사학위논문.

정영근(2002). 한국 학교 수준 교육과정 개발 유형 특징의 연구: 재량 활동에 있어서의 교사의 교육과정 활동을 중심으로. 교육과정연구. 제20지1. 제3호.

정원구(2002). 고등학교 재량 활동 교육과정 편성·운영. 부산교육. 제303호. 부산광역시교육과학연구원.

조혜천(2001). 초등학교 재량 활동 교육과정 연구. 단국대학교 교육대학원 석사학위논문.

최호성(2008). 교육과정 및 평가. 파주: 교육과학사.

충북영동고등학교(2002). 제7차 교육과정 시행에 대비한 재량 활동 교육과정의 편성 운영. 연구학교 보고서.

충청남도교육청(2001). 자치·적응 활동의 실제. 충청남도교육청 장학 자료.

충청남도교육청(2003). 창의적 교육 활동 운영의 실제. 충청남도교육청 장학 자료.

충청남도교육청(2004). 초등학교 교육과정 편성·운영 지침. 충청남도교육청 장학 자료.

충청남도교육청(2005). 초등학교 교육과정 핸드북. 대전: 용해출판사.

충청남도교육청(2001). 특별 활동 편성·운영. 대전: 성문출판사.

충청남도당진교육청(2001). 새시대 새교육 새로운 교육과정. 충청남도당진교육청 장학 자료.

충청남도당진교육청(2001). 실천중심 장학 자료. 충청남도당진교육청 장학 자료.

한국교육학술정보원(2001). ICT활용 교육을 통한 학교교육 내실화 방안 연구. 한국교육학술정보원.

함수곤(2000). 교육과정과 교과서. 서울: 대한교과서주식회사.

함수곤·김명수·조주연·양미경(2000). 제7차 교육과정에 따른 초·중등학교 재량 활동 실천 사례 개발. 교육인적자원부 수탁과제.

함종규(1989). 특별 활동의 이론과 실제. 서울: 교육과학사.

함종규(1988). 특별 활동. 서울: 배영사.

허미경(2002). 초등학교 재량 활동 운영에 관한 연구. 부산대학교교육대학원 석사학위논문.

허영식(2008). 지구촌 시대의 시민교육. 서울: 학문사.

홍후조(2003). 교육과정의 이해와 개발, 서울: 문음사.

Apple.M.W.(1979). *Ideology and Curriculum*. London: RKP.

Brady.L.(1987). *Curriculum development*. NY: Prentice Hall.

Brooks.J.G. & Brooks.M.G(1993). *The case for constructivist classrooms*. Alexandria. VA: Association for Supervision and curriculum Development.

Burbules.N.C.(1993). *Dialogue in teaching*. New York: Teachers College press.

Cohen.D. & Harrison.M.(1992). *Curriculum action project: Areport of curriculum design making in Australian secondary schools*. Sydney: Macquire University.

Dewey. J.(1938). *Experience and Education*. New York: Macmillan.

Gall.M.D., Gall.J.P., Jacobsen.D.R., & Buullock.T.L.(1990). *Tools for learning*. Alexandria, Virginia: Association for Supervision and Curriculum Development.

Hamrin.S.A., & Erickson.C.E.(1939). *Guidance in The Secondary School*. London: Ha−per.

Long.H.B.(1989). *Theoretical foundations for self−directed learning*. Paper presented at the Annual Meeting of the American Associstion for Adult and Continuing Education(Atlantic City.NJ).

Spring.J.(1986). *The American School 1642−1985*. New York: Longman.

Steffe.L. & Gale.J.(1995). *Constructivism in Education*. Hillsdale.HJ: Lawrence Erlabum Associates.

Tanner & Tanner.L.(1980). *Curriculum development*: Theory into pratice. NY: MacMillan.

Tyler.R.W.(1949). *Basic principals of curriculum instruction*. Chicago: University of Chicago Press.

Walker.D.F.(1971). *A naturalistic model for curriculum development*. School Review.80(1).

Young.M.F.D.(1998). *The curriculum of the future: From the 'new sociology of education' to a critical theory of learning.* London: Collier－Macmillan.

Zais.E.(1986). *The uncertainty principle in curriculum planning.* Theory into practice. 25(1).

찾아보기

· 저자 ·

박은종　　·약 력·
(朴殷鍾)

학력
진주교육대학교 사회교육과 졸업
충남대학교 교육대학원 사회교육과 졸업
한국교원대학교 대학원 사회과교육학과 사회과교육 전공 졸업
충남대학교 대학원 교육학과 교육심리학 및 교육과정 전공 박사과정 수료
공주대학교 대학원 사회교육학과 사회과교육 전공 박사과정 졸업
(교육학 박사: 사회과 교과 교육학 전공)

경력
한국교총 정책전문위원, 혁신위원, 교권위원, 홍보위원
충남교총 연구위원
충남교육청 장학자료 개발위원
한국 교원 교직윤리헌장 제정위원
충남대학교 교육연구소 객원연구원
충남대학교 인문과학연구소 객원연구원(Post－doc)
교육과학기술연수원 강사
공주대학교 시간 강사
홍익대학교 교양학부 외래 교수
한국산업연수원 청주능력개발원 외래 첨삭 교수
동신대학교 교양교직학부 외래 교수
충청남도교육청 장학사(충청남도당진교육청·부여교육청 근무)
(현) 충청남도교육연수원 교육연구사
(현) 공주대학교 겸임 교수
　　e-mail: ejpark7@kongju.ac.kr

·논문·
사회과 기능 영역의 지도 방안 연구
사회과 수업 설계에 관한 연구
사회의의 새로운 평가 방법 연구
사회과 법교육과정 연계성 분석 연구
초등학교 사회과 교과서 자료 분석 연구
현대 사회과 교육의 구성주의적 접근 방법 연구
세계화 시대 한국 민주 시민교육 접근 방법 탐색
국제 이해 증진을 위한 세계 시민 교육의 방안 연구
제7차 사회과 교육과정의 문제점과 대안적 접근 방안 연구
세계화·정보화 시대 바람직한 민주 시민교육 방법 연구
국제이해교육 증진을 위한 세계시민교육 접근 방법 연구
외 다수

·저서·
수업 장학 및 수업 분석(공)
현장 체험 학습 길라잡이(공)
재량 활동 교육과정 지도(공)
특별활동 길라잡이(공)
사회과 평가 자료집(공)
사회과 교육학과 교육평가
한국 사회과 교육과정 탐구: 분석 및 모형 개발 탐색

특별활동 교육과정의 실행:
이론과 실제

• 초판 인쇄	2008년 11월 25일
• 초판 발행	2008년 11월 25일
• 지 은 이	박은종
• 펴 낸 이	채종준
• 펴 낸 곳	한국학술정보㈜
	경기도 파주시 교하읍 문발리 513-5
	파주출판문화정보산업단지
	전화 031) 908-3181(대표) · 팩스 031) 908-3189
	홈페이지 http://www.kstudy.com
	e-mail(출판사업부) publish@kstudy.com
• 등 록	제일산-115호(2000. 6. 19)
• 가 격	23,000원

ISBN 978-89-534-5057-8 93370 (Paper Book)
        978-89-534-5150-6 98370 (e-Book)